中国高等教育学会秘书学专业委员会专家审定
21 世纪高等院校秘书学专业系列教材
总主编　杨　锋　张同钦

会议策划与组织

主　编　杨　锋
副主编　万一方

中国人民大学出版社
·北京·

图书在版编目（CIP）数据

会议策划与组织 / 杨锋主编 . -- 北京：中国人民大学出版社，2025. 2. --（21 世纪高等院校秘书学专业系列教材）. -- ISBN 978-7-300-33452-3

Ⅰ. C931. 47

中国国家版本馆 CIP 数据核字第 20251NH206 号

中国高等教育学会秘书学专业委员会专家审定

21 世纪高等院校秘书学专业系列教材

总主编　杨　锋　张同钦

会议策划与组织

主　编　杨　锋

副主编　万一方

Huiyi Cehua yu Zuzhi

出版发行	中国人民大学出版社		
社　　址	北京中关村大街 31 号	**邮政编码**	100080
电　　话	010－62511242（总编室）		010－62511770（质管部）
	010－82501766（邮购部）		010－62514148（门市部）
	010－62515195（发行公司）		010－62515275（盗版举报）
网　　址	http://www. crup. com. cn		
经　　销	新华书店		
印　　刷	北京溢漾印刷有限公司		
开　　本	787 mm×1092 mm　1/16	**版　　次**	2025 年 2 月第 1 版
印　　张	17. 25	**印　　次**	2025 年 2 月第 1 次印刷
字　　数	396 000	**定　　价**	49. 80 元

总　序

自 2011 年这套“21 世纪高等院校秘书学专业系列教材”问世以来，秘书学专业人才培养宏观政策发生了重大变化，围绕办公厅（室）工作以及与秘书工作密切关联的领域，相关部门出台了一系列意在制度升级、管理提效的新制度和新要求。十余年间，为适应教育教学等多方面需要，编委会以打造本领域精品教材为目标，对该系列教材持续进行更新与扩容。

进入新世纪，特别是进入中国特色社会主义新时代以来，国际国内形势日益发生着迅速而深刻的变化。党的二十大站在过去与未来的历史交汇点上，提出了一系列新论断、新思想、新战略、新要求。社会各领域管理的现代化，是坚持新发展理念、全方位推进中国式现代化的核心动力要素之一。在此背景下，我国各级各类社会组织的管理理念与管理方式势必要不断地进行改进和发展。

秘书工作隶属于领导工作，秉承领导意图、围绕领导工作的需要而开展，以提高社会组织整体管理效率为目的。秘书工作是各级各类社会组织管理系统中重要的辅助系统，是完整的管理系统中不可或缺的有机组成部分。在前述背景下，对各社会组织负有参谋助手职能的秘书机构和秘书人员，必将面临更多新的课题、更加紧迫的任务和更为严峻的挑战。这对我国高等教育秘书学专业建设与发展提出了更新、更高的期望和要求。

20 世纪 80 年代初，我国高等院校开始了成批培养现代秘书的专业教育。迄今为止，秘书学专业教育在培养规模上有了长足发展，2012 年 9 月 14 日，教育部印发的《普通高等学校本科专业目录（2012 年）》，正式把“秘书学”纳入其中，结束了秘书学专业挂靠在公共管理、汉语言文学类专业之下的被动局面，开创了学科发展与人才培养的新纪元。2020 年版专业目录，又将秘书学由 T 类特设专业正式归位，专业代码为 050107T，进一步规范了秘书学专业的学科归属，夯实了它应有的学科地位。

进入新时代，高等职业教育文秘专业发展更是突飞猛进。教育部2021版《职业教育专业目录》将“文秘”专业更名为“现代文秘”专业，人才培养目标与定位更加明晰。

教材是教学内容的知识载体，是教学活动的基本工具；教材建设是教学改革的重要体现，是专业发展的重要支撑。所以，我们强调好的教材起码应具有现代性、先进性、代表性。从总体上看，国内秘书专业的教材建设20余年来处在一个高速发展的过程之中，这为普通高校秘书学专业本科教育的具体实施提供了十分重要的保障。但从严格意义上来说，制约普通高校秘书本科教育发展的教材问题此前长期存在。2000年前后，全国高等教育自学考试指导委员会组织编写了第一套全国统编秘书学本科教材，秘书学界前辈学者常崇宜、张清明、饶士奇、董继超等多位教授为秘书学学科体系建设和课程规范做了大量建设性的工作，使专业教材建设达到了一个新的高度。但这套教材系结合自学考试特点编写的，不太适宜普通高校选用，同时也存在教材选用制度方面的限制。2004年至2006年间，由秘书学学者杨锋和张同钦两位一线专业负责人牵头，组织全国开设秘书学本科专业多年的十所院校，历时三年，编写了“现代秘书学系列教材”（暨南大学出版社出版）。该系列教材对秘书学学科有着以下贡献：一是第一次打破了同类教材编写各自为战或小范围区域合作的局面。二是通过编写教材，在秘书学专业课程体系及秘书学专业核心课程体系的梳理方面进行了关键性探索，在学科理论建设和课程规范方面，较好地解决了秘书学基础理论对秘书实务的引领以及二者作为各自独立范畴的教材的剥离的问题；同时基于秘书工作中文书档案工作前后密切关联的实际，基于文档管理一体化的理念，在课程设计上解决了秘书文档管理与秘书实用写作的相对独立的问题。三是这套教材作为当时唯一系列性的普通高等院校秘书学本科教材，在2011年申报秘书学本科专业进“目录”时发挥了重要作用。从教材的使用范围和大量的信息反馈来看，该系列教材赢得了同行专家尤其是一线教师的广泛赞誉。

为适应高等教育秘书学本科专业的发展需要，适应社会对高层次秘书人才的需要，2011年，我们对暨南大学出版社版教材做了重新修订和升级，由中国人民大学出版社出版了“21世纪高等院校秘书学专业系列教材”，先期出版了《秘书学概论》《秘书实务》《秘书实用写作》《秘书文档管理》《秘书礼仪》。参与该系列教材编写的专家学者来自广州大学、河南财经政法大学、陕西师范大学、上海大学、广东外语外贸大学、莆田学院、华北科技学院、重庆师范大学、广西财经学院、内蒙古财经学院（现内蒙古财经大学）等院校（排名不分先后）。此外，延安大学的姚怀山、绍兴文理学院的何宝梅等秘书界学者为这套教材的编写提供了重要的意见和建议。

2013年暑期，编委会策划和研讨了《会议管理》《新编中国秘书史》等核心课程教材的编写方案，这两部教材也分别于2015年、2018年相继出版。

十余年来，先期出版的几部教材已修订至第三或第四版；陆续加入该系列教材编写团队的还有安徽师范大学、信阳师范学院、广东生态工程职业学院、广东科学技术职业学院、深圳信息职业技术学院、辽宁装备制造职业技术学院等院校的专家学者及骨干教师。

从2004年深圳小梅沙中国高等教育学会秘书学专业委员会年会上发起研讨到组织编写出版，围绕该系列教材的工作到2022年已历时18年，我们始终为建设和发展秘书学专业教育不懈努力着，力求忠诚地做一个秘书学科的守望者。为确保系列教材的质量，在组织与编写上我们始终坚守以下三点：

一是注重参与院校的专业办学历史。上述十余所院校大都有长期开办秘书学专业的历史，像上海大学、陕西师范大学、广州大学、河南财经政法大学、安徽师范大学、广东科学技术职业学院等院校，专业办学历史都在20到30年以上，上海大学更是国内开办秘书学类专业的先行者。

二是注重参编者的专业教学经历和前期科研成果的积累。

三是注重吸纳秘书学学科研究的最新成果，强调采用与秘书工作相关的最新的法律法规，强调理论阐述与秘书工作实践的结合，强调课程体系意识。

该系列教材的编写与出版是秘书学专业领域一次重要的探索，是国内秘书学界的一次成功的合作。由于水平所限，不足之处在所难免，敬请同行专家和广大读者批评指正。

编委会

2022年11月

目　录

第一章 会议概述

【内容提要】

会议的含义、属性与类别是会议研究最基本的问题。本章通过对会议的概述，定义会议概念，区分会议与会展，揭示会议的本质属性，从而进一步探讨会议的作用及构成要素，在此基础上对会议进行分类。

第一节 会议的含义与属性

一、会议的含义

会议起源于原始社会晚期的部落民主议事制度。随着国家的形成、社会事务的复杂化，会议的数量越来越多，形式也随着科学技术的发展和进步越来越多样化。会议作为工作的一种手段、方法和形式，普遍运用于各社会组织的日常工作中。

从字面上看，会议的“会”有聚合、汇集、合拢、碰头和会面等含义，“议”是商量、讨论的意思，会议也就是集合起来研究问题。

我国很早就有会议这种形式。《史记》中有尧召集部落酋长用会议形式决定继承人和治水人选的记载。《尚书·周官》中，也有“议事以制，政乃不迷”的记载，意思是说，通过开会来商议国家大事，就可以不犯个人独断的错误，对民主议事给予颂扬。

美国《韦氏新大学词典》把会议解释为“一种会晤的行为或过程”。

《现代汉语词典》对会议的解释有两种[①]：一是指有组织有领导地商议事情的集会；二是指一种经常商讨并处理重要事务的常设机构或组织，比如中国人民政治协商会议。我们这里关于会议的解释是指第一种。

孙中山先生在《民权初步》中这样认识会议：“凡研究事理而为之解决，一人谓之独思，二人谓之对话，三人以上而循有一定规则者则谓之会议。”

以上对会议的解释，为我们认识会议提供了重要依据。

第一，会议是一种群体活动，与会者不少于三人，正如孙中山先生所言，“一人谓之独思，二人谓之对话”，只有三人和三人以上的群体，才可能进行商议并最终形成决议。

第二，会议是按一定组织原则聚合的。早期会议在中国被称作“围立”，即开会时与会者站立在会场四周参加会议。“围立”是对人类早期这种议事活动的直接而形象的描述，标示着这种活动是一种有人召集的、有协调、有“组织”的议事行为。会议在现代，依然遵循一定的组织原则召开。例如：2024 年 3 月 11 日第十四届全国人民代表大会第二次会议修订通过的《中华人民共和国国务院组织法》第七条明确规定：“国务院实行国务院全体会议和国务院常务会议制度。国务院全体会议由国务院全体成员组成。国务院常务会议由总理、副总理、国务委员、秘书长组成。总理召集和主持国务院全体会议和国务院常务会议。国务院工作中的重大问题，必须经国务院常务会议或者国务院全体会议讨论决定。”第八条规定：“国务院全体会议的主要任务是讨论决定政府工作报告、国民经济和社会发展规划等国务院工作中的重大事项，部署国务院的重要工作。国务院常务会议的主要任务是讨论法律草案、审议行政法规草案，讨论、决定、通报国务院工作中的重要事项。”英、美、意等多个国家对会议的举行也有明确规定：要求“会议应为特定目的而召开，例如，公司成员的年会，某种情况下的特种股份持有者或全权人会议、破产全权人会议，有关机构的章程或相应的法律条例可以规定参加会议的人及其采用某种行动的最多人数”[②]。即便是群众性集会，也必须按一定的组织原则聚合，并遵循相关法律规定，不可自由行事。例如英国早在 1817 年的《反煽动性集会法》和 1936 年的《公共秩序法》中，就对群众集会的时间、地点、条件等做出了限制。意大利宪法的第十七条也明确规定了对群众聚会的告知事项。

第三，会议是按一定规则和程序进行的。开会是实现会议功能的必然要求，也是维持会场秩序的基本手段。许多国家会将会议的程序以法律形式约定下来，比如会议报告的程序、会议发言的程序、会议讨论和表决的程序等，要求大家共同遵守。

第四，会议是一种多向沟通。会议是实施民主政治的方式，为达到群策群力，在与会者之间实现多向而不是单向或双向的沟通。这正是不少会议学专家始终把会议解释为“是一种会晤的行为或过程”，是“一种通常的、正式的意见交换”的原因。

---

① 中国社会科学院语言研究所词典编辑室．现代汉语词典．7 版．北京：商务印书馆，2016：585.

② 沃克．牛津法律大辞典．北京：光明日报出版社，1988：603.

第五，会议既是集合，又要有问题商议。会议与集会不同，会议在于商议事情，要对大家共同关注的问题进行研究和讨论，而集会则没有“议”的程序，没有需要商量的事项，比如舞会等，所以只能叫作集会，而不能叫作会议。

根据以上分析，我们对会议下这样的定义：会议是指群体依据一定的组织原则，围绕特定目标，有组织、有领导地商议事情的社会交往方式。

在现代社会，会议是领导机构进行决策和管理、实现领导职能的一种重要方式，这种活动方式已经被普遍用于政治、经济、科学、文化以及社会生活的各个领域。

知识链接　各类会议的中英文表达

中文名称	英文名称
会议	meeting
大会	conference
年会	annual conference
沙龙	salon
（组织、团体）大会	convention
研讨会	seminar，可以是社会任何团体或学生组织的研讨会，属于非专业性质
	symposium，多指专家或从事某项专业研究的学者所进行的专题研讨会，属于专业性的，比 seminar 正规
圆桌会议	round-table
分组专题会议	panel session
论坛	forum

二、“会议”与“会展”的区别

20 世纪 90 年代以后，随着会展业在我国的兴起，会展学开始萌芽并迅速发展起来。一些会展学者认为，会展是会议、展览和节事活动的合称，因此会展包含会议，会展是属概念，会议是种概念。这些学者对会展概念的界定，只是将会展的构成内容——会议、展览和节事简单相加，并未能从内涵上真正揭示会展的本质属性。

会展是指以追求经济效益为主要目的，以市场运作方式提供社会化服务，以会议、展览和节事为主要形式的“集体性的物质和文化交流活动”[①]。这一定义揭示了会展具有的特征：

首先，会展是一种经济性的活动。在我国，会展作为一种新兴产业和经济增长点，从

① 来逢波．会展概论．北京：北京大学出版社，2012：2.

它出现的那一天起，表达的就是一个崭新的经济概念。它与普通的会议、展览的不同在于，会议、展览仅是实现管理控制或宣传教育目的的手段，并不以赢利为目的。

其次，会展是一种借助于社会化和产业化服务的活动。会展活动必须通过会展业，以主办者、承办者和服务商的身份创建产业化服务平台，将参展者和参观者聚集在一起，进行交流、互动，从而达到沟通信息、宣传形象、招商引资、推广品牌、交流技术、洽谈合作等目的。

由此可以看出，会展要用会议这种形式介绍产品和销售产品，或以会议形式举办会展开幕式、闭幕式等，但不是所有的会议都属于会展范畴，会展仅包括一部分借助于社会化和产业化服务并产生一定经济效益的会议。这也充分说明，会展与会议不是同一概念系统中的属种关系，不存在相互包含的关系，而是两个具有交叉关系的独立概念。

三、会议的属性

（一）信息性

会议传递信息、交流信息和创造信息。

一次会议的召开能够传达大量信息。人们不仅在会议上进行信息交流，而且在信息交流的过程中通过思想的碰撞擦出智慧的火花，从而产生新的思想、新的观点和认识，达成新的共识。在会议中（见图 1-1），人们通过倾听他人发言、参与会议讨论或商议，获取对自己和组织有用的信息，增加了见识、启迪了智慧、开拓了思路，为自己和组织的成长与发展提供有力的帮助。因此，信息性是会议最本质的属性。

图 1-1　中国—中亚峰会（西安）现场

（二）社会性

由上述对会议含义的分析可以看出，会议是人类的一种群体性活动。根据马斯洛需求理论，“社交需求”是人类五大需求之一。会议的召开，为人们参与社会交往活动提供了很好的平台。会议上，人们在一起畅谈、交流，从陌生到相识，从相识到相知，广泛结识事业上或生活中的朋友，寻找到组织发展的合作伙伴。会议上的发言、讨论和交流活动，还可以树立自己在会议群体中的良好形象，并且，由此扩展，在社会某群体中产生良好影响，从而提高自己的社会地位。因此，会议的另一本质属性即是会议的社会性。

会议社会性的属性也是电视会议、电话会议、网络会议等媒体会议无法取代传统的实体性会议的根本原因。

第二节　会议的作用

联合国旅游组织（UNWTO）相关报告认为，“会议”的价值包括六个方面，即学习、观点分享、讨论、社交、开展业务、激励与会者。基于此，才能对会议的作用形成正确认识。具体从以下几方面进行探讨。

一、发扬民主、科学决策

科学的决策不仅依赖领导集体的智慧，也依赖群众的智慧。而智慧的交流、汇聚需要通过一定的形式实现。会议是一种有组织、有目的的多项交流形式，通过会议，与会者就相关议题发表意见，分析得失，权衡利弊，为问题的解决提供最为积极有效的决策和相应的解决方案。此外，会议作为一种形式，在现代民主进程中发挥着重大作用。集体领导是现代社会的一种重要领导体制和领导原则。党和国家的各级组织、企业的决策机构以及各社会团体，都实行集体领导原则。会议通过集体讨论、投票表决，根据少数服从多数的民主原则做出决定。从这个意义上说，会议是保障集体领导原则得以实现的重要手段。同时，通过会议，不同的见解得以融合，相互的矛盾得以化解，彼此理解和尊重，充分发挥了会议民主议事的作用。

二、上传下达、信息沟通

从信息的角度看，会议为与会者提供了一个良好的信息交流平台。人们召开会议或者参加会议，无论出于什么动机，也不管会议采取何种形式，或线下会议，或线上会议，其最基本的也是共同的目的是传递或者获取信息。会议是一种群体性社会活动，以会议的方式沟通信息，具有面广、直接、灵活以及高效的优势，不仅可以当面获得所需要的信息，而且还可以直接传递信息或反馈信息。通过会议这个平台，对内可以上传下达，传达领导的意图，了解下属的情况，交流各自的经验和感情，从而增强组织内部的凝聚力；对外可以发布信息，传播组织发展战略、工作成就等正能量，在组织处于危机时，合理有效地应对外界舆论，树立组织良好形象，实现全面有效的沟通。

三、宣传教育、实施管理

报告会、动员会、表彰会、经验交流会等会议不在少数，这类会议旨在通过报告内容，发挥传播思想、传授知识、宣传教育、鼓舞斗志的作用。各社会组织经常性的常规工作会议，则是组织的领导机构实施管理的重要手段。通过会议的沟通交流，可以掌握工作的进展情况、工作效果，了解组织内部人员的工作状况，从而及时发现问题，调整工作进度，查找制度缺口，切实体现组织的有效管理。

四、创造效益、扩大影响

会议经济具有的强大经济和社会辐射功能以及产业带动作用，已经成为国内外专业人士认定的不争事实。具体表现为：

一是获得直接经济效益。通过举办各类会议，直接创造大量经济收入。包括会议组织者的活动支出、与会者的交通和住宿费用，以及相关服务的消费等等。增加了目的城市的经济活动，对酒店、餐饮、交通、旅游等服务业产生直接的经济拉动效应。

二是促进城市品牌和国际形象的提升，扩大城市和国家的影响力。会议有利于增进国际间、地区间的交流与合作；有利于本地企业充分利用国内与国际两个市场和两种资源，在国际交往中获得较大利益；有利于提高我国在国际经贸、科技、信息、文化交往等方面的影响力，加快国际化城市建设；有利于凸显本地特色、培育城市精神、引导时尚潮流，提升城市的综合实力和城市知名度。可以通过办会，展示城市文化、创新技术、经济和社会发展成就，吸引更多的国际投资和国际合作，进而提高在全球经济中的竞争力。

三是带动相关产业的发展。为满足会议需要，会议场馆、酒店等基础设施需要建设和得到改善，信息技术、物流服务、安保服务等配套服务也需要进一步发展。会间与会后的观光旅游，进一步增加了当地的旅游收入。

四是加快了人才集聚和智力交流。会议汇集了来自世界各地的专家学者、企业家和决策者，为城市提供了宝贵的人才资源和智力支持。这些人才的到来，对促进当地科技创新和产业发展以及城市的进步都起着重要的推动作用。2023 年 10 月在上海举办的“2023 科创大会”，200 多名知名院校和园区代表、国内外证券交易所负责人、业内专家学者、科创企业负责人等参加会议，以“多层次资本市场助力科技创新”为主论坛，共同探讨资本市场如何助力科技强国建设，同时启动中国园区科创联盟，展出别具特色的中国科创成果，创造了重大社会效益，产生了良好社会影响。

五是创造就业机会。会务工作需要大量的专业人才和服务人员，涉及会议方案的策划和制定、会间服务、酒店服务、餐饮服务、交通运输、安全保障等诸多领域，为当地提供了丰富的就业机会，有助于解决城市就业问题。

知识链接　小镇达沃斯

达沃斯是一个位于瑞士东南边境、人口仅1万多人的小镇。这个小镇有着得天独厚的滑雪场地，但以前在世界上没有多少人知道。自从1971年创办“世界经济论坛”(WEF)以来，世界各地的人们每年在这里相聚。参加论坛的代表必须是现任在职的国家元首、部长级官员、国际组织负责人、位居全球前1 000的企业的董事长或总裁级人物、各领域著名专家学者等。会议的巨大影响力吸引了全球的目光，通过世界各大媒体记者的采访报道，达沃斯名声大噪。如今它已成为全球最著名的会议和滑雪休闲度假胜地之一。

博鳌是我国海南省琼海市的一个镇，它融江、河、湖、海、山、岛于一体，集椰林、沙滩、奇石、温泉、田园于一身，是“世界入海口中自然环境保存得最完美的处女地，宛如人间仙境”。但在2001年之前，不要说在全世界，即使在中国，博鳌这个名字也没有多少人听说过，就连去海南旅游的人也不会知道有这么个好地方。但2001年“博鳌亚洲论坛”在博鳌举行并宣布将这里作为永久会址（见图1－2），使这个默默无闻的海南小渔村一举成名，成为中国、亚洲甚至世界闻名的会议、旅游胜地。现在去海南旅游的人几乎人人必去博鳌。

图1－2　博鳌亚洲论坛永久会址

新加坡城面积不大，资源也不丰富，但在国际上具有一定影响力，除了金融业、旅游业发达外，每年举办两三百场的国际会议不能不说是一个重要原因。

21世纪以来，上海召开的《财富》全球论坛年会、亚太经合组织（APEC）会议、第41届世界博览会等，展示了上海组织高规格、大型国际会议的实力，使上海日益成为全国乃至世界关注的焦点，提升了上海的国际形象和知名度。

第三节　会议的构成要素

一、会议主办者

会议的主办者是会议活动的具体组织者，其任务主要是根据会议的目的和规则制定具体的会议方案并实施，为会议提供必需的场所、设施和服务，确保会议正常进行。

会议的主办者有以下几种情况：

（一）由会议的发起者主办

由会议的发起者主办的会议一般是一些协作交流性的会议，比如各大中小型学术会议、协作会议、交流会议等。这类会议的主办者一般都由会议活动的发起者担任。

（二）由领导机关主办

在组织管理系统中，负有领导和管理职权的机关往往需要通过会议，宣布决定、传达指示、通报情况、布置工作、听取意见和交流思想，会议成为它们实现以上目的的重要手段。

（三）轮流主办

一些合作性和学术会议，其成员单位都有主办会议的权利和义务，轮流主办会议，可以使每一个成员单位的权利与义务平衡。同时，不断总结和交流办会经验，互相学习和借鉴，能使会议越办越好。

（四）按申办程序确定主办者

一些重大和重要的会议具有一定的政治、经济等方面的影响力，同时，也为提高会议质量，规定要按一定的程序和条件申请主办者。

二、会议承办者

承办者就是会议组织任务的具体落实者。承办者可以是个人，也可以是机构。会议的承办者与主办者可以是同一个人或机构，也可以不是同一个人或机构。

（1）会议的承办者也是主办者。一般组织内部的中小型会议均为组织自己承办，比如工作例会、决策性会议、年终表彰会、总结会等。有些学术组织、社团的学术报告会、年会等也由自己承办。

（2）会议的承办者与主办者不是同一个人或机构。一般来说，组织内部的大型会议和组织以外的中大型会议承办者与主办者有时会有区别。会议或由遴选的承办单位负责具体落实组织任务，或由专业的会议公司负责承办。近几十年来，我国会议公司的发展非常迅速，已经形成了一个新兴的产业。

三、与会者

与会者就是参加会议的对象，也称作会议成员。与会者是会议活动的主体，与会者人数的多少决定了会议规模的大小，与会者的身份以及级别决定了会议的规格和影响力，因此，与会者是会议成功与否的重要影响因素。

与会者可根据权利与义务的不同分成四种类型：

一是正式成员。正式成员具有与会的正式资格，有表决权、选举权和发言权，是会议活动的主要成员。一些法定性会议的正式成员还必须履行相关的义务。

二是列席成员。列席成员就是不具备正式资格，有一定的发言权而无表决权和选举权的会议成员。会议是否需要列席成员，哪些人可以作为列席成员，列席成员可以参加会议的哪些活动，列席成员需要多少人等事项，由会议的主办者根据会议的实际需要来确定。列席成员的人数一般不超过正式成员的人数。

三是特邀成员。特邀成员是由会议的主办者根据会议需要专门邀请的成员。这类成员的地位和身份一般比较特殊，比如纪念性会议邀请的相关社会名流等。

四是旁听者。一些会议根据需要邀请一定数量的旁听者，比如一些报告会、听证会等，其主要目的在于扩大会议影响，让更多的人了解会议。旁听者不具有正式成员的资格，也不同于列席成员和特邀成员，旁听者在会上仅是旁听，既无表决权，也无发言权。

四、会议主题与议题

会议主题是会议目标的转化，是对会议主要内容和实质问题的高度概括。选好会议的主题是会议成功召开的重要因素，因为会议的所有活动内容的安排都是围绕会议主题设置的。比如，2023 年 3 月 28 日至 31 日在海南博鳌召开的博鳌亚洲论坛，主题为“不确定的世界：团结合作迎挑战，开放包容促发展”。

“会议的议题是根据会议主题确定的需要讨论、解决的问题和与其相关的问题。”[①] 会议议题是会议拟讨论的问题，也即会议主题的具体化。举办会议首先应当明确为什么而“议”和“议”什么。要实现会议目标，必须恰切地设置好议题。目标有主次之分，议题的确定也要考虑哪些是中心议题，哪些是相关议题。紧扣目标和主题、观点明确、科学严谨的议题，能促进与会者集思广益，提高会议的效率，增强会议的效果。议题选择不当或含糊不清，只能造成议事的困难，从而影响会议的效率和效果。

议题的产生一般有三种情况：一是由会议领导机构根据会议需要制定；二是由会议组织人员经过调查研究并综合分析信息之后反馈给会议领导，由领导审批决定；三是重大会议的议题，通常先由代表提出“提案”，由大会秘书处整理提交主席团审查通过，而后列入会议议程。

---

① 杨锋．秘书实务．北京：中国人民大学出版社，2011：76.

知识链接 《财富》全球论坛

《财富》全球论坛历届年会举办地及主题

届次	时间	地点	年会主题与主要议题
第一届	1995 年	新加坡	年会主题：同一个商业世界。主要议题有：未来的市场、21 世纪的资本市场等
第二届	1996 年	西班牙巴塞罗那	年会主题：全球竞争新秩序。主要议题有：全球的增长与公司的新定义、欧洲货币系统概览等
第三届	1997 年	泰国曼谷	年会主题：保持奇迹。主要议题有：维持全球持续增长、建立全球网络等
第四届	1998 年	匈牙利布达佩斯	年会主题：在新的全球新经济中创造财富。主要议题有：全球资本市场风险与回报、新的全球领导艺术等
第五届	1999 年	中国上海	年会主题：中国——未来的 50 年。主要议题有：可持续发展的挑战、向前看——制定新中国的规划等
第六届	2000 年	法国巴黎	年会主题：电子——欧洲。本次论坛将注意力聚焦在“网络经济”上
第七届	2001 年	中国香港	年会主题：亚洲新貌。主要议题有：未来十年亚洲将对世界经济有何影响等
第八届	2002 年	美国华盛顿	年会主题：领袖的力量——应对新的形势。主要议题有：找寻新的经济发展引擎、重建股东间的信任、处理反恐战争带来的危机等
第九届	2005 年	中国北京	年会主题：中国和新的亚洲世纪。主要议题有：迎接新的中国（文化变迁、挑战及机遇）、新的亚洲世纪——印度（另一座正在崛起的发电站）、亚洲的汽车产业（一条宽敞的大路?）等
第十届	2007 年	印度新德里	年会主题：操控全球经济。主要议题有：印度公司走向全球、《财富》全球 500 强——革新与分裂的影响力等
第十一届	2010 年	南非开普敦	年会主题：新的全球机遇。主要议题有：重启后的新增长策略与新商业模式、中国的新能量等
第十二届	2013 年	中国成都	年会主题：中国的新未来。主要议题有：中国世纪、资源解决方案、创新与技术、全球金融与经济复苏等
第十三届	2015 年	美国旧金山	年会主题：赢在颠覆性世纪。主要议题有：寻求突破性创新方式，如何让世界各地的公司在 21 世纪取得成功
第十四届	2017 年	中国广州	年会主题：开放与创新——构建经济新格局。主要议题有：全球化、科技创新、公司领导力
第十五届	2018 年	加拿大多伦多	年会主题：经济必要性——创造普惠型增长。主要议题有：研究数字技术、赢得人才争夺战等
第十六届	2019 年	法国巴黎	年会主题：行动 2020——重塑新的十年
第十七届	2020 年	线上	
第十八届	2021 年	线上	
第十九届	2023 年	阿联酋阿布扎比	年会主题：商业新时代。主要议题有：新兴技术、气候风险等
第二十届	2024 年	美国纽约	年会主题：追随变革的脚步。主要议题有：人工智能革命、身份时代等

资料来源：新华网、百度等。

五、会议时间

会议时间是会议的起讫时间和时间跨度，也即会议召开的时间和会期。会议召开的时间是指会议什么时候开始；会期是指会议从开始到结束之间所需的时间。会议有长有短，短则几十分钟，长则几天、十几天。

确定会议的召开时间和会期要考虑以下问题：

一要考虑是否有充分的时间保证会议组织者完成全部准备工作。会议的组织者是整个会议的关键人物，确定会议时间时，必须保证会议的组织者有充足的时间做好开会前的准备工作。

二要考虑是否方便与会者出席会议，特别是会议核心人员出席会议。会议核心人员能否到会对会议成功与否起举足轻重的作用，而其他与会者的积极参加也是会议得以顺利召开的重要因素。如果该出席的领导不能出席，与会者缺席率高，那么会议的效率一定大打折扣。因此，确定会议召开的时间时，一定要先做好协调工作，以确保尽量多的人能参加会议。

三要考虑会议召开期间的自然因素。如季节、天气情况等。应尽量避免在气候多变的季节和天气集会，这不仅会增加组织会议的难度，也会影响与会者出席会议的情绪。

六、会议地点

会议的地点是指举行会议的场所。会议的群体性特征决定了会议召开的当面性以及实时性。因此，传统的会议形式都是先确定会议的时间和地点，把与会者召集起来，进行面对面的交流与沟通。随着科学技术的发展，现代会议借助多媒体技术，实现了会议地点的灵活化。与会者可以借助电话、电视、网络，分别在不同的地方参加会议，使会议活动的举行地点更为灵活自由、更加方便快捷，缩减了会议成本，大大提高了会议的效率。

七、会议方式

会议方式是指为了提高会议效率、实现会议预期效果而采取的手段。会议方式包括会场布置、气氛渲染、活动样式和传递方式等。会议方式对实现会议目标有直接影响，比如多媒体的传递方式能提高会议的时间效益、节约会议成本；独特新颖的活动以及会场布置，能调动与会者的情绪、提高与会者的兴趣等。

八、会议结果

会议结果是指会议形成的结论、议题的解决办法、确定的承办部门以及具体落实的步骤等，也即会议结束时实现目标的程度。会议结果通常会以会议决议、合同、条约、协定、声明、纪要等形式记录下来。会议结果会出现两种情况：一种是会议结果与预想的结果一致，一种是会议结果与预想的结果有一定距离。会议最理想的结果应当是会议能达到预期的目标。会议结果是评估会议位置时最重要的指标。

第四节　会议类别

会议的种类繁多，要全面系统认识会议，就必须对会议进行科学的分类。

对会议分类的意义在于：系统认识会议功能，有效发挥会议作用，避免滥用误用会议形式，掌握各种会议的举办方法，改进会议活动方式。

会议可以依据不同标准进行分类。

一、按照会议规模划分

按照会议规模可划分为小型会议、中型会议、大型会议、特大型会议。

小型会议：人数少则三五人，多则几十人，一般不会超过 100 人。

中型会议：人数在 100～1 000 人。

大型会议：人数在 1 000 人至数千人以上。

特大型会议：人数在数万人以上，例如节日集会、庆祝大会等。

二、按照会议时间划分

按照会议时间可划分为定期性会议和不定期会议。定期性会议也叫例会，到预定时间如无特殊情况必须按时召开。比如，人民代表大会、股东大会、公司办公会议等。不定期会议则视情况灵活掌握，必要时随时召开。

三、按照会议阶段划分

按照会议阶段可将会议划分为预备会议和正式会议。预备会议是整个会议的组成部分，是为正式会议做准备的会议，在职权和效力上同正式会议有所区别。预备会议的主要目的是统一思想、布置为保障会议顺利召开的事务性工作，并向与会者传达一些需要提前告知的信息。比如：全国人大主席团就由预备会议选举产生；单位召开职代会时，也需要通过预备会议选举大会秘书长、主持人等职务人选。

四、按照会议方式划分

（一）常规会议

常规会议即指传统的实体会议，会场中设有主席台、众人席的会议。

（二）现场会

现场会即在事件发生的现场举办的会议。现场会有一种特定的现场感，有助于说明会议的主题，强化会议的效果。

（三）观摩会

观摩会又称演示会，即通过演示交流切磋、相互学习的会议。

（四）电视会

电视会有两种：一种是报告会形式的单向传播电视会；一种是双向传播的电视会，即通过电视电话系统将主会场与分会场连接起来，实现图像和声音双向传递和多向传递。

（五）电话会议

电话会议即通过有线或无线电话展开的会议。

（六）网络视频会议

网络视频会议即以计算机和通信网络为技术手段召开的会议。比如腾讯会议、华为云视频会议、钉钉等会议系统，可以在其中完成各种会议，不受会议地点限制，更好地提升了工作效率。

网络视频会议怎么开

知识链接　视频会议

在这里介绍几种常见的视频会议工具：

一、腾讯会议

腾讯会议是腾讯云旗下音视频会议软件，是一款基于腾讯 21 年音视频通讯经验积累的高清流畅、便捷易用、安全可靠的一站式云视频会议产品，能使用户随时随地高效开会，全面提升沟通协作效率。腾讯会议现已拥有视频会议、会议室、会议室连接器、网络研讨会等产品线，全方位满足不同场景下的需求。登录时可以选择手机、邮箱或 SSO（单点登录），也可以直接使用微信、企业微信、扫码等实现快捷登录，还支持采用二维码、短信、小程序来发送会议邀请。

二、华为云会议

华为云会议是华为云旗下云会议产品，结合华为 IdeaHub 等全系列智能协作终端，为客户提供全场景端云协同视频会议解决方案，满足跨地区、跨企业、跨终端的智能沟通协作需求，支持手机、电脑、平板、华为视讯终端、智慧大屏、第三方会议终端等各类终端接入。为客户提供全场景覆盖、简单易用、快捷部署、软硬一体的云会议解决方案。

三、钉钉

钉钉是由阿里巴巴集团打造的国内知名免费智能移动办公平台，用于商务沟通和工作协同，致力于帮助中国企业以及全球中小企业实现以人为本的管理方式和简单、高效、安全、快乐的数字化工作方式。

四、好视通

好视通是国内知名云视频产品和服务提供商，隶属于齐心集团。专注为政务、公检法司、教育、集团企业等用户提供“云+端+业务全场景”的云视频解决方案，采用“AVC及SVC混合双引擎”、Super SVC智能超分算法、夜莺™及灵犀™算法等云视频核心技术，支持智能硬件终端、手机、电脑、平板等多平台应用。

五、按照会议性质划分

（一）法定性会议

法定性会议是指组织依据相应法规举办的、具有法定效力的会议。这类会议严肃隆重，规模较大，会期较长，法定程序组织严密，对与会者资格要求严格。常见的法定性会议如中国共产党代表大会、人民代表大会、中国人民政治协商会议、职工代表大会、股东大会、会员大会等。

（二）决策性会议

决策性会议是指组织领导层对工作中的重要问题集体讨论做出决策的会议。这类会议具有两个特征：一是参加会议的人员必须是该会议的法定组成人员，会议决策对象必须是会议职权范围之内的事；二是会议应在与会者充分发表意见和看法的基础上，最后做出相应决议。决策性会议一般在组织机构所在地召开，人员相对固定，规格高，影响大，规模相对较小。常见的常委会、各类办公或行政会议、董事会会议等都属于决策性会议。

（三）工作性会议

工作性会议是指各社会组织为布置工作而召开的会议，如全国宣传部长会议、全国纪检监察案件审理工作会议等。这类会议有定期召开的，也有临时召开的；有普通会议形式，也有不少采用现场会、电话或网络视频会议等形式。这类会议以动员、布置工作、总结工作为内容，指令性强。

（四）学术性会议

学术性会议是指为研讨、传播学术问题而召开的会议。这类会议学术性强，与会者多为专家学者，具有横向性特点，规模一般以中型为主，通常包括研讨会、论证会、开题报告会等。

（五）彰显性会议

彰显性会议是以宣传教育和彰显成果为主要目的的会议。这类会议隆重热烈，强调宣传教育效果，会员有广泛性和代表性，会期一般短而精，通常包括纪念会、庆祝会、表彰会等。

（六）会商性会议

会商性会议是指以协调商议事项为内容的会议。这类会议代表不相隶属，关系复杂，矛盾较多，涉及各个方面的不同利益，通常包括联席会、会商会、座谈会等。

（七）信息性会议

信息性会议是以发布信息、传播思想为主要目的的会议。这类会议告知性强，也有宣传教育的作用，通常包括报告会、新闻发布会、记者招待会、听证会等。

以上关于会议的分类，在实际运用中是相互交叉的。并且，由于会议技术手段的不断更新和人们对会议功能认识的不断拓展，会议的类别还会越来越多样。

第五节 会议规则

一、会议规则的含义

会议是有目的、有组织地商议事情的集会，不能想怎么开就怎么开，想谁参加就谁参加。但凡正式会议，除了遵守国家的各项法律法规外，必须有一个会议规则。会议规则是约束会议召开办法的规范。有了会议规则，会议就有了法律依据，就能有条不紊地进行，达到会议预期的目的；同时又能保证与会者行使权利和履行义务，便于与会者有效地接收会议信息。会议规则是提高会议质量和效率，使会议有序、有效召开的保证。

研究会议规则，目的在于认识会议举办方式，掌握会议的基本召开办法。

二、会议规则的种类

从我国目前的情况看，会议规则的来源，有明文规定的会议规则，散见于各类法律法规，包括宪法、组织法、议事规则等，需要发掘和认真研读；有些则没有明文规定，遵循的是经验与习惯做法。近些年，随着会议产业和会议管理学在我国的发展，学界和业界在学习和借鉴国际会议的规则和惯例方面均有较大突破。

会议规则概括起来有以下几种情况：

一是国家根本法对集会、结社做出的规定；

二是有关法律、法规规定的组织法和会议召开办法，如权力机关、行政机关会议的规则；

三是依照法律法规制定的议事规则等；

四是约定俗成的习惯做法，是不与法律法规相抵触的具体会议规则。

据此，我们将会议规则分成三类。①

（一）法定性会议规则

法定性会议规则是指以法定程序确立或制定的程序合法的会议规则。这种规则庄重、正式，形成之后一般很少变动。比如《中华人民共和国全国人民代表大会常务委员会议事规则》《博鳌亚洲论坛章程》都属于法律或规章。法定性会议一般都应制定会议规则。

（二）惯例式会议规则

惯例式会议规则是指人们在长期的会议实践中自然积累形成的、约定俗成的会议规则。这种规则一般不成文，主要依靠组织中核心人物如主持人和领导者的自觉维护，因此，虽操作灵便、省事省力，但缺乏稳定性。

（三）商定式会议规则

商定式会议规则是在会议过程充满不确定因素、任何成文规则或惯例都不能解决问题的情况下，采取会上临时商定的办法形成的规则。这种规则一般是由会议召集者在征求全体与会者意见的基础上，提出供大家讨论的方案，最终达成一致意见形成的。由于这种规则是针对特殊情况、临时商议的结果，因此，只在本次会议有效，会议过后即无效。

知识链接 罗伯特规则：19世纪的选择

亨利·马丁·罗伯特生于1837年5月2日，是一个祖上为胡格诺派教徒的美国人。他被描述为：虔诚、正直、精于社交并且意志坚定。在1867年，作为美国军队工程军团的一位将军，年仅30岁的罗伯特被派往旧金山。当时这座城市刚刚经历了“掘金潮”和南北战争，正值第一条横贯大陆的铁路竣工的两年前，整个城市处在一个动荡、繁忙的高速都市化进程中，城内到处是寻梦者和创业者——换言之，是一群迟早可能得主持一到两个会议、需要获得不同团体支持的人们。

问题就是当时没有一个主持会议的标准，每个人都带着自己最喜欢的一套规则来到了这个淘金的国度。罗伯特将军决定解决这个问题，制定一套标准的程序来召开会议。罗伯特研究了为数不多的能够参照的先例。他特别关注了美国国会的会议程序，尽管他知道立法主体的规则很有可能与管理非立法团体会议需要的规则有所不同。之后在1876年，他为非立法主体或者说“社会团体”出版了一套可以采用的会议规则。他在书中写道：“在这个国家，社会规范刚刚被建立起来，有关议会实践的指南类出版物存在太多自相矛盾的内容，如果不遵循主题去安排一些工作，那就没有一个社团能够在会议中行之有效地取得结果。”对于罗伯特而言，在会议过程中维持秩序是头等重要的大事，他提供了一个被称为“公平、有序、迅捷的方式”的召开会议的“宝典”。他还设计了一套会议程序，目标为“遵从最多数的意愿，保护最少数的权利，保护不

① 向国敏．会议学与会议管理．北京：首都经济贸易大学出版社，2011：38.

在场的人的利益”。他甚至自己支付了出版费，显然把这件事当成一项公益服务来做。他的出版社将这本小册子命名为《罗伯特规则》。

《罗伯特规则》从一出版就非常受欢迎，直到他1923年去世。在第一版问世后的近50年中，这位将军一直在修改他的这本小册子。后来的岁月，这本书变成了一个家族生意，他的女儿和孙子都参与了新版书稿的修订。到1970年，这本书已经卖了260万册。现在在互联网上搜索“罗伯特规则”，你会发现有多得令人惊讶的条目。下面是加利福尼亚大学总结的议会程序核心的十项简单规则和习惯。

（1）所有成员有同等的权利、待遇和责任。

（2）规则必须被公正地执行。

（3）完全和自由地讨论所有提议、报告和其他形式的事务是每个成员的一项权利。

（4）应该采用最简单和直接的程序。

（5）逻辑上的程序决定对一项提议的引进和处置。

（6）一次只考虑一个问题。

（7）除非成员举手并被主持人认可获得发言权，否则不能提议或者与发言者争辩。

（8）除非获得与会全体许可，否则没有人可以在同一日就同一问题发言超过两次。如果就一个问题有人还没有发过言并且希望有机会发言，其他人就不能两次就同一问题第二次发言。

（9）与会成员不能对其他人的提议进行攻击和质疑。习惯上，所有的评论都向主持会议的负责人发表。

（10）开会以前，与会成员有权随时了解需要投票的提议是什么以及赞同票和反对票意味着将产生什么样的结果。

资料来源：萨斯坎德，克鲁克香克．打破罗伯特规则．李伟明，冯颖玉，译．北京：社会科学文献出版社，2008.

三、会议规则举例

（一）会期规则

会期是对会议的时间及频度的要求，包括何时举行会议、开多长时间和多长时间开一次会议。会期规则主要适用于国家机关、党团组织、群众团体及其他团体定期召开的例行会议。

1. 权力机关的会期

我国的权力机关是全国和地方各级人民代表大会及其常务委员会。《中华人民共和国宪法》规定，全国人民代表大会会议每年举行一次。如果全国人大常委会认为有必要，或者五分之一以上的全国人民代表大会的代表提议，可以临时召集。

我国地方各级人民代表大会会议每年至少举行一次。经五分之一代表提议，可以临时召集。

我国对全国人民代表大会和地方各级人民代表大会举行会议的具体日期和会期长短没有做出规定。《中华人民共和国全国人民代表大会议事规则》（简称全国人大议事规则）只规定了人民代表大会举行会议的时间为每年第一季度；每届人大第一次会议在本届人大代表选举完成后两个月内举行。

2. 行政机关的会期

国家行政机关例行会议的会期大致是：政府全体会议原则上半年召开一次，常务会议每周召开一次，政府部门例会每周召开一次，基层各单位例会一般也为每周召开一次。

3. 党团组织的会期

《中国共产党章程》对党的会期做出了规定。党的全国代表大会每五年举行一次。中央委员会认为有必要，或者有三分之一以上的省一级组织提出要求，可以提前举行；如无非常情况，不得延期举行。中央委员会全体会议每年至少举行一次。

党的地方代表大会每五年举行一次。在特殊情况下，经上一级委员会批准，可以提前或延期举行。党的地方各级委员会全体会议每年至少召开两次。

《中国共产主义青年团章程》对团的会期也做出了规定。团的全国代表大会每五年举行一次，在特殊情况下可以提前或延期举行。团的省、自治区、直辖市、省辖市、自治州、县（旗）、自治县、市辖区等的代表大会每五年举行一次。团的地方各级委员会全体会议每年至少举行一次。

4. 群众组织和社会团体的会期

其他群众组织和社会团体的会期，一般由社团章程规定，会期一般为三至五年。如《中华全国妇女联合会章程》规定，全国妇女代表大会每五年举行一次，在特殊情况下，经执委会讨论决定，可提前或延期召开。执委会全体会议每年至少举行一次。地方各级妇女代表大会一般每五年召开一次，在特殊情况下，经执委讨论决定，可以提前或延期举行；乡镇、街道，行政村、社区妇女代表大会每五年举行一次。地方各级妇联执委会全体会议每年至少举行一次。

5. 董事会的会期

根据《中华人民共和国公司法》第一百二十三条，董事会每年度至少召开两次会议，每次会议应当于会议召开十日前通知全体董事和监事。代表十分之一以上表决权的股东、三分之一以上董事或者监事会，可以提议召开临时董事会会议。

（二）会议成员规则

会议成员，或称与会者或会员，是指出席会议的人员。成员规则是规定与会者资格、权利与义务的规则。会议成员的构成通常由会议主办机构根据会议的目的和任务确定，会员资格是临时赋予的一次性资格。

会议成员规则主要规定了法定性会议、决策性会议和工作性会议的与会者的范围、权利与义务。

1. 权力机关的会议成员规则

权力机关的会议成员规则最为严格。包括会议成员的资格、权利和义务等。会议成员的资格问题，各类代表大会为正式代表。如全国人大代表是由各级人大选举出来的；党代表大会的代表一般由下级党组织召开党的代表大会或党员大会选举产生，因故不能召开上述会议时，则由下级党委召开党委全体会议或党委扩大会议，在充分酝酿协商的基础上选举产生。

2. 行政机关的会议成员规则

行政机关的会议成员规则主要规定会议成员的范围、人数。《中华人民共和国国务院组织法》规定，国务院会议分为国务院全体会议和国务院常务会议。会议成员的范围是：全体会议由国务院全体成员组成，即总理、副总理、国务委员、各部部长、各委员会主任、中国人民银行行长、审计长、秘书长；常务会议由总理、副总理、国务委员、秘书长组成。

各级行政机关的会议成员规则，大体和国务院会议组成相同。如《××市人民政府工作规则》规定，市政府全体会议由市政府工作人员组成，即市长、副市长、秘书长、市政府组成机构的局长、主任；市政府副秘书长、各区区长及市政府其他部门的负责人列席会议，必要时邀请市人大常委会、市政协、市中级人民法院、市检察院、市委有关部门及有关单位的负责人参加。市政府常务会议由市长、副市长、秘书长组成，根据需要，市政府副秘书长、有关部门主要负责人和各区政府负责人列席，必要时邀请市人大常委会、市政协的负责人参加会议。

3. 社会团体的会议成员规则

社会团体召开的会议，其会议成员规则因会议内容、性质不同而不同。代表大会或会员大会，会议成员规则和权力机关的会议成员规则大体相同，有些要经过一定程序选举产生和会员资格审查认定；有些则是全体成员或会员参加。工作会议有各种具体情况。一般要在团体章程和组织规程中规定参加会议人员的范围、人数以及权利义务。

4. 董事会的成员规则

根据《中华人民共和国公司法》第六十七条、第六十八条，有限责任公司设董事会，其成员为三人以上。董事会设董事长一人，可以设副董事长，可以有公司职工代表。董事长、副董事长的产生由公司章程规定。

（三）议事规则

议事规则是会议举行的基本法则，包括会议的举行、召集，议案的提出和审议，选举任免人员，发言和表决，等等。

1. 法定人数

法定人数是指举行会议、通过表决和进行选举时所需要的人数，是一个组织为求合法性而在与会人数上达到的一定的数目。没有达到法定人数，会议不能举行，所进行的选举、表决也是无效的。永久性团体需要法定人数。如全国人大议事规则规定，全国人民代表大会会议有三分之二以上的代表出席会议始得举行；大会全体会议表决议案，由全体代表的过半数通过；宪法的修改，由全体代表三分之二以上的多数通过。

2. 召集

凡是会议，总得有人来召集。有些会议是某单位发起和组织的，有些会议是某一领导者指挥和调度的。会议的召集人，是指会议的组织者和指挥者。各类会议的召集人有所不同。有些会议，是由有关法规明文规定的，有些会议则是由专门制定的会议章程规定的，还有一些是按照惯例确定的。法定性会议，对召集人的规定比较严格。我国宪法规定，全国人民代表大会由全国人大常委会召集。每届全国人大第一次会议，由上届全国人大常委会召集。全国人大议事规则规定，全国人大会议举行前的预备会议，由全国人大常委会主持，每届首次会议由上届常委会主持。预备会议选举产生的主席团举行会议，由主席团常务主席召集并主持。

其他团体组织的法定性会议的召集规则，大体和全国人大的规定相同。

行政会议的召集人一般是行政长官。如在我国，《中华人民共和国国务院组织法》规定，国务院全体会议和常务会议，由总理召集和主持。

政府各部委的部务会议、委务会议，由各部部长、各委员会主任召集和主持。

地方各级政府及其部门的行政会议，大体相同。如××市政府的会议制度规定，市政府全体会议和常务会议，由市长或市长委托副市长主持；市长工作会议由市长或副市长主持，必要时可委托秘书长主持，涉及两位副市长分管工作的，可共同召集。

有些会议的召集人由会议推选产生。如××地区经济发展国际咨询会议，会议由主席主持，而主席是由顾问在全体会议上推选出来的。

董事会会议由董事长召集和主持；董事长不能履行职务或者不履行职务的，由副董事长召集和主持。

3. 发言

发言是每个与会者参与会议、表达思想的主要方式，也是会员的基本权利。一般会议的发言，是发表意见和参与讨论。发言规则有：发言要在会议允许的情况下进行，有的要经主席或主持人同意才能发言；发言必须围绕会议的议题进行，不能东拉西扯，“离题万里”；在所有与会者轮流讲完之前，一人不能讲两次；发言严格控制时间，一般一人发言在数分钟之内，切忌长篇大论，滔滔不绝。

法定性会议的发言规则较为严格。一般有以下几点：

（1）发言的顺序。提议人或报告人有优先发言权，既给机会解释议案，同时也给最后发言机会；未发言者有优先权，少发言比多发言者有优先权；赞成与反对双方轮流发言，双方发言机会均等。

（2）发言的次数和时间。全国人大议事规则规定，代表在大会全体会议上发言，每人可以发言两次，第一次不超过十分钟，第二次不超过五分钟。主席团会议中两次发言时间分别为十五分钟和十分钟，经主持人许可可以适当延长。要求在大会全体会议上发言，应当在会议前向秘书处报名，由大会执行主席安排发言顺序；临时要求发言，要经大会执行主席许可。

（3）发言受法律保护。全国人大议事规则规定，全国人大代表在全国人大各种会议上的发言不受法律追究。

4. 议事方式

议事方式一般采取公开方式进行，即在议事过程中，准许旁听和发表记录，这种方式的会议一般称为公开会议。

也有的议事过程采取不公开的方式进行，也就是不设旁听席。议事过程不公开，议事记录不发表，这种方式称为秘密会议。

（四）程序规则

开会议事，必须有一定的程序。会议程序就是会议组织的先后顺序和活动要领，目的是对会议做有秩序的引导，以保证会议有序进行。

1. 一般议程规则

议程关系到会议目的、任务、方法，是对会议的议题排出先后顺序，做出安排的程序。

议程一般在会前确定，由会议的领导机构根据会议的目的宗旨拟定，并要预先发给与会者，方便与会者早做准备。

会议程序一般为：议题—议论—议决或传达—部署—落实或报告—讨论—总结等。

若会议事项较多、会期较长，须拟定议程表，议程内容大体包括：

（1）宣布会议开始。宣布会议的宗旨任务，有的还要介绍筹备情况。

（2）大会报告。

（3）大会或小组讨论。

（4）选举领导机构。

（5）讨论下一阶段计划。

（6）讨论通过其他事项。

（7）表决会议决议或宣读会议议定事项和决议记录。

（8）宣布散会。

2. 审议程序规则

会议代表在审议议案、工作报告、国家计划、财经预算和决算报告时需要按一定的程序进行。审议议案的主要规则有：

（1）议案的列入。议案由主席团决定是否列入会议议程，或交由专门委员会审议、提出意见后交由主席团决定是否列入。

（2）议案的提交。将主席团通过的议案处理意见报告印发大会。列入会议议程的议案，提案人要提出关于议案的说明，或由有关委员会提供相关的资料。

（3）议案的审议。由各代表团进行审议，主席团可以交由有关专门委员会进行审议、提出报告，再由主席团审议决定提请大会全体会议表决。

3. 选举程序规则

选举是各级各类法定性会议的一项重要议程，选举过程是严格按照有关程序进行的。程序包括有关组成人员的选举、罢免和任免。其中选举的主要程序有：

（1）提名。选举人选一般由主席团提出，经由各代表团酝酿协商后，再由主席团根据多数代表的意见，确定正式候选人名单。

（2）说明。候选人的提名人应当向会议介绍候选人的基本情况，并对代表提出的问题做必要的说明。

（3）选举。采取无记名投票方式，超过半数当选。选举或表决任命议案时，设秘密写票处。

（4）公布。选举或表决结果，由会议主持人当场宣布，同时公布候选人的得票数。

第六节 常见会议实例

一、法定性会议

(一) 党代会

党代会是中国共产党代表大会的简称。《中国共产党章程》规定，党代会每五年举行一次；党的全国代表大会由中央委员会召集，党的地方各级代表大会由同级党的委员会召集。

党代会的主要任务是：听取和审查党的委员会的工作报告；讨论和决定本部门的工作方针、工作任务；选举党的委员会及出席上一级代表大会的代表。

党代会的一般议程是：召开预备会议，研究确定会议的重要问题和有关事项；举行主席团会议，确定大会主席或召集人，征求对大会的意见建议；举行大会开幕式；审查大会工作报告和讨论通过工作报告；选举产生本届委员会和出席上一级党代会的代表；举行闭幕式；新选出的本届党代会委员举行第一次全体会议，选举领导班子。

(二) 人代会

人代会是人民代表大会的简称。

全国人民代表大会为最高国家权力机关，全国人大常委会为常设机关，行使国家立法权，选举国家领导人，决定和罢免政府组成人员的人选，审查批准工作报告等。

人代会每届任期五年，每年举行一次会议。会议由人大常委会召集，选举主席团主持会议。从中央到地方，各级人民代表大会代表听取并审议政府工作报告，任免政府工作人员，参与管理国家事务。

(三) 团代会

共青团是中国先进青年的群众组织，共青团定期召开代表大会。团代会是共青团全国及地方团组织召开的会议，也是团的全国及地方的领导机关。

全国的团代会每五年举行一次，由团的中央委员会召集，特殊情况下可以提前或延期举行。全国团代会的主要职权是：审查和批准团中央委员会的工作报告；讨论和决定全团的工作方针、任务和有关重大事项；修改团的章程；选举中央委员会。

地方的团代会每五年举行一次，由同级团的委员会召集。特殊情况下，经同级党委和上级团委批准，可以提前或延期举行。其职权是：审查和批准同级委员会的工作报告；讨论和决定本地区团的工作任务和有关重要事项；选举同级委员会；选举出席上一级团的代表大会的代表。

(四) 妇代会

妇女联合会是中国妇女界的群众组织。全国和地方各级妇联定期召开妇女代表会，讨论和决定妇女运动及各级妇女工作的重大事宜。妇代会是全国及地方妇联召开的会议，也是全国妇联和地方妇联的最高权力机关。

全国妇代会每五年举行一次，特殊情况下，经执行委员会讨论决定，可提前或延期举行。全国妇代会的职权是：讨论、决定全国妇女运动的方针、任务，审议和批准全国妇女联合会执行委员会的工作报告，修改妇女联合会的章程，选举全国妇女联合会执行委员会。

地方各级妇代会，省、自治区、直辖市，设区的市、自治州、县，不设区的市和市辖区每五年召开一次；乡镇、街道每三年召开一次。在特殊情况下，经执行委员会批准，可以提前或延期举行。地方妇代会的职权是：讨论决定本地区的妇女工作任务，审议批准本级妇女联合会执行委员会的工作报告，选举本级妇女联合会的执行委员会。

（五）职代会

职代会是企业职工参与管理企业的基本方式，是指各类企业由员工选举出来的职工代表参加的代表性会议。

职工代表大会的主要任务是协同企业抓好企业文化建设，密切联系广大职工，维护职工的合法权益，反映职工的意见和要求。职工代表大会的职权是：定期听取企业负责人的工作报告，审议任期责任目标、发展规划、财务预决算、规章制度及其他重要事项；监督评议各级行政领导干部；审议通过职工劳动保护、集体福利等有关职工生活福利的重大事项。

（六）股东大会

股东大会是由经济组织或经济组织的权力机构召开的会议，由公司全体股东组成，对股份制公司重大事项进行决策。

股东大会的主要职责是：审议董事会的报告，讨论决定经营管理的重大事项，修改变更章程，选任和解除董事。

股东大会采取“一股一权”制，一名股东的表决权数，是他所有的股份数。股份总数过半方可开会，出席股东的总表决权数过半，才能通过表决。

二、决策性会议

（一）常委会

由常务委员参加的会议就是常委会。一级党委的常务委员，是党内的重要领导职务，在全委会闭会期间行使委员会职权，讨论决定重要事项。

常委会通常讨论决定的事项是对本地区经济建设、社会发展、党的自身建设等重要问题做出决定，对同级政府机关、团体组织的党组请示事项做出决定，按照干部管理权限任免干部。

常委会一般每月召开两次，由书记召集并主持。常委会会议必须有半数以上委员到会才能举行。会议要有专人记录，重要会议要编发会议纪要。

（二）行政会

行政机关和企业、事业单位做出决策，通常要通过决策会议来实现。行政会是机关单位领导层在职权范围内议决有关事项的会议。如政府的工作会议、常务会议，学校的校务会，工厂的厂务会，公司的各类行政会议等。

政府的工作会议由政府领导人或委托秘书长主持召开，研究处理政府日常工作中的重要问题。

政府常务会议由政府领导人及秘书长组成，需要时可以增加列席人员。常务会议的主要任务是：研究贯彻执行上级指示，研究年度工作安排，讨论上报的请示事项和工作报告，讨论提请人大常委会审议的议案、发展规划、财政预决算、执行报告等，讨论政府发布的重要决定、规章等，讨论各部门及下级政府的请示和报告事项。

（三）董事会会议

董事会会议是经济组织权力机构召开的会议，也是股份制公司的执行机关和权力机关。

董事会的组成和召开需要一定的条件。董事会由股东大会选举产生，有的由集股各方任命。董事会由董事长担任主席，董事长不能出席会议时由副董事长担任，副董事长不能出席时，则由董事会推举一名董事担任。

三、工作性会议

（一）动员会

动员会是指为开展一项工作或活动而召开的发动性会议。

动员会一般宣讲某项工作或活动的目的意义、工作方针、内容任务、注意事项，起发动群众、广泛动员的作用。

动员会一般要有一定的规模，会议要求气氛热烈，起到鼓舞士气、振奋精神的作用。

（二）现场会

现场会一般是指在典型单位或典型现场召开的借鉴性的会议。

现场会以研究解决工作中的问题，或推广某一经验为主题，具有直观、印象深刻、能现场解决问题、效率高、现场观摩性强的特点。

现场会主要起典型示范、典型带头的作用，通常要选取有典型意义的生产、工作、试验、经营、教育等活动场所。有些单位还把一些决策性内容的会议拉到现场召开，被称作现场办公会，目的在于提高会议的效率，扩大会议的影响。

（三）总结会

总结会是为回顾过去，总结成绩和经验，查找不足和教训，以便发扬成绩、克服不足而召开的会议。总结会通常以年度、半年、季度和月为期召开，通常是定期召开，也有在某项工作结束、某项活动告一段落后进行。

总结会常常与表彰会结合召开，以提高会议效率，降低会议成本，比如“××集团公司 2013 年度总结表彰大会”。

四、学术性会议

（一）研讨会

研讨会是专业人士及有关方面的代表，就某一专业问题进行研讨的会议。比如："国际金融危机防范国际学术研讨会"就是一个典型的研讨会。从会议名称大致可以看出这是围绕某一专题进行研究探讨的会议，学术性比较强。

研讨会中选题是关键，所研讨的问题必须是现实生活中具有全局性和前瞻性的重要或重大问题。另外还要选准与会者。与会者是否有代表性，是否对研讨的问题在理论、实践和政策上有较深入研究，是否善于发表意见，都直接影响会议的成效。

研讨会的规模也要适当。人数太少会影响研讨的气氛和深度，无法充分展开话题；人数太多，规模过大，超过主持人控制的限度，研讨会就可能开成报告会，同样会影响会议的质量和效果。所以，研讨会一般以中型为主。

研讨会可建立学术委员会，其作为最高学术权威机构，就学术上的有关问题向组织提供咨询，根据议事规则对有关争议进行裁定。学术委员会成员的构成一般有两种情况：常设性的学术论坛的学术委员一般由全体会员大会选举产生，其他论坛和研讨会的学术委员会成员则由主办方聘请专家组成。

（二）论证会

论证会是指对某种方案、某项成果进行评鉴、论证的会议。这类会议与会者通常是专家、行家、管理者及执行者，会议的组织，既要充分考虑专家的意见，又要尊重实践者的意见。

论证会所提供的论证方案和成果一定要有实践基础和现实意义，有时还需要有可供比较和选择的数种方案，使论证会的与会者能进行比对和选择，择取优选方案。

五、彰显性会议

（一）纪念会

纪念会是指为纪念某一重要事件或人物而召开的会议，比如"西藏和平解放 50 周年纪念会""纪念辛亥革命一百周年大会"等。纪念会的与会者主要是与纪念活动有关的领导和相关人士。纪念个人的，一般邀请其家属参加；纪念某一事件的，一般邀请与事件关系密切的人士参加。纪念会的规模可大可小，大型纪念会有一定的宣传教育意义。小型纪念会通常为座谈形式，主题可为追忆或缅怀，以资纪念。

（二）庆祝会

庆祝会是指为重大节庆、重大成就而举行的庆祝性会议。这类会议在我国政治和社会生活中比较多见，如"澳门回归一周年庆祝会""迅达公司成立十周年庆祝大会"等。

庆祝会一般欢快、隆重、热烈，起礼仪性和宣传性的作用。

（三）表彰会

表彰会是指表彰先进、树立典型的会议，通过表彰某个领域的先进分子、某阶段或某方面做出突出成绩和贡献的单位或个人，弘扬正气，树立榜样，起到正面宣传、典型引路的作用。

表彰大会要开得隆重热烈，又简短紧凑。

六、会商性会议

（一）联席会

联席会是不相隶属的单位部门，为了共同协商一些问题而召开的会议。这种会议一般由一个部门或单位牵头，其他方面分工配合。如机关单位因重大、重要事项需要会商而召开的党政联席会：香港回归后，粤港合作联手推出“粤港合作联席会议”，由时任香港特首的董建华提议、经中央政府批准。粤港双方以联席会形式商讨新形势下如何进一步加强合作，促进两地经济发展的新问题，对粤港两地间的合作发挥了重要作用。

联席会议组织的要点为：一是议题事先要经双方协商确定。一般由会议某一方牵头提出议题和议程的草案，经另一方协商确定。二是确定出席范围。要从有利于解决问题出发，确定出席人员，凡与议题有关的人员和部门一般都在出席范围之列。三是出席人员应当是单位委派的全权代表，这样便于在商议实质性问题时能够当场表决，当场签署决议文件，以提高会议的效率。

（二）会商会

会商会是因事而召开的。有的通过制度固定下来，定期由相对固定的人员和单位参加，会商事项一般也相对固定，如年度全国地震趋势会商会、防汛会商会、全国小麦病虫害发生趋势会商会等。

（三）座谈会

座谈会是指与会者在一起交流信息、交换意见的会议。这类会议旨在开展调查研究、取得第一手材料，一般不做出决定。座谈会可以分成两种：一种是横向关系座谈会，一种是纵向关系座谈会。横向关系座谈会的与会者与举办者为平级或无隶属关系。这种座谈会结束时，会议主持人一般要对与会者的光临和支持表示感谢。纵向关系座谈会是由领导机关或领导者召集其下属有关部门或人员召开的会议。

座谈会因目的不同，出席的人员也不同。如学习座谈会为各有关方面代表参加；专题座谈会为某些专门人士参加，如离退休干部座谈会、青年教师座谈会、妇女干部座谈会、员工座谈会等。

七、信息性会议

（一）报告会

报告会是指以口头形式向听众告知有关事项、传达有关信息的会议，是一种普遍使用的进行宣传教育、传播思想与文化的会议类型。

报告会因内容、目的不同，有不同的名称。总结部署工作的，叫“工作报告会”；分析阐述形势的，叫“形势报告会”或“时事报告会”；传播理论知识的，叫“学术报告会”；宣传教育的，叫“事迹报告会”；等等。

报告会的主讲是报告会的核心人物。工作报告会的主讲是组织的负责人，学术报告会的主讲是某领域的学术权威，事迹报告会的主讲是英雄（个人或集体）以及杰出贡献者（个人或集体）。

组织报告会的工作要点：一是要讲究时机，选准主题。无论是工作报告、时事报告、学术报告，还是事迹报告，报告的主题都应当做到新颖、切合实际、深刻，对与会者有启发性。二是要选好报告人。报告会的效果如何，报告人以及报告的内容是关键。因此，会议主办者一定要事先做好调查，做到胸中有数。三是报告会主持人要讲究主持技巧。主持报告会在报告之前要介绍报告会的背景和举办的意义，并对报告主讲人的基本情况做简单介绍，以便引起听众的重视。报告结束时，主持人还要根据报告的目的，对报告内容进行概括和做恰如其分的评价，并对与会者提出要求和期望，这样才能充分发挥报告会的作用。

（二）新闻发布会

新闻发布会是有关组织向新闻媒体通报最新或重大情况而召开的会议，是典型的信息性会议。通过新闻发布会，可以集中而快捷地将有关情况通过媒体发布出去，比如重大活动、重要举措、重大事故、突发事件等情况的信息发布。新闻发布会的作用在于扩大宣传，加强引导，矫正视听。

新闻发布会具有明显的严肃性和权威性，为加强管理，更有效地发挥新闻发布会的作用，各有关组织应制定相应的规章制度以规范这种信息性会议。

（三）记者招待会

记者招待会与新闻发布会功能相近，也是发布和传播信息。记者招待会与新闻发布会的不同在于：一是邀请对象不同。记者招待会邀请的对象是新闻记者，主要目的是将有关情况向媒体通报，有时也为答谢记者。新闻发布会邀请的对象则更为广泛，也包括其他媒体如学术期刊的编辑。二是发布的形式不同。记者招待会一般采用双向沟通形式，一方面主办方根据目的发布信息；另一方面记者当场提出问题，发言人则需根据记者提问回答问题。而新闻发布会的形式则较为灵活，可以双向沟通，回答记者或其他与会者的提问，也可以由会议主办者单项发布信息，不安排提问。

（四）听证会

听证会是立法或行政执法机关在做出某些特定决定前，给予当事人参与并发表意见的机会，允许当事人陈述、申辩、质证而召开的会议。随着社会的发展、民主的进步，召开听证会逐渐成为社会生活中一件不可或缺的事情。听证会制度是一种让社会公共利益和公民权利得到有效保护的制度。它一方面通过吸纳各方利益和意志参与社会公共事务，使公共决策与社会治理更加规范；另一方面可以缓和社会矛盾，减少社会冲突，保持社会稳定，协调各方力量，促进社会公共活动的多元化、民主化。比如，城市地铁公司在车票定价时召开价格听证会，接受公众一定程度上的约束；房屋拆迁时，政府职能部门召开相关人员参与的听证会，广泛听取各方意见，扩大共识。

听证会的程序分为准备阶段、召开阶段和意见处理阶段。

准备阶段的工作。一是公布听证事项。二是产生听证代表。根据相关法律，先是接受个人或组织的报名，然后根据规定产生一定数量的听证代表。听证会的代表还应当具有代表性，比如，价格听证会的参加人员应当包括消费者、经营者、相关领域的专家、政府价格主管部门以及与定价听证项目有关的其他利益相关方。三是准备有关材料。

召开阶段的工作。一是根据相关法律或制度，确认与会者的身份，以及是否达到法定人数。二是严格按听证会程序进行：（1）先由主持人宣布听证会开始，介绍听证会的目的、主题、意义；介绍听证人员的组成以及人数，宣布会议注意事项和发言规则。（2）提案人陈述法案或决策方案。（3）与会者按发言规则发言。（4）主持人做听证会总结。

意见处理阶段的工作。根据听证会发言和听证人向委员会提交论证的文字材料，形成听证报告。听证报告应当对听证会上的各种意见做出客观、真实的反映。

【思考与练习】

一、什么是会议？你认为会议的特点有哪些？

二、会议具备哪些构成要素，各要素之间具有什么联系？

三、开会为什么要讲求会议规则？在我国，会议规则大体有哪几种情况？

四、社会团体的会议成员规则包含哪些内容？

五、选举的主要程序包括哪些内容？

六、认识会议的分类，为每种类别的会议举一个实例。

七、会议按照性质划分，可以分为哪些种类？你对表彰会、听证会、股东大会、董事会会议有多少了解？

八、实训：

1. 你在工作中遇到了这样一些问题。

2024 年末，某单位要安排下列会议活动：

（1）上级主管部门领导到单位检查年度工作情况，并对下年度工作提出要求；

（2）同级相关部门领导准备到单位进行交流活动，并希望实地考察本单位的情况；

（3）本单位准备组织中层领导干部述职，进行年度考评；

（4）春节之前，准备安排一次退休老干部的座谈会；

（5）安排年度总结大会和先进工作者表彰大会；

（6）负责质量工作的副总带领相关方面负责人到单位重点项目建设现场，准备解决存在的问题。

2. 请完成以下任务。

（1）如果你是单位负责会议组织工作的秘书，你能迅速指出以上会议各属于哪种类型吗？

（2）筹办这些会议时应当考虑哪些问题？

第二章
会议的起源与发展

【内容提要】

本章主要介绍了会议的起源，在人类社会发展的不同阶段社会宏观管理层面会议的发展演变，网络视频会议与我国会议产业的形成与发展；进而从推动会议发展演进的主要力量和会议发展演进的基本趋势角度，探讨了会议发展演进的规律。

第一节　会议的起源

会议活动是人类社会极为纷繁广泛的一种社会现象，在人类的经济生活、政治生活、文化生活等各领域中占有极其重要的地位；研究会议的起源和发展，是为了揭示会议现象历史发展的规律，以利于科学地认识、掌握和运用会议有效地开展社会活动和管理活动。

会议作为一种社会交往活动，其产生的具体时间已无法考证，但有一点是毫无疑问的，那就是，凡有人群的地方就有集会，而绝大多数的集会都包含有专门的议事内容。所以，就其广义而言，会议是同人类社会一样源远流长、不断发展并相伴存在的。

会议活动是一定范围内的人所形成的群体的一种行为过程，是进行社会交往活动的一种方式。每个人，都既是个体的人，又是社会化的人，是个体的人和社会化的人的统一。人们为了共同生产和生活，必须结成群体，即结成社会，并建立起一定的社会关系，还必须在社会和社会化了的集体（社会组织）中相互交流思想，商讨解决共同关心的问题以及解决问题的办法。这是人们社会生活中永恒的需要。

恩格斯说，人类在从猿到人的形成过程中，由于劳动和集体生活的推动，“已经到了彼此间**有些什么非说不可**的地步了”[①]。语言和文字产生以后，就成了人类交流思想的主要信息符号，不同形式的会议则是人们交流思想、表达意愿或达成共同一致行动的场合，是实施共同的社会行动或集体行动的前导。美国学者威廉·W. 哈维兰在考察当代某些原始部落的群队组织时说，群队的“决定通常是由该群队的全体成员一致做出的，因而不需要正规的履行制度。从事一次狩猎远征，或开始一项仪式庆典，要等到群队年老的成年男性开会之后才能做出决定”[②]。

概括而言，人类在产生之初就有集会和会议了，不过那时的集会和会议还只是会议的雏形，未形成正规的制度，只是一种自发约定的聚会议事方式。人类学同样表明，集会和会议活动是早在人类产生的初期就存在的一种必要的和普遍的社会现象，离开了集会和会议，任何协商一致的共同集体行动和社会行动都无从实施。

第二节　社会宏观管理层面会议的发展演变

进入原始社会晚期以来，随着人类文明的进步，会议活动也随之发展起来。纵观历史，不同社会阶级、不同社会政治集团、不同社会阶层的会议活动，其会议的社会政治属性、会议的具体形式和会议涉及的内容都十分繁杂。举其要者，人类社会宏观管理层面上会议活动的典型形式，经过了原始民主议事会会议、奴隶制下的集会议事、封建君主专制制度下的集会议事和朝议制会议、资产阶级议会制会议和社会主义制度下的权力机关会议这样五个发展阶段，分别属于不同性质的会议形式。此外，人类为了在更大平台上处理国家与地区之间的关系与问题，还设置了联合国大会。下面仅从人类社会宏观管理层面上会议活动的角度，粗略梳理会议的发展演变情况。

一、原始民主议事会会议

氏族是原始社会成员以血缘关系为纽带组成的集团，是原始社会组织的基本经济和社会单位，它是由一个共同祖先延续下来的血亲所组成的团体，氏族内部禁止通婚，财产共同继承。全盛时期的氏族制度包括氏族、胞族、部落、部落联盟，恩格斯称之为“氏族的

① 马克思恩格斯全集：第20卷．北京：人民出版社，1971：512.

② 哈维兰．文化人类学：第10版．瞿铁鹏，张钰，译．上海：上海社会科学院出版社，2006.

有机系列”。氏族是这个组织系列的基本单位，在氏族之上有由若干个氏族组成的胞族，胞族之上有由若干个胞族组成的部落；在有些地方，还有由若干个部落组成的部落联盟。氏族组织大体上经过了“母系氏族”和“父系氏族”两个阶段，母系氏族是原始公社制度的典型形态。

从社会管理的角度上看，氏族制度主要有以下特点：一是氏族组织是由它的各个成员以血缘为纽带连接在一起的，不是地域性联盟。每个成员都依靠氏族而生存，同一氏族的人有互相保护、互相援助、共同复仇的义务。二是作为氏族首领的酋长是通过民主选举产生的，主持管理氏族的日常事务和处理纠纷；氏族成员之间完全平等，即所谓原始的“民主主义”。三是氏族军事首领是凭借自己的骁勇和战功被氏族成员民主选举出来的，其权力仅限于军事、祭祀和某些审判事宜，没有行政方面的权力，地位不能世袭。但是，随着私有财产的不断增加和掠夺性战争的频繁发生，军事首领的权力不断膨胀，特别是在战争胜利的情况下，他们往往成为被征服地区的世袭统治者。

在原始社会晚期，会议已经有了相当程度的发展，氏族议事会会议、氏族人民大会会议、部落联盟议事会会议是那时最基本的会议形式，这都是原始人群不同范围内的议事机构和权力机构，同时也成为实行原始民主制的一种主要途径。当时社会生活的主要内容，都可以成为会议的中心议题，比如协商和决定食物采集和狩猎活动，选举或撤换氏族首领、部落酋长和军事首领，协商和决定复仇与战争行动，协商和决定是否进行以及怎样进行远途迁徙等。

（一）氏族议事会会议

原始社会晚期的氏族议事会，在各个民族的早期发展中是普遍存在的。氏族议事会是氏族最高权力机构，它经常根据需要召开议事会会议，协商决定共同关心的事情。恩格斯根据摩尔根对易洛魁人母权制氏族公社制的研究，认为“氏族有议事会，它是氏族的一切成年男女享有平等表决权的民主集会。这种议事会选举、罢免酋长和酋帅，以及其余的‘信仰守护人’；它作出为被杀害的氏族成员接受赎罪献礼（杀人赔偿金）或实行血族复仇的决定；它收养外人加入氏族。总之，它是氏族的最高权力机关”[①]。在旧中国，游猎在内蒙古额尔古纳河畔的一部分鄂温克族人，直到1949年，仍停留在原始社会晚期的父权制氏族社会状态，在其家庭公社内，凡重要事情，都由家庭公社议事会来商讨和决定。议事会主要由各户的老年男子所组成，在家庭公社中，最高权力机构就是这种以家族长老为主要成员的家庭公社议事会。

（二）氏族人民大会会议

在氏族内部有氏族议事会；在由几个氏族所组成的部落内部，也有议事会。这种议事会有两种形式：一是由各氏族首长参加的部落议事会；二是由部落全体民众参加的人民大会。恩格斯说，“在易洛魁人中间已经看到，当议事会开会时，人民——男男女女都站在周围，有秩序地参加讨论，这样来影响它的决定。在荷马所描写的希腊人中间，这种‘围立’……已经发展成为一种真正的人民大会，这种情形在古代德意志人那里也有。人民大会由议事会召集，以解决各项重要事务；每个男子都可以发言。决定是用举手……或欢呼

① 马克思恩格斯选集：第4卷．3版．北京：人民出版社，2012：100.

通过的。人民大会是最高级的权力”[1]。史诗《吉尔伽美什与阿伽》反映了公元前2800年两河流域南部的军事民主制。吉尔伽美什和阿伽是两个部落的军事首领，在决定重大军事问题时，军事首领必须征询长老会议的意见；长老会议决定向对方投降，但人民大会做出了作战的决定，军事首领和长老会议就服从人民大会的决定。可见，人民大会真正起到了最高权力机构的作用。

（三）部落联盟议事会会议

恩格斯根据摩尔根对易洛魁人部落联盟的研究指出：“五个血缘亲属部落以完全平等和在部落的一切内部事务上的独立为基础，结成永世联盟。”“联盟的机关是联盟议事会，由50个地位和威信平等的酋长组成；这个议事会对联盟的一切事务作最后的决定。”“联盟议事会的一切决议，须经全体一致通过。”“表决是按部落举行的，这样，每个部落以及每个部落内的议事会全体成员，都必须一致赞成，决议才算有效。”“会议在聚集起来的民众面前公开举行，每个易洛魁人都可以发言；但只有议事会才能作出决定。”[2]

上述资料表明，原始社会末期的会议，已有一定程度的发展。其特点，“第一是约定俗成的习惯性；第二是广泛的直接民主性；第三是无所避讳的公开性”[3]。这些特点，是同当时氏族、部落和部落联盟内部没有阶级划分或显著的阶层划分的社会条件相适应的。氏族公社的管理具有民主、自治的性质，但是，随着时间的推移，氏族内部出现了私有制和贫富分化，新出现的富有者和显贵逐渐控制了氏族的权力，氏族社会的原始民主制度被冲淡以致消失。

二、奴隶制下的集会议事

国家的产生是一个漫长的过程。在我国，大体是把禹传启这样的“父传子”作为国家建立的标志。之后，文字的产生对实施国家管理的会议活动影响十分重大。在我国漫长的奴隶制社会，各个朝代在各自的管理机制下有名称不同的集会议事形式。

（一）奴隶制时期的国家管理机制

在中国古代，夏是在原始氏族制的基础上建立起来的国家，国家形态比较原始，管理范围比较狭小，生产力水平极端落后，私有制刚刚开始建立，社会利益诉求与利益关系较为简单，这决定了夏朝的社会管理模式也比较简单。夏朝的管理者主要通过宗教力量和军事力量来实现国家管理，所谓“国之大事，在祀与戎”，但在社会管理方面也有诸多创新。在中央层面，通过设置“六卿”进行分权安排，防止权力过度集中；在地方层面，通过与周边部族建立同盟，化解利益冲突，地方各部族事务主要由部族首领自治。

商朝的社会事务及统治范围较之夏朝有了很大的发展，社会利益关系也趋于复杂，其社会管理方式也因此有了很大的发展。商朝的基本管理思想是“亲贵合一”，即通过

---

① 马克思恩格斯选集：第4卷.3版.北京：人民出版社，2012：118-119.

② 同①105-106.

③ 张起朴，刘赤峰.会议学引论.郑州：河南人民出版社，1991.

“亲贵”来协调和维护既得利益：中央以“贵”（助商灭夏者）为核心，组建中央国家管理机构；地方以“亲”（商王近亲）为主体组建诸侯国。商朝诸侯国的自治权力比较大，甚至超过了今天的联邦制国家，在中央层面则出现了类似于“相府”的中枢机构。

周朝的社会管理很有特点，其核心是封建、宗法、井田与礼乐四大制度，对后世社会有很大影响。周朝分为西周和东周两个时期，东周又分为春秋和战国两个时期。

西周立国之初，为管理疆域更广、事务更多的国家，在制度安排上进行了很多创新。在中央，出现了中枢决策和行政管理分立的制度安排；在地方，则通过推行“分土封侯”制度，大封宗室为诸侯，广置疆土为封国，分配既得利益。

西周在中央设立了太师府、太傅府和太保府，号称“三公”府，类似于今天的首相府；“三公”府主官合称为“三公”，亦称“执政”，类似于今天的首相。“三公府”主掌国家治理大权，与周王并存共立。“三公”同全体贵族一道对周王“匡过革失”，从而对王权形成一定的制衡。

西周的中央权力机构除“三公”府外，还有“贵族议事会”和“国人会议”。其中的贵族议事会就是周王与各诸侯王的盟会，定期或不定期（遇有特殊大事）召开，共同商定国家大事。可以说，西周非常类似于今天的邦联制国家。

西周的各诸侯国内，大体上也建立了类似于中央的管理机构，并通过层层分封进行管理。西周还出现了“监国制度”，即为防止分封制本身所固有的分裂割据，中央向各诸侯国派遣监察官员，及时监控和处理中央和地方的利益矛盾。

（二）奴隶制下的集会议事

从会议角度而言，从原始社会进入奴隶制社会以后，原来那种集会议事的形式被保留下来了，而其社会性质发生了根本的变化。为适应各个时代的专制统治，会议的名称和具体形式各不相同，情况十分繁杂。在夏代，有三老五更、四辅、四岳等咨询议事官属；在商周时代，有占卜议事，有贵族、诸侯朝会天子之议；在春秋末期和战国时代，各国还均有“众卿议”，国君“朝诸大夫而问焉”，各国之间则常有会盟之议。

借助上述管理架构及会议形式可以发现，中国的奴隶制是相对松散的：

一方面，试图制约君主的权力。比如商朝通过“亲贵合一”及“封国自治”的管理方式，稳定既有利益关系，化解潜在利益冲突，适当分散君主集权；西周以分封制为核心，通过“三公”府等机构共享权力，防止周王权力专断，通过贵族议事会实行与诸侯民主共治，周王实为诸侯共主，并不干预诸侯内部事务，再通过“监国制度”监察诸侯权力，同时建立起一套有效的礼乐制度，使整个奴隶制国家相对有序。但是，宗法血缘关系并不能从根本上保证地方对中央的忠诚，血缘关系经几代后就会逐渐疏远，封国实力一旦强大，中央的权力就不再是被适度制约，其控制力必然会被严重削弱。西周最终灭亡正是因为周幽王的昏庸及封国的强大，从而导致礼崩乐坏。

另一方面，并不能在根本上制约最高统治者的权力滥用。这种管理架构和议事制度是建立在权力世袭之上的，因此始终无法真正约束最高统治者的权力。比如商王生活奢侈淫逸，对内实施高压政策，对外连年用兵，终于导致统治阶层内部及统治阶层与被统治阶层矛盾激化，最终亡国。

知识链接 希腊城邦公民政治

世界各民族从原始社会进入文明社会，最早建立的国家都是城邦类型的小国，即以一个城市为中心，包括周围一些村落，一城一邦，故称“城市国家”（简称“城邦”）。不同的是，其他民族大都随历史的发展，由小国演变为大国以至帝国，而希腊文明的特点是，它保留城邦小国纷立的局面较其他文明更为久远，而且在城邦体制下达到其文明繁荣昌盛的高峰。

希腊著名哲学家亚里士多德总结城邦公民政治时说：“(1) 凡有权参加议事或审判职能的人，我们就可以说他是那一城的公民；(2) 城邦的一般含义，就是为了维持自给生活而具有足够人数的一个公民集团。”“判别城邦的标准，不是看它的国土、城垣、人口，而是看它是否由公民组成。”“享有政治权利的公民的多数决议，无论在寡头、贵族还是平民政体中，总是最后的裁判，具有最高的权威。”

希腊城邦公民政治得以实行的前提是小国寡民。特别像雅典那样的直接民主制，这个前提尤其重要。因为直接民主制唯有在领土狭小的城市国家中才有可操作性。在这些国家中，生活在城外农区的公民进城参加公民大会可以朝出暮归，人们相互间比较熟悉，一国政务比较简单，易于在公民大会中讨论和表决。领土广阔的国家则不具备这样的条件。所以，可以说城邦制度和直接民主是互相依赖，互为条件的。

资料来源：http://www.docin.com/p-662084256.html.

三、封建君主专制制度下的朝议制会议

春秋战国时期，各诸侯国除了主要承袭西周的管理模式外，还根据社会发展状况进行了大量创新，最突出的就是实行“郡县制”，即以“流官取代世袭”。这种管理模式适应了土地迅速兼并扩大后的社会利益关系，既大大加快了诸侯国之间土地兼并的步伐，也为后世的封建制中央集权打下了基础。

我国的地方行政制度，最早的是自秦朝开始在全境推行的郡县制度，汉代承袭了这个制度，并形成州郡县三级行政管理，自此成为日后各朝地方政制的基础，并逐渐发展和完善。这一制度的组织系统庞大，结构严密，在征发徭役、兵役，征收田赋、租税，管理地方的治安秩序和巩固边疆等方面发挥了良好的作用。地方行政制度的改革和完善，既加强了中央集权，巩固了封建统治，也有利于社会的稳定和经济的发展。

（一）封建君主专制下的朝议制

中国封建社会实行的是君主专制下的集议制，也称朝议制。朝议，顾名思义，是指由皇帝召集，在朝堂上举行的会议。凡有国家大事，皇帝都召集群臣集中讨论，当然，最终的决策权还是在皇帝或权臣手中。另外，并非所有朝议均由君主本人亲自召集主持，依据实际需要也有变通。

真正意义上的朝议开始于秦汉，并形成朝议制。在魏晋南北朝时期，皇帝常指定一些

人组成专门的集议班子，作为皇帝的参谋，对国家政务进行经常性的议论，遇到特别重大的事件才举行大规模的朝议，使朝议更有利于皇帝集中权力。唐代有政事堂，“即以议事之所”。在明代有廷议制，皇帝“事关大利害，则下廷臣集议”。到了清代，则有会议、会奏、会审制度；在多数情况下，主持会议的长官和都察院会先把本部门的问题写成帖子，然后据此开会商议；内阁大学士议大礼、大政，并把意见向皇帝报告。

知识链接　朝议制的基本原则

群臣在朝议事也不是随便发表议论。有两个基本的前提必须遵守：一是戒越职言事，一是戒风闻言事。

不在其位，不谋其政。古代的官吏职责分明，各守本职，不能干涉别的部门，甚至皇帝过分干预各部门的工作，也要遭到大臣的抵制和责备。这虽然是为了防止臣子专权，但造成了人们事不关己、高高挂起的态度，对于不属自己职责范围的事则三缄其口，因而在朝议中舆论主体受到画地为牢的限制。……不能越职言事是普遍的现象，但它也遭到了一些大臣的反对。因为有些事当权者不向皇帝汇报，又不让别的大臣或属下官吏越职或越级上报，就会蒙蔽皇帝的视听，不了解外面的真实情况。……多数情况下，要对越职言事者进行惩罚，只有当皇帝下求直言诏时，才允许臣子们越职言事。

风闻言事是指听到一些风言风语就把它当成真事郑重向上级报告，这与采集民情的“采风”不一样，多是上报一些无稽之谈。历代都要求群臣言之有据、行之有礼，特别是向皇帝进奏时，应对所汇报的事实负责，不能道听途说、没有核实就乱发言，否则就治以重罪。……清代康熙帝更明确规定不许风闻言事，一般官员不得随意上疏。

可以说禁风闻言事有一定益处，但也不应绝对化。有些人特别是权臣在外胡作非为，并仗势毁灭证据，舆情已激愤，而群臣不能向皇帝反映，这当然影响了皇帝的“兼听”。汉代盐铁会议上就曾对此展开过讨论，丞相们主张布衣、公卿皆可以“风议”，而士大夫们认为议论无所依据，如膝痒而搔背；众议汹汹，只在嘴上下功夫，成不了事。唐代武则天允许风闻言事，大开告密之门，首当其冲的是大臣们。所以有些皇帝想广开言路，允许风闻言事，首先会遭到大臣们的反对。

资料来源：侯东阳．封建统治集团的重要舆论机制：朝议．郑州大学学报（哲学社会科学版），2001（4）．

（二）封建君主专制下朝议制的主要特征

第一，君主垄断朝议召集权。比如秦始皇实行集权专制，“天下之事无大小皆决于上”，没有皇帝诏示，任何大臣都不得擅自召集朝议；但同时规定，在皇帝召集朝议而皇帝本人不能赴会主持朝议时，指定由丞相、三公或大将军代为主持。

第二，君主大多独揽朝议裁断权。秦汉以后，参加朝议或廷议的人，因所议之事的性质和大小而异。凡事关军国大政之事，皇帝通常“不必下其议”，由公卿、列侯、二千石及大夫、博士等要臣联合集议，以取长补短，集思广益。但是，最后决断权仍在皇帝手中，不是按照多数意见裁决的。即使某大臣的意见持之有故，言之成理，也必被皇帝所接受认可之时，方可采用；否则，无论其意见多么顺理成章，都不可能被采用。这就是刘向所说的“兼听独断”，说明了君主在朝议制上的煞费心机。

第三，君主大多垄断朝议的人选权。在专制制度下，选择参加议政人选的权力，也掌握在君主手中，议政往往离不开两种人：一种是皇亲贵族和其他有宗法身份的人，二是君主周围的宠臣近宦。而那些忠良之臣，时常会被“疏之”，君主“不从其言”。这样做的目的自然是加强皇权统治。

第四，君主对朝议的重视程度，取决于君主自身的开明程度。朝议是官员们对政治的议论和对民情的反映，因而是沟通皇帝与民情的中介。在某些情况下，最终的决策者皇帝或权臣对朝议也很重视，对一些重大问题也会听取众议。但就此一问题不可一概而论。比如宋仁宗皇祐年间，有人提议实行茶盐国家专卖，皇帝就派户部使包拯去实地考察，又特地把提此建议的人招致朝堂，并与三司商议，直至大家都同意，皇帝才下令正式施行。

四、资产阶级议会制会议

（一）资产阶级议会的起源与制度形成

英国议会是资产阶级议会的活化石，这里我们把它作为讨论的样本。

从形式上看，英国议会最早可以追溯到盎格鲁-撒克逊时期的贤人会议和诺曼底时期的大会议。盎格鲁-撒克逊人统治下的英国社会早期，就存在着久远的民主和法制的传统。追根溯源就会发现，现代英国议会最早源于早期郡法庭中集中地方代表议事的惯例。后来，又出现了贤人会议。这种贤人会议本是一种国王的顾问团体，没有具体的组织，人选也要看国王的意旨。不过贤人会议在一定程度上开启了英国各阶层民众参政议政的传统。

11 世纪诺曼底公爵威廉征服英国之后，在继承了盎格鲁-撒克逊人习俗惯例的基础上又把诺曼底传统的管理国家的方式移植到了英国，其中最重要的就是“御前会议”。在亨利一世统治期间（1100—1135），御前会议有了比较固定的职能。后来，亨利二世任命其中的五个成员组成一个驻在固定地点的法院，在国王的指导下审理各地的重大案件，这就逐渐演变出了“王座法庭”，即由各州市的代表与国王及其御前会议人员所组成的大议会。之后，这种在威斯敏斯特的集会逐渐转变成了一种国家的立法机构。这实际上就成了近代英国议会制度的起源。

1258 年，亨利三世再次被迫接受“贵族请愿书”——《牛津条约》，承认了议会独立于国王并定期开会的法定存在。1265 年，贵族蒙特福特在内战中获胜，他召开了英国历史上第一次议会会议，除了有贵族和主教参加外，还邀请了骑士和市民代表，从此形成了英国的等级议会制。1295 年，爱德华一世为筹集战争经费又召集了“模范议会”并使之成为惯例。由于贵族议员和市民议员的利益诉求各不相同，从 1343 年开始，议会内部逐渐区分为上、下两院，即贵族院和平民院。

1628 年，议会向国王提交了一份《权利请愿书》，规定国王不经议会同意不得征收新税。1688 年的“光荣革命”推翻了斯图亚特王朝，议会在 1689 年通过《权利法案》。该法案体现了国王的权力受到议会牵制的宗旨，明确了“议会至上”的原则，把国王的权力转移到了议会。

1694 年的《三年法案》限制了国王召集、解散议会的随意性。1701 年颁布的《王位继承法》旨在通过规定王位继承问题，实现资产阶级对王权的控制。同时又规定，国王无权干涉立法和司法，无权赦免议会弹劾的案件，这就意味着司法权与行政权的分立，即司法独立。1721 年，下院多数党领袖、内阁首席大臣兼财政大臣沃波尔取代国王成为内阁首脑。沃波尔内阁是英国首届正规内阁。1742 年，沃波尔因失去议会的支持而辞职，他的这一行为开创了内阁得不到议会信任时必须辞职的先例；1784 年小皮特首相遭到议会下院反对时，提请国王解散下院，提前大选，获胜后仍继续任职，他的做法也成为惯例。经过一个多世纪的变革，到 1832 年议会改革后，议会不但成为实际的最高立法机关，而且也取得了决定内阁人选、监督内阁施政、决定内阁去留以及干预司法工作的大权。国王的行政权力被剥夺殆尽，成为“统而不治”的“虚君”，议会制度正式宣告形成。

（二）英国议会

议会是英国政治的中心舞台，是英国的最高立法机关。政府从议会中产生，并对其负责。英国的议会为两院制，由上院和下院组成。

上院又称贵族院，主要由王室后裔、世袭贵族、新封贵族、上诉法院法官和教会的重要人物组成。上院议员不由选举产生，部分是世袭贵族。上院是英国最高司法机关，议长由大法官兼任。和下院相比，上院的权力相对有限，保留着历史上遗留下来的司法权，有权审查下院通过的法案，并通过必要的修正案，还可以要求推迟它不赞成的立法，最长可达一年。

下院又称平民院，其议员由直接选举产生，任期五年。下院的主要职权是立法、监督财政和政府。英国全国被划分为多个选民人数基本相同的选区（选区的划分由一个独立的委员会决定），每个选区选举一名下院议员。大多数选区议员是一个政党的成员，但是没有政党背景的人士也可以参加选举。通常情况下，英国下院总有一个拥有绝对多数的政党，该党领袖被国王任命为首相。下院第二大党的领袖则成为反对党领袖。

1. 议会与国王

国王置身于议会中，成为议会的组成部分。国王出席议会时，一般仅出席在上院举行的议会开幕式，在御座上发表演说以及审阅批准两院通过的法案。在议会发展完善的过程中，国王的权力不断地向上下两院转移，成为虚位君王。

2. 议会与政府

议会与政府的关系在于立法权和行政权紧密融合在一起，而之间的桥梁是内阁。政府的内阁和首相从下院中产生，按照惯例，下院中的多数党获得组阁权力，而首相由多数党的领袖出任。首相可以任命自己的内阁大臣，但需要经过议会两院批准通过。因此，下院是内阁权力的来源。英国政府与议会关系的独特之处是，首相可以向国王提出解散议会的请求，国王批准之后，议会便会解散并重新选举。首相在一届议会到期，或者首相所在党的支持率上升时进行重新选举，有利于本党当选和继续执政，便会解散议会。因此，英国政府和议会密切相关，两者权力融合在一起，形成英国独特的宪政结构。

3. 英国议会与欧盟

英国在 1973 年加入欧共体（后称为欧洲联盟，简称欧盟），这对英国的立法、行政和司法各方面都产生了影响。在立法方面，人们认为英国加入欧盟之后，议会主权原则被削弱了。英国在加入欧盟之前，接受了1972年的《欧洲共同体条约》，其中规定欧洲共同体的成员国有遵从《欧洲共同体条约》的义务。这意味着成员国也要遵从欧共体的法律条文，并且欧共体法律相对于成员国国内法具有优先性。英国议会为应对外来力量对它的挑战，上下两院都各自设立了与欧盟立法事务相关的委员会来审查、讨论来自欧盟的立法创议以及与欧盟有关的文件。但两院委员会的侧重点不同。上院的委员会决定重大问题，而下院委员会决定一般问题。英国政府要在10个工作日之内将接到的欧盟文件交由相关的两院委员会，并在后边附上备忘录，告知这份文件的影响和政府对策。委员会审议文件后提出建议，此建议是政府决策时所必须执行的。虽然两院与欧盟事务相关的委员会的审查并不能取消欧盟的立法创议，也不可能阻止欧洲一体化进程，但通过审查能够使议会保证其权力，也保障英国的国家利益不会在融入欧盟的过程中遭到太大的损害。

（三）资本主义国家议会的权力

世界资本主义各国的议会普遍采用一院制或两院制的组织形式。一院制是指议会只设一个议院并由它行使议会全部职权的制度。两院制是指议会设两个议院并由两院共同行使议会职权的制度。两院的名称各国有所不同，如英国为贵族院和平民院，后改称上院和下院，美国、日本等国称参议院和众议院，法国称参议院和国民议会，荷兰称第一院和第二院，瑞士称联邦院和国民院。一般来说，资本主义发展较早的国家多采用两院制，第二次世界大战后新独立的亚洲、非洲国家多采用一院制，联邦制国家基本采用两院制。

资本主义国家议会作为立法机关有较宽泛的权力。虽然各国宪法规定的职权不完全相同，但其主要职能职权大致可以概括为立法权、财政权、监督权三项。

1. 立法权

立法权即以国家名义制定、修改、废止法律的权力。这是议会最基本的权力。通过这项权力的行使，资产阶级的意志通过立法程序上升为国家意志，成为全社会的行为规则。

2. 财政权

财政权即财政同意权，是议会控制政府税收和开支的权力。其主要内容是审议和批准由国家行政机关编制的预算案、赋税案、公债案以及其他有关公民负担的财政案。上述几方面的议案经由议会通过即成为法律形式的法案，政府方可执行，政府开支则只限于议会同意的范围以内。因为政府收支反映着政府的政策倾向，所以这项权力也表现出了议会对政府财政政策的监督。

3. 监督权

监督权即议会对政府及其政策和政府官员行为进行监督的权力。对政府的监督主要表现在以下四个方面：一是决定和监督政府的组成。这在总统制国家和议会制国家具有不同情形。在实行总统制的美国，总统非由议会选举产生，总统组织、领导政府，在组织政府的过程中，总统提名的政府高级官员必须经过参议院同意后才得以任命。在议会制国家，由议会选举产生政府首脑（总理或首相），由政府首脑再组织政府。一般政府首脑由议会中多数党领袖担任。二是在议会制国家，议会拥有倒阁权，即通过对政府不信任案使政府集体辞职。政府向议会负政治责任，政府的总政策和施政纲领必须获得议会的多数支持。三是行使弹劾权，即议会对政府高级官员个人的犯罪或严重失职行为进行控告和制裁，追究其法律责任，罢免其职务或判其有罪。弹劾案通常由议会或议会下院通过决议提起弹劾起诉，再由相应机构进行审理并裁决。四是行使质询权，即议员对政府的政策和政府成员所管理的事务提出口头或书面询问，要求有关者解释和答复。

五、社会主义制度下的权力机关会议

（一）社会主义制度下权力机关会议的起源与发展

巴黎公社的政治系统是基于包括“草根阶层”在内的人人参与的民主。公社成立后，抛弃了资产阶级的议会制和三权分立的国家机器，建立了无产阶级的国家机器——公社委员会。一大批工人、社会主义者和在巴黎的外国革命者被选举为巴黎公社领导人。公社委员会是无产阶级的最高权力机关，由普选产生。在公社委员会之下，设立了10个委员会，其职能相当于政府各部。公社委员会向人民负责，经常向选民汇报工作，听取选民意见。为了防止机关工作人员“变质”，公社所有公职人员都实行全面的选举制，司法部门各级工作人员也由选举产生。选举产生的工作人员如果不称职或失职，选民可以随时撤换他们。巴黎公社已开始尝试废除立法权与行政权分立的议会制形式，是后来社会主义制度下权力机关会议的起源。

苏维埃是社会主义制度下权力机关会议的重要发展阶段。苏维埃指会议或代表会议，是苏联的政权组织形式。1917年二月革命时期，俄国各地成立了工兵代表苏维埃和农民代表苏维埃，作为劳动人民的政权机关，与当时的临时政府并存。1917年11月7日十月革命胜利，当天即召开了全俄苏维埃第二次代表大会，通过了列宁起草的《告工人、士兵和农民书》，宣布全部政权归苏维埃。从此，苏维埃成为俄国无产阶级专政的政权组织形式。十月革命胜利后，合并为工兵农苏维埃，成为国家的各级权力机关（1934年改称劳动者代表苏维埃）。1918年1月25日全俄苏维埃第三次代表大会通过了《被剥削劳动人民权利宣言》，宣布俄国为工兵农代表苏维埃共和国。同年7月10日，全俄苏维埃第五次代表大会通过的《俄罗斯苏维埃联邦社会主义共和国宪法》（简称苏俄宪法）确立了以苏维埃为基础的社会主义的政治制度。1922年12月30日，苏联苏维埃第一次代表大会通过了《苏维埃社会主义共和国联盟成立条约》和《苏维埃社会主义共和国联盟成立宣言》，宣告苏维埃社会主义共和国联盟成立。1924年1月31日，苏联苏维埃第二次代表大会通过了《苏维埃社会主义共和国联盟宪法》，确认苏联为统一的苏维埃社会主义的联盟国家。1988年12月以后，苏联多次修改宪法，其政治体制不断变化；1989年，最高苏维埃改为人民代表大会，由大会选举了第一任总统。1991年底苏联解体，苏维埃这个权力机构不复存在。

在我国新民主主义革命时期，中国共产党及其领导的各族人民和团体，就利用会议方式研究、部署和宣传贯彻党的战略战术和政策策略，使会议成为领导、组织和动员群众进行反帝反封建反官僚资产阶级的有效工具。那时在党内，有党的全国代表大会、中央委员会会议、中央政治局会议，以及地方各级党的委员会会议。在党所领导的各地红色政权中，在革命阶级和各阶层之间，有各界人民代表参政议政的会议，如不同革命时期的农民协会会议。在抗日战争时期，有陕甘宁边区的参议会议。在解放战争时期，有各界人民代表大会会议和作为代行全国人大职权的中国人民政治协商会议，等等。可以说，这些会议，都为社会主义制度下的会议活动提供了历史前承，社会主义制度建立之后的会议活动，就是这些会议活动在形式上的继承和发展。

（二）我国的人民代表大会制度

1. 人民代表大会制度是我国的根本政治制度

我国的政治制度是由各种不同的具体政治制度构成的，主要包括宪法制度、人民代表大会制度、中国共产党领导的多党合作与政治协商制度、中央行政制度、地方行政制度、军事制度、国家元首制度、公务员制度、选举制度、民族区域自治制度、特别行政区制度和基层群众自治制度等。这一系列具体的政治制度保证了国家政权有效运作，维护了社会的稳定和繁荣，为中国特色社会主义奠定了坚实的政治基础，促进了社会主义人权保障事业健康和有序发展。其中，我国现行宪法所确立的人民代表大会制度，涵盖了我国政治制度的主要方面和重要内容，是我国社会主义民主政治的集中体现，也是我国社会主义现代化建设事业不断健康发展的最可靠的政治基础和制度依据。

总之，人民代表大会制度作为我国的根本政治制度，是相对于一般政治制度来说的。人民代表大会制度作为我国政治制度的核心内容，与其他各种政治制度一道，共同奠定了具有中国特色的社会主义民主政治的制度基础。

2. 人民代表大会制度的基本内容

第一，各级人民代表大会代表都由民主选举产生，对人民负责，受人民监督。民主选举是民主集中制的基础。选举权和被选举权是人民行使国家权力的重要标志。选民（在直接选举中）或选举单位（在间接选举中）有权依照法定程序选举代表，并有权依照法定程序罢免自己选出的代表，这对于保证各级人民代表大会按照人民的意志、代表人民的利益行使国家权力，是非常重要的。

第二，人民代表大会和它的常委会集体行使国家权力，集体决定问题，严格按照民主集中制的原则办事。宪法规定了各级人民代表大会及其常委会的职权。按照这一规定，全国性的重大问题经过全国人大及其常委会讨论和决定，地方性的重大问题经过地方人大及其常委会讨论和决定，而不是由一个人或少数几个人决定，这就能使国家的权力最终掌握在全体人民手中。

第三，国家行政机关、审判机关、检察机关都由人民代表大会产生，对它负责，向它报告工作，受它监督。人民代表大会统一行使国家权力，在这个前提下，明确划分国家的行政权、审判权、检察权。这样，既能使我国的行政、审判、检察机关不脱离人民代表大会或者违背人民代表大会的意志而进行活动，又能使各个国家机关各自在法律规定的职权范围内独立负责地进行工作，形成一个统一的整体。

第四，中央和地方国家机构职能的划分，遵循在中央统一领导下，充分发挥地方的主动性、积极性的原则。全国人大和地方各级人大各自按照法律规定的职权，分别审议决定全国的和地方的大政方针。全国人大对地方人大不是领导关系，而是法律监督关系、选举指导关系和工作联系关系。国务院对各级地方政府是领导关系。全国人大和国务院决定的事情，地方必须遵照执行，同时给地方以充分的自主权。这样，既有利于统一领导，又有利于发挥地方积极性。我国是一个统一的多民族国家，各少数民族聚居的地方实行民族区域自治。民族区域自治地方的自治机关，一方面受中央和上级机关的领导，行使宪法赋予的一般地方国家机关的职权；另一方面享有宪法和法律赋予的自治权。这样，就能够把各民族紧密地团结在一起，保障国家的统一、稳定和繁荣。

3. 全国人民代表大会的主要职权

一是修改宪法、监督宪法的实施。宪法是国家的根本大法，具有最高的法律效力，只有全国人民代表大会才有修改宪法的权力，无论是对宪法的全面修改，还是对个别条文的修订，都必须经过全国人民代表大会全体代表的三分之二以上的多数通过，其他任何国家机关和政党、组织都没有这项权力。

二是制定和修改国家的基本法律。宪法规定，全国人民代表大会制定和修改刑事、民事、国家机构和其他的基本法律。

三是选举、决定、罢免国家机构组成人员。根据宪法和法律规定，全国人大选举和罢免全国人大常委会委员长、副委员长、秘书长和委员；选举和罢免国家主席、副主席；根据国家主席提名，决定国务院总理人选；根据国务院总理提名，决定国务院副总理、国务委员、各部部长、各委员会主任、审计长和秘书长人选，并有权罢免上述人员；选举中央军事委员会主席；根据中央军事委员会主席的提名，决定中央军事委员会其他组成人员，并有权罢免上述人员；选举和罢免最高人民法院院长、最高人民检察院检察长；通过全国人大各专门委员会的主任委员、副主任委员和委员人选，并有权撤销上述人员的职务。

四是决定国家的重大事项。包括审查和批准国民经济和社会发展计划和计划执行情况的报告，审查和批准国家的预算和预算执行情况的报告，批准省、自治区和直辖市的建置，决定特别行政区的设立及其制度，决定战争与和平问题，做出各种授权决定等。

五是监督国家机关。全国人大行使的监督权是国家最高形式的监督权。宪法规定，全国人大常委会对全国人大负责并报告工作，国家的行政、审判、检察机关都由人民代表大会产生，对它负责，受它监督；中央军事委员会主席对全国人大负责，中央军事委员会受全国人大监督。根据宪法和法律的规定，监督的主要形式，是听取和审议全国人大常委会、国务院、最高人民法院和最高人民检察院的工作报告。另外，法律还规定，全国人民代表大会会议期间，一个代表团或者三十名以上的代表联名，有权书面提出对国务院或者国务院各部、各委员会，最高人民法院，最高人民检察院的质询案。

六、联合国大会的职能和权力

（一）多边谈判论坛

联合国大会依照《联合国宪章》（简称《宪章》）于 1945 年设立，作为联合国具有代表性的主要议事和决策机构，地位举足轻重。大会由联合国全部 193 个会员国组成，是一个讨论《宪章》涵盖的各种国际问题的独特多边论坛。大会在制定标准和编纂国际法方面也发挥着重要作用。大会每年 9 月至 12 月集中举行常会，并在之后视需要开会。

（二）联合国大会的职能和权力

根据《宪章》，大会可以：

（1）审议开展合作以维持国际和平与安全、包括裁军的一般原则并就此提出建议；

（2）讨论有关国际和平与安全的任何问题，并就其提出建议，但安全理事会正在讨论的争端或局势不在此列；

（3）除上述例外情况外，讨论《宪章》范畴内或影响联合国任何机关之权力和职能的任何问题并就其提出建议；

（4）开展研究并提出建议，以促进开展国际政治合作，拟订和编纂国际法，实现人权和基本自由，以及在经济、社会、人道主义、文化、教育和卫生领域开展国际协作；

（5）为和平解决可能损害国家间友好关系的局势提出建议；

（6）收取并审议安全理事会和联合国其他机关的报告；

（7）审议和核准联合国预算并确定会员国的分摊会费；

（8）选举安全理事会非常任理事国和联合国其他理事会及机关的成员，并根据安全理事会的推荐任命秘书长。

依照 1950 年 11 月 3 日大会“联合一致共策和平”的决议（第 377 号决议），在和平似乎受到威胁、破坏或出现侵略行为时，如安全理事会因一常任理事国投反对票而未能采取行动，大会也可采取行动。大会可立即审议有关事项，以便建议会员国集体采取措施，维护或恢复国际和平与安全。

尽管大会仅有权就其职权范围内的国际问题向各国提出不具约束力的建议，但它已经在政治、经济、人道主义、社会和法律领域采取行动，对世界各地千百万人的生活产生了影响。2000 年通过的具有历史意义的《联合国千年宣言》和《2005 年世界首脑会议成果》表明，会员国决心实现下述具体目标：在促进发展和消除贫困的同时，实现和平、安全和裁军；保障人权和促进法治；保护我们共同的环境；满足非洲的特殊需要；加强联合国。

（三）寻求共识

大会每个会员国都享有一票表决权。对有关和平与安全的建议、选举安全理事会成员和经济及社会理事会成员以及预算问题等特定重大议题的表决，要获得会员国三分之二的多数票，但其他问题则由简单多数来决定。

近年来，各会员国已经做出特别努力，争取就各种问题达成共识而不是通过正式表决做出决定，加强了对大会决定的支持。大会主席在与各国代表团协商并达成一致后，可提议不经表决通过决议。

第三节　网络视频会议与会议产业发展

一、网络视频会议

（一）网络视频会议的含义

视频会议是通过视频会议系统实现的会议。视频会议系统，英文为（video confereces

system)，是指两个或者两个以上不同地方的个人或群体通过传输线路及多媒体设备，将声音、图像、影像、文字及文件资料等分送到各个与会者的计算机上，使不在同一地理位置的与会者可以共聚一处，通过图像、声音等多种方式互传，实现即时沟通，以实现会议目的的系统设备。视频会议系统包括软件视频会议系统和硬件视频会议系统。

视频会议作为目前较为先进的通信手段，只需通过互联网，即可举办高效高清的远程会议，在提供沟通效率、缩减会议成本、提高管理成效等方面具有得天独厚的优势。近年来，视频会议的应用范围迅速扩大，在政府部门及科技、医疗、教育的各领域随处可见，涵盖了社会生活的方方面面。

（二）网络视频会议的特点

（1）功能丰富多样。网络视频会议的软件不只局限于语音，还有屏幕共享、文件播放共享、文件群发、多会议并用等丰富的即时通信功能。

（2）场地使用灵活。网络视频会议软件不仅可以设置为会议室到会议室，也可以是非会议室，局域网内还可以与跨互联网的移动电脑进行视频会议。

（3）节省会议成本。网络视频会议由于会议场地使用的灵活性，大大节省了会议成本。传统会议所需的交通费、住宿费、餐饮费、差旅补贴等费用被节省，与会者往来所耗费的时间也被节省，节约了资源，提高了工作效率。

（三）网络视频会议的发展

网络视频会议的发展是随着网络视频会议系统的发展而发展。随着网络视频会议系统向着更加专业化、规范化、标准化的方向发展，网络视频会议的应用将更加广泛。

网络视频会议系统的发展经历以下四个阶段：

1. 初创阶段

第一代视频会议产品的代表是可视电话，诞生在美国，于 1964 年由美国费尔实验室研制成功。可视电话一经问世，便得到了社会的广泛认可，特别是“9·11”事件之后，美国出现了大规模采购和使用视频会议的热潮。由于创建初期没有形成行业规范，各企业产品自成标准，难以实现互联互通。加之创建初期网络状况不稳定，宽带的使用也不够理想，限制了视频会议的传输速度，难以实现动态的视频图像。因此，当时的视频会议系统仅仅在商用视频通信中使用。

2. 制定并统一标准阶段

20 世纪 90 年代，视频会议系统进入高速发展阶段。随着互联网的飞速发展和网络宽带的提升，基于互联网的硬件方式的视频会议系统和纯软件方式的视频会议系统得到广泛应用。90 年代初期，国际电信联盟（International Telecommunication Union，ITU）发布了 H. 320 协议，从而解决了不同品牌视频会议之间的兼容性问题。此协议的诞生，标志着视频会议系统逐渐成熟，在视频会议系统标准化历史上占据着及其重要的地位。

3. 互联网助推阶段

20 世纪 90 年代后期，随着互联网的迅速发展和普及，社会对视频会议业务的需求急剧增加，从而促进了视频会议产品的发展。多点控制单元（multi control unit，MCU）被第一次提出，实现视频会议数据信息的交叉传送，进一步提高了视频会议数据的通信效率。进入 21 世纪，随着网络宽带信息传播速度的提升，流媒体广播技术得到广泛使用和普及，会议系统呈现小型化、便携化、多用途的特点，除支持传统的视频会议外，在线采访、商业路演、远程现场会、推销直播等功能得到发展。2006 年，高清视频会议产品的出现，拉开了高清视频会议系统的序幕。

4. 云视频会议阶段

云计算时代的到来助推了云视频会议的发展。近年来，基于云计算的云视频会议正在迅速发展，云视频会议的优势在于除了能够基于软件形式将个人终端（手机、笔记本电脑、平板电脑）便捷接入，还能够接入专业的硬件视频会议终端设备，从而实现会议室场景和个人移动端场景的全覆盖。云视频系统凭借接入方式灵活、建设成本低、新功能迭代快、使用便捷、覆盖面广等优势，逐步成为主流视频会议系统。

二、会议产业

（一）会议产业的含义及其特点

1. 会议产业的含义

会议产业是指以规模化、集中化、现代化手段运作会议及会议相关活动的综合性产业。会议产业是市场经济发展到一定阶段的产物，是一种新兴的产业形式，属于第三产业。

具体而言，会议产业是围绕着会议策划、会议组织、会议管理、会议接待、会议服务、会议教育与研究、会议技术与设备及其他会议附加活动而展开的一系列市场行为的总和。

知识链接 中国会议产业大会

中国会议产业大会（CMIC）是由《会议》杂志发起，北京市旅游发展委员会、中国会展经济研究会联合主办的中国会议与奖励旅游产业年度盛会，是汇集产业链各方观点交流与业务合作的高层次平台。中国会议产业大会旨在打造中国会议产业的年度盛会和行业平台；促进国内外会议产业业内人士的交流，加强研究者与实践者之间的沟通；促进中国会议产业的进步与发展，加速中国会议产业与国际的接轨；凭借着高端的规格、开放的平台、踏实的服务和前沿的行业趋势内容，中国会议产业大会已经发展成为行业内标志性品牌活动。

资料来源：https：//www. baike. baidu. com/item.

2. 会议产业的特点

（1）朝阳产业。

市场经济的发展促使很多个人和组织为如何进行信息交流、自我宣传、推销商品、建立广泛的联系而寻找切实有效的途径。现代通信技术与传播手段虽使人们之间的信息沟通变得十分便利，但并不能达到高效沟通的效果。会议作为面对面的双向或多向沟通方式，通过大家关注的某一主题吸引有关各方参加，来共同探讨发展思路、交流经验、传播文化、传授知识、寻找投资项目和投资者，从而获得一般方式难以得到的收获。因此，会议产业随着市场经济的发展迅速发展壮大。目前大部分会议公司都只能主办非政府组织召开的会议，但是从长远目标来看，政府组织的会议也将会由专业的会议公司提供服务。由政府部门主办、企业承办，不仅可以整合资源、节约成本，而且专业会议公司经验多，效率会更高。专业会议公司应该向有关部门积极推介会议公司服务的优势以及会议业的发展趋势。

（2）以文化为基本内涵。

会议产业就其本质而言是一个传递信息的枢纽，起着上传下达、交流信息的作用。它的参与者来自市场，吸引人们参加的唯一原因是会议的主题符合与会者的需要。因此，以产业形式操作的会议，必须以重大的文化主题为召唤，并邀请重要人物参加，使会议真正成为思想、信息、技术交流的前沿舞台。

（3）带动性。

会议产业的发展，具有拉动会议举办城市的建设、完善城市功能、扩大影响、提高知名度、促进社会就业、传播信息、扩大交流等作用，经济效益和社会效益都十分明显。会议产业可以带动商贸、影视、信息、餐饮、宾馆、交通、娱乐、服装、旅游、广告、印刷等相关产业的发展。据测算，国际上会议与会展业的带动系数大约为1∶9，也就是会议会展场馆的收入如果是1，相关产业的收入则是9。

一个国家和城市举办高规格会议越多，象征着该国家和城市政治、经济、文化、科技等诸多方面的实力越雄厚。同样，召开高规格会议的多少也是衡量一个城市是否具备成为国际大都市的标准之一。正因如此，当今世界上对高规格国际会议举办权的争夺也日趋激烈，很多国家形成了相应的会议产业，建有相应的会议旅行社、专业会议组织机构等。一些消费潜力较大的国际会议，成为很多国家的抢手货。

（4）相关性。

会议产业与会展业、旅游业密切相关，虽然会议与会展在主体内容和运作方式上存在一定的区别。展览尤其是商贸展览，其直接目的是促成交易，是商品买家和卖家的聚会，通过观众群直接销售产品、寻找交易伙伴的目的性非常明确。而大多数会议的目的在于交流信息，或者是单向宣传，如培训、产品说明会等；或者是双向的交流，如研讨会等，目的是及时了解有关政策法规，获取知识、信息或贸易机会。然而，同为群体性活动方式，它们都是围绕特定目标、有序地组织开展活动，具有信息性、社会性、积聚性特点。从这一角度讲，会议和会展关系密切，会议产业与会展业是关系密切的行业。国际上通常以博览会、展览会的形式把会展业纳入会议产业的统计中。从会议产业的发展趋势来看，在某些领域，会议和展览的结合也愈加密切，两者交叠举行。

会议业和旅游业的紧密结合，形成了完整产业链，这也是会议选择在旅游风景区、旅游胜地召开的一个重要原因。旅游是人类休闲的一种方式，旅游与会议产业结合体现了经济生活的需求。让参加会议的人员同时兼顾旅游，既是单位对员工的奖励，也是会议接待单位对客人的关照。由于与会者可能来自全球各国的大企业，因此，会议旅游具有规模大、档次高、成本低、停留时间长、利润丰厚等特点，对所在城市的经济发展起着巨大的推动作用。

知识链接　世界知名会议

一、世界经济论坛

世界经济论坛（World Economic Forum，WEF）是一个非官方的国际组织，总部设在瑞士日内瓦。其前身是现任论坛主席、日内瓦商学院教授克劳斯·施瓦布 1971 年创建的“欧洲管理论坛”。1987 年，“欧洲管理论坛”更名为“世界经济论坛”。论坛因每年年会都在达沃斯召开，故也被称为“达沃斯论坛”。

达沃斯位于瑞士兰德瓦瑟河畔，这里群山环抱，风光旖旎。每年的论坛年会一般是在 1 月下旬召开，会议持续约一周时间，每年都要确定一个主题，在此基础上安排多场分论坛讨论。世界经济论坛已经成为世界政要、企业界人士以及民间和社会团体领导人研讨世界经济问题最重要的非官方聚会和进行私人会晤、商务谈判的场所之一。随着国际形势的发展和变化，世界经济论坛所探讨的议题逐渐突破了纯经济领域，许多双边和地区性问题以及世界上发生的重大政治、军事、安全和社会事件等也成为论坛讨论的内容。

世界经济论坛的组成核心是其会员和合作伙伴。论坛有选择地与会员建立合作伙伴关系。此外，论坛还有各种性质的会员制组织，涉及政治、经济、文化、宗教、传媒和学术等领域。世界经济论坛每年还与若干国家的政府或企业联合主办各种国际经济讨论会。

二、《财富》全球论坛

《财富》全球论坛是由美国时代华纳集团所属的《财富》杂志于 1995 年创办的，每 16～18 个月在世界上选一个具有吸引力的“热门”地点举行一次会议，邀请全球跨国公司的主席、总裁、首席执行官，世界知名的政治家、政府官员和经济学者参加，共同探讨全球经济所面临的问题。

三、《商业周刊》CEO 论坛

《商业周刊》CEO 论坛被誉为“亚洲地区最具影响力的峰会之一”，从 1997 年起每年举办一次，是一个技术类论坛。论坛着眼亚洲，每年定期在亚洲指定城市举办年会，旨在通过最大限度的互动交流，实现东、西方企业家们对国际化经营中不容忽视的最新动向进行前瞻的讨论。历年会议由于内容紧扣工商界的关注点，注重讨论实际问题及解决方案，而成为企业高管人士首选的重要会议，在世界尤其是亚洲工商界有很高的知名度。论坛的特点是参加会议的企业领导者层次高、影响大，会议内容丰富，主要以非正式和灵活的对话形式围绕经济和企业发展等方面的热点议题在专家和企业 CEO 之间展开讨论和对话。

四、博鳌亚洲论坛

博鳌亚洲论坛（Boao Forum for Asia，BFA，或称为亚洲论坛、亚洲博鳌论坛），由 25 个亚洲国家和澳大利亚发起，于 2001 年 2 月 26—27 日在海南省琼海市万泉河入海口的博鳌镇首次召开，正式宣布成立。成立之时通过了《博鳌亚洲论坛宣言》

《博鳌亚洲论坛章程指导原则》等纲领性文件。论坛为非官方、非营利性、定期的国际组织；为政府、企业及专家学者等提供一个共商经济、社会、环境及其他相关问题的高层对话平台；海南博鳌为论坛总部的永久所在地。博鳌亚洲论坛致力于通过区域经济的进一步整合，推进亚洲国家实现发展目标。目前已成为亚洲以及其他大洲有关国家政府、工商界和学术界领袖就亚洲以及全球重要事务进行对话的高层次平台。

资料来源：https：//www. baike. baidu. com/item.

3. 会议产业的地位与作用

会议产业涉及诸多领域，对开拓市场、调整结构、促进消费、加强合作与交流、推进经济快速持续健康发展发挥着重要作用，在城市建设、精神文明建设等方面也显示出特殊的地位和作用，主要表现在以下方面。

一是间接带动效应。会议产业通常能带来场地费、设备费等直接收入，还能间接带动餐饮业、酒店业、娱乐业、旅游业以及交通、通信、广告、印刷、房地产等数十个行业的发展，对一个城市或区域经济发展和社会进步产生重大影响。

二是获得优质资源。一次筹划精良的会议，就是一次信息、技术、商品和人才的大汇聚，这意味着各行业能借此获取优质资源，增强行业的综合竞争力。

三是巨大的辐射效能。会议产业是一项极具重要服务内容的行业，能面向周边地区产生辐射力和影响力，有巨大的辐射效能。

四是会议产业的发展可以提供更多就业岗位。随着近年来会议活动的增多，会议产业迅速发展起来。这不仅能提供会议服务行业的就业机会，也能拉动和促进其他行业的就业。

（二）会议产业链与会议市场

1. 会议产业链

围绕会议产业形成的“会议产业链”，主要包括会议组织方、会议接待场所、会议策划与服务公司、会议技术与设备企业，以及会议城市等有关方面。

在这个会议产业链中，其核心企业是专业会议服务公司和各类会议中心。

2. 会议市场

会议市场是指那些主办和参加会议的人们所组成的消费群体。当今社会，会议市场已经形成了很大的规模，而且随着社会经济、科技、文化的发展，规模将会越来越大。会议市场有各种不同的分类方法，其中最重要的是社团组织会议市场和企业会议市场。

会议市场细分的标准有许多，包括按会议规模、按参加会议人员、按会议的目的分类等。对于会议产业来说，应按照会议的发起者对会议市场进行分类。依此标准，会议市场可以分为以下类型：

（1）协会会议市场。

协会会议是会议市场上最主要的类型。地方性协会、全国性协会乃至世界性的协会，如 ICCA（国际大会及会议协会）、国际旅游学会、中国旅游饭店协会等，每年都要举行各种各样的会议。

协会年会是会议市场最具影响力、最受追捧的会议类型之一，是会员学习、交流、开展业务的综合性平台，在该行业或专业领域发展中扮演着十分重要的角色。国际协会类年会是世界各国、各主要城市竞争申办的核心会议类型。很多国际知名协会的年会拥有超过100年的举办历史，已经成为名副其实的品牌性会议。ICCA是国际会议产业界最具影响力的行业组织，其全球领先的运作理念、超过五十届的办会经验，充分保证在每届年会都能为与会者带来多重的参会价值和丰富的参会体验。

协会会议市场具有周期稳定、规模大等特点。“一半以上的协会会议是与贸易展览会相结合举办的，主要目的在于扩大贸易和行业的发展。”协会由具有共同兴趣和利益的专业人员或机构组成，以便交流、协商、研讨本行业的最新发展动向、市场策略以及存在的问题。这些协会会议一般又可分为：年会（annual conference）、地区性会议（regional convention）、大会（convention）、专题研讨会（seminar/workshop）、理事会和委员会会议（board & committee meeting）。

知识链接 ICCA

ICCA（The International Congress and Convention Association），即国际大会及会议协会，创建于1963年，是全球国际会议最主要的机构组织之一，现有成员已经超过了900个，涉及约90个国家和地区。在会议领域内，它是最具有国际影响力的协会。ICCA的成功经验有以下两点：一是办会理念。ICCA作为经验丰富的会议组织者，充分了解与会者的心理并通过举办数十项不同类型的会议及活动，满足与会者多样化的参会需求。没有多余的形式，也没有什么浪费，高效、务实、节俭。二是办会方式。在会议组织形式上，让人感觉轻松、自然，不管是活动设计与组织，还是演讲方式、演讲内容，都给人以举重若轻之感。会议价值的实现，仅靠内容是不够的，轻松活跃的表现形式往往更为重要。

资料来源：http：//www. meetingschina. com/News7955. html.

（2）公司会议市场。

为了自身的发展，应对日趋激烈的竞争，计划和协调企业的发展目标、策略及各项指标等，各公司每年都要举行各种各样的会议。公司会议市场比任何其他市场都要增长得快，各类公司全年要在全国或世界各地举行成千上万次会议。出席会议的范围十分广泛，通常召开的公司会议有下列类型：国际及全国和地区性销售会议（international national & regional sales meeting）、新产品介绍会和零售会议（new product introduction & dealer-meeting）、专业技术会议（professional technical meeting）、管理会议（management meeting）、培训会议（training meeting）、股东/公关会议（stock holder/pubic relations meeting）、奖励会议（incentive meeting）。公司每年都要在公司内外举行上述的董事会、销售会、管理会议、人员培训会议、股东会议、公关会议及奖励会议等。除此之外，还可按照会议召开的区域范围，将公司会议分为国际、地区和国内会议。

协会会议和公司会议是会议市场的主力军，是各会议目的地重点吸引和争夺的细分目标市场，该市场最有利可图，竞争也最为激烈。随着世界经济的复苏和发展，这一市场将继续存在较大的扩展潜力。

（3）国际组织和政府会议。

出于政治、经济、文化等原因，联合国、各国际组织，如世界贸易组织（WTO）、世界卫生组织（WHO）、世界旅游组织（WTO）等，以及各国政府每年都要组织各种类型、规模和规格的国际性大会、论坛、研讨会等。一般来讲，这类会议比较容易受到主办国和主办地区的重视，影响比较大，社会效益和经济效益双赢，多是新闻媒体追踪报道的焦点。

3. 中国会议产业的发展与转型

（1）会议产业的萌芽。

在我国，直到 20 世纪 70 年代，办会还是纯粹的政府行为。无论是组织内部会议，还是组织外部的国内国际会议，要开会，政府部门就掏钱。钱多钱少，政府统统照单购买，不谈投资和回报。确切地讲是没有投资和回报的意识，召开会议的政治意义远远大于经济意义。那时可供召开大型会议的场馆也寥寥无几，在首都北京，可接待外宾、用于举办一定规模会议的场馆也仅有北京饭店和友谊宾馆等。

20 世纪 80 年代，国门随着改革开放打开，开放的中国充满了活力和机会，大型场馆的兴建，使各种类型的国际会议在中国召开成为可能。整个世界把关注的目光投向这个封闭已久的神秘东方古国。会议产业在这样的背景下开始孕育，其中以 1982 年北京香山饭店的建成和一系列国际会议在此举办为标志。

（2）会议产业发展初期。

进入 20 世纪 90 年代，随着会议需求的不断旺盛，具有会议功能的酒店、会议中心如雨后春笋般拔地而起。会议主办者也由原来的政府变得更多元，政府机关、各种行业协会和学会等社会组织、大中小企业和跨国公司等都成为会议的主办者，助推了中国会议产业的发展。据不完全统计，十年间，仅北京召开的千人以上的国际会议就有 30 多场次，其中较有影响的国际会议如 1990 年的北京亚运会、1991 年的亚洲化学大会、1992 年的国际昆虫学大会、1995 年的世界妇女大会、1997 年的世界石油大会等。这些国际会议的举办，使会议策划人才和会务工作专门人才需求量大增，促进了同声传译、速记、礼仪、布展、会议服务等会议专门人才队伍和会议公司的壮大和成熟，会议产业突飞猛进地发展起来。

（3）会议产业发展中期。

我国会议产业虽然起步晚，但发展速度快，进入 21 世纪，我国会议产业以年均 20% 的速度递增。21 世纪的第一个十年，我国会议业的发展已进入成熟期，其主要特征表现为：

一是会议品牌开始形成。21 世纪最初的这十多年，我国成功举办了上海 APEC 会议、博鳌亚洲论坛、北京奥运会、上海世博会、广州亚运会等国际规模最大、最富影响力的大会，不仅会议数量多，而且一批有影响力的会议已经形成品牌，如中国进出口商品交易会（广交会）、中国国际高新技术成果交易会等。

二是以更快的速度与国际接轨。近年来中国会议产业的规模逐步扩大、服务水平不断提高、国际化的程度备受瞩目，在国际经济环境的变化下，中国会议产业将迎来新的机遇。北京、上海、广州等城市超一流的专业会议中心的建设，使现代化国际会议在中国举办成为可能。专业会议公司经过十多年历练，会议管理人才在成长中壮大，会议的策划能力、管理能力和服务水平得到较快提升，使中国成为许多大型国际会议的首选国。

4. 会议产业发展转型期

我国会议产业的发展，得益于中国社会的稳定和国民经济的持续快速增长，也受益于经济全球化对国际会议市场大融合的有力推动，同时，还蕴含着中国社会法治环境的优化、科学技术的进步、会议产业理论和市场研究的推动以及经营者和与会者的成长等众多条件的契合。

目前，就我国会议产业的变化和产业趋势而言，人们普遍认为其处于重要的产业发展转型期。这个转型期的主要特点表现为：

一是数字化转型。随着云计算、大数据及人工智能技术的发展，会议产业必然随之展开数字化转型，进而为与会者提供更加便捷和高效的服务，提高会议的效率和质量。同时，会议应用互联网和移动技术，辅以平板电脑终端，还可以实现无纸化的绿色会议。

二是专业化分工。随着会议市场竞争的日趋加剧，专业化分工将越来越突出。会议产业的专业化分工，不仅能提供更专业化的服务，也将带来新的合作机会和商业模式。

三是国际化发展。尽管目前国际局势呈现出一定的复杂性，但全球经济一体化的趋势，必然进一步推动会议产业的国际化发展。ICCA 会员遍布全球，中国会员活跃其中，势必将开展更广泛的合作交流。

第四节　会议发展演进的规律

追溯会议发展的历史源流，可以发现，会议的发展演进是一个由简单到复杂、由低级到高级的曲折前进的运动过程。可以说，随着人类社会的不断发展，会议的内部和外部的各种相关要素，都在不断地发展演进。

一、推动会议发展演进的主要力量

会议发展演进的深厚根源，在于它是适应社会生产的发展、社会经济制度和政治制度的发展、社会阶级关系的发展，以及人们的思想观念、交往方式和科学技术进步的需要而不断发展的。纵观人类社会会议的发展演进，尤其是现代社会会议的发展，主要依靠三种力量的推动。

一是生产力与生产关系的发展变化，尤其是社会化大生产和商品经济的高度发展，为人们社会联系的扩大和联系方式的变化提供了客观必然性，从而推动着会议活动的增多和会议活动方式的变革。在小生产的自然经济条件下，人们采取自给自足的生产方式，客观上人们之间的联系范围狭小，相互矛盾少而简单，整个社会管理层面对的问题也相对单纯，人们在广阔的空间中聚集、商讨和解决共同关心的问题的会议活动也少得多。而社会化大生产和商品经济的高度发展，使得世界上所有主要国家和地区之间具有极高的依存度，矛盾日益增多，联系十分频繁。在这种情况下，作为具有发展人们之间各领域交往和化解各种矛盾功能的会议也就更加充分地发展起来了。

二是民主潮流的发展推动着会议的内容与方式的发展演进。人们对自身权力的自觉，民主意识的觉醒，乃至民主制度的确立，都直接影响着会议商讨内容以及开会方式的变化。

当然，民主的发展过程是艰难曲折的。如前文所述，古代雅典直接民主制的建立就不是一蹴而就的，更非强权者的恩赐赏予，而是长期斗争的结果。其中既包含下层平民群众的反抗，也凝聚着杰出人物的智慧。在这一过程中，先是贵族推翻腐朽的君主制，确立起贵族制，为向民主制演化准备了条件。资本主义议会制推动了民主的发展。20 世纪以来，社会主义民主制度的产生，为人民直接或间接地参与各种会议、表达诉求提供了更多的条件；随着社会主义国家政治体制改革的不断发展和深入，社会主义民主制度必将得到进一步的发展和完善。

三是现代科学技术的快速发展，推动着会议快速的发展演进。自 20 世纪初期以来，尤其是最近的几十年里，科学技术的创新发展日新月异，不同层面、各个领域的矛盾与竞争也纷至沓来，这都极大地丰富了会议的内容。而现代交通方式与通信手段的革命性发展，则极大地拓展了人们交往的空间范围，推动了会议方式方法的现代化。

二、会议发展演进的基本趋势

会议的发展是一个整体概念。总的说来，涉及会议发展的具体内容十分丰富，比如社会关系和社会性质变革对会议的影响，人们社会交往的对象范围扩大和辐射空间延伸对会议的影响，对会议主体条件要求的变化，会议内容的日益多样化，会议功能的普遍化，会议活动的制度化，会议技术手段的科学化，会议服务的社会化与专业化，等等。下面就重点内容做一介绍。

（一）会议内容多样化

人类会议内容由简到繁，集中反映了人类活动由原始到现代、由简到繁的发展历史。原始社会晚期，在父权制的氏族公社出现以前，原始人的议事会的基本内容是集体觅食、产品分配、远途迁徙、选举氏族首领和部落联盟酋长等；随着社会生产的初步发展，生产生活用品开始有了剩余，于是不同氏族、部落和部落联盟之间为争夺财富而出现了战争。阶级和国家产生之后，社会生活虽然涵盖了政治生活、经济生活和文化生活诸多方面，但阶级斗争成了社会生活的轴心，成了阶级利益的集中表现，而军事斗争则成了实现阶级利益的最高手段，会议活动内容中开展阶级斗争和筹划战争与军事冲突的机会和分量日益频繁和强化起来。时至今日，人类虽然还未能从根本上消灭战争的根源，但政治生活、经济生活和文化生活，已逐渐成为整个社会生活的中心，从总体上看，会议内容更趋向广泛化和多样化，更关注全方位的合作与发展。

（二）会议功能普遍化

社会的发展推动着会议的社会交往功能的发展。资本主义生产方式的确立和商品经济的发展，打破了自然经济条件下人们互相隔离的状态，人们的社会交往关系开始日益丰富和发展起来。在当代，会议频数不断增多，会议规模空前扩大，会议辐射地区不断延伸，会议内容日益丰富，这种现象既反映了人们广泛交往与合作的需求，同时也是会议的社会交往功能发展的显著标志。

随着人类社会文明程度的不断提高，会议的形式上的民主日益向着实质性的民主发展；没有实质性的民主，就没有实质性的沟通交流；没有实质性的沟通交流，会议的任何决定与决策都很难有实质性的意义。总体而言，我们可以看到会议的民主、沟通、决策等核心功能在日益加强。

（三）会议活动制度化

在原始社会，议事会、人民大会是按照人们共同生活的习惯、惯例和某种传统力量来维持的会议制度，虽然还远未能达到制度化的水平，但在一定意义上按照人们约定俗成的习惯使会议活动具有一定的规范性。在专制制度的大多数情况下，专制君主可以随意召集会议或随意拒绝召集会议，随意选定与会者，也没有一定的表决机制，此时的会议几乎没有什么制度性与规范性可言。人类进入现代文明社会以来，在各种制度的设计中，融入了更多的民主意识和文明智慧，包括会议制度在内。从国际社会到国内事务，会议制度大都具有较长时期的稳定性，而且，即使修改某些制度，也要在一定范围的人们的广泛参与下共同做出。当然，从国际事务到内部管理，在各种矛盾纷繁复杂的条件下，已有的某些会议制度还不完善，某些会议制度还会因利益纷争而遭受冲击，但会议活动的制度化与规范化是人们普遍的追求，也是历史发展的必然趋势。

（四）会议技术手段科学化

人类社会发展的历史也是科学技术不断进步和发展的历史，科学技术的发展当然也推动着会议技术手段的进步。科学技术发展，不断促进会议现场物质条件的优化；现代化的交通条件，不仅大幅降低了与会者的时间成本和体力成本，而且有效地扩展了会议的空间覆盖面；会议信息传递手段的日新月异，更是提高了会议的效率。科学技术的发展，还在根本上改变着会议的方式方法。

互联网等信息技术对会议活动产生了深刻影响。主要表现为：

一是在线会议使会议形式多样化。线上会议，譬如网络视频会议、电话会议等，近年来发展非常迅速，开始逐渐取代部分传统的会议形式。很多企业经营者不仅从会议成本角度，而且从安全角度开始考虑减少会议差旅，通过无线通信以及互联网召开远程会议。

二是信息技术的应用大大提升了会议的组织效率。会务工作中，可以通过对信息技术的引入，在会务项目管理、客户管理、人员培养和知识管理方面实现数字化、智能化，使得流程烦琐、事务劳繁的会务工作效率大大提高。

三是网络技术为会议各方提供了更加便捷的沟通渠道。借助互联网召开会议，会议主办者在筹备中，不仅会考虑建设专题网站、电子注册、媒体报道、电子签到等，还会考虑在线问卷调查、微博大墙、移动终端应用、与会者的会后持续沟通等应用问题。与会者能够方便地获取希望了解的会议和活动信息，通过社交网络、关键词订阅、手机 App 等渠道及时了解各种会议信息，同时还可以通过社交网络将自己感兴趣的会议信息分享给更多人。网络技术为会议各方提供了更加便捷的沟通渠道。

四是网络技术提高了会间和会后的传播效果。会议期间，通过专题搭建、新闻传递、“微博上墙”等环节，不仅拓展了会议的空间，还可能在会议召开的同时形成“传播事件”。我们经常看到很多与会者一边听报告，一边将报告的精彩片段发布在微博上，这种现场提问、调查、实时信息的即时发布，进一步扩大了会议的影响。会议结束后，将会议资料、演讲嘉宾视频、精彩会议片段等发布到网络上，也便于与会者以及会议关注者持续了解与分享会议，极大提高了会后的传播效果，扩大了会议的影响力，延续了会议的传播时间。

五是实现无纸化的绿色会议目标。会议应用互联网和移动技术，辅以平板电脑终端，与会者在参加会议时，只需每人领取一个平板电脑，利用平板电脑查看会议信息，同时参与现场问答、会议内容调研、会议信息反馈等互动。会里会外，依托互联网与移动技术，为与会者与会务工作机构提供更加便利和快捷、易于掌握的会议服务。

近年来，人工智能（AI）技术为视频会议系统带来了革命性的变革，不仅提升了用户体验，提高了会议效率，还推动了视频会议系统的发展。未来，随着 AI 技术的不断发展和应用范围的扩大，视频会议系统将更加智能化、高效化、人性化，为政府、企业和个人提供更加便捷、高效的沟通方式。

知识链接　AI 对视频会议系统的影响

一、提升用户体验

对 AI 技术的应用使得视频会议系统更加智能化、人性化，提升了用户体验。自动取景、跟踪、人脸识别和情感分析等功能，使得与会者能够更加专注于会议内容，享受更自然、更真实的沟通体验。

二、提高会议效率

AI 技术的应用，如自动提取关键信息、生成会议摘要和后续步骤等，显著提高了会议效率。与会者可以更快地获取关键信息，做出决策，从而缩短会议时间，提高工作效率。

三、推动视频会议系统的发展

技术的应用为视频会议系统带来了更多的创新机会和发展空间。随着 AI 技术的不断进步和应用范围的扩大，视频会议系统将进一步智能化、高效化、人性化，满足用户日益增长的沟通需求。

资料来源：https：//baijiahao. baidu. com/s? id=1791680788487873955&wfr=spider&for=pc.

（五）会议服务的社会化与专业化

会议服务社会化、专业化的集中体现，就是会议产业的迅猛突起。

有会议必然有消费，有消费必然有服务，有服务就会出现提供服务的商家。近年来，随着各类会议的迅速发展，会议消费观念也随着时代变化而变化，一系列的商业机构乘势浮现出来，如会议咨询、会议服务公司等应有尽有。全国性乃至世界性会议酒店大量涌现，完备的电子设备、网络设备，良好的场地环境和专业人员不一而足，带动了会议经济的发展。然而，社会化和商业化的会议服务与追求会议效率之间既有正面关联，又有负面矛盾，需要在提高会议效率与降低会议成本之间找到合理的平衡点。

近些年来，我国会议产业发展很快，成绩显著，会议组织者正快速走向专业化。会议策划与组织的效果越来越好；会议中心与会议酒店硬件设施快速改善，服务水平也进一步提高；作为第三方的专业会议公司更是有了突飞猛进的发展，行业影响力不断提升。

【思考与练习】

一、理解原始社会晚期会议的类型及其特点。

二、理解希腊城邦公民政治的特征。

三、理解我国封建君主专制下朝议制的主要特征。

四、比较分析资本主义国家议会与我国全国人大权力的异同。

五、理解民主、沟通、决策是会议的核心功能。

六、什么是网络视频会议与会议产业？你能掌握网络视频会议的使用方法吗？

七、我国会议产业转型期的主要特点是什么？

八、请分析以下案例。

步入新时代，我国会议产业发展很快，成绩显著，会议组织者正走向专业化，会议策划与组织的效果越来越好；会议中心与会议酒店硬件设施快速改善，服务水平也进一步提高；作为第三方的专业会议公司更是有了突飞猛进的发展，行业影响力不断提升。综合来看，我国会议产业目前正处于发展的转型时期。

随着近些年中国经贸的发展，已经形成环渤海、长三角、珠三角、大湾区、中西部经济走廊五大经济圈，区域发展方式与产业特点也呈现出新的特点与差异。这五个地区在会议软件与硬件方面相对其他地区具有明显的优质资源。因此也成为各类商务交流与国际会议的集中举办地。因此，从国家层面来看，这五个地区为中国会议业的发展带来了广袤沃土。

会议产业与国内经济的结合非常紧密，也是最好做研判的一大领域。从 2015 年到 2019 年的行业数据来看，北上广深四地的会议份额，呈现每年递增的趋势，会议举办者也更喜欢在北上广深这四个一线城市举办会议。作为经济中心、金融中心、外贸中心、技术中心的这四个城市，已经吸引了大量的会议在此举办。到 2023 年，这四个城市的会议所占份额及其会议优势进一步扩大，会议虹吸效果更加明显。

问题：

根据以上资料，请结合你所熟悉的一个城市分析其在我国会议市场中的地位，并思考其打造会议城市的优势与劣势，以及会议市场的开发重点。

第三章 秘书与会务工作

【内容提要】

会议活动是一项有目的、有计划和组织有序的活动，有效地对会议各项活动实施组织和提供服务才能实现会议的预期目标。会务工作是秘书工作的一项重要构成，秘书要想协助领导者组织安排好会议活动，就必须明确秘书在会务工作中的作用，具备从事会务工作的基本素质，进而掌握会务工作的一般程序和工作方法。本章阐述了秘书在会议中应发挥的作用、秘书办会须具备的条件以及会务工作机构的构成情况。

第一节 会务工作

一、会务工作的含义

“会务”是会议事务的简称。随着社会事务的日益复杂化，社会发展对民主决策的需求越加强烈，会议在现代社会生活、政治生活、经济生活等各项事务的管理过程中发挥着日益重要的作用。会议以其适于有效聚合集体意志和智慧形成决策、利于多向即时传递信息指导工作、便于近距离协调沟通处理事务的功能优势，成为一种具有经常性和广泛性特征的活动形式。任何会议都需要经过一定的组织安排才能顺利进行，实现既定目标。这种事务性、辅助性的会议活动的具体策划、筹备、组织、服务、保障工作的总和，统称为“会务工作”。

会务工作是各类会议活动不可缺少的一部分，其内容既涉及大量的文字工作，也包含多方的组织协调工作和诸多的事务性工作。会议的性质、规格、规模、内容不同，会务工作的繁简程度也不尽相同。无论会议的规格高低、规模大小、会期长短，会务工作都至关重要，直接影响着会议活动的效果。会务工作只有紧紧围绕并很好地服从和服务于会议目的和会议主题，从总体上做到准备充分、组织严密、服务周到、注重安保，才能保证会议高质量、高效率地进行，保证会议的预定目标得以顺利实现。

二、会务工作的基本要求

（1）会前准备要充分。这是会议成功举办的前提保障。首先，要深入理解会议的指导思想（开会的原因、任务、目的和意义）和主办者的根本意图，这是开展会务工作时要解决的首要问题。在此基础上，从制定方案、发送通知、起草文件，到布置会场、准备物品、安排后勤等各个环节、各种细节都要思虑周到、计划具体，明确时限、落实人员，从大局着眼、从细节着力，做到未雨绸缪、有备无患，保证会议能够顺利召开、正常推进和圆满结束。会务工作盲目、仓促不仅会人为地拖延会议时间，还会使会议流于形式，背离目标，甚至给工作造成障碍、带来隐患。

（2）会间服务要周到。这是会议顺利进展的关键所在。从会议初始阶段的签到、分组、文件分发等组织工作，到会议召开期间的引导、记录、沟通协调等服务工作，都要严密组织、精心安排、细致服务、确保安全、注重效率，保证会议的质量和效果，保证按规定程序实现会议的既定目标。

（3）会后落实要到位。这是会议取得实效的深入体现。开会不是目的，而是实现目的的重要手段。会务工作并非随着会议议程的结束而结束，还要将会议的收尾工作做好，如会场的清理、纪要的撰写、材料的归档等。同时，还要通过督办、催办，将会议决议事项和会议主旨精神传达到位，使其落到实处，保证会议的有效性。

第二节　秘书在会议中的作用

对于领导者而言，会议既是实施领导行为的一种有效手段，也是开展工作的一个重要环节，会议的组织安排工作往往蕴含着领导者的基本意图和主要思路。秘书作为辅助领导工作的参谋和助手，负责会议的组织工作，并在会议中落实领导的意图，这一责任是任何其他部门和人员都不可替代的。

对于秘书部门和秘书来说，会务工作是一项经常性的业务工作。秘书负责根据领导者的意图，安排落实会议的各项活动，在各种大小会议中的作用不可或缺，在某些情况下甚至扮演着至关重要的角色，会务工作已经成为其最基本的工作职责。

知识链接 会务工作有计划

对于大中型会议来说，会务工作头绪繁多、内容庞杂，为了保证会议井然有序，不出现缺漏或重复现象，秘书部门有必要对其做出具体、细致、周到的计划和安排。可编制“会务工作计划表”，明确各项具体会务工作的任务内容、时限要求、目标实施人等，发给承担会务工作的人员，各自按既定程序分头准备，协同进行。凡已按要求完成的，在备注栏注明“已办”，再由会务工作负责人按该表检查各项事务的落实情况。下面是一份会务工作计划表：

××会议会务工作计划表 （制表人：办公室主任 ×××）

时间	任务内容	实施人	备注
4月10日	印发会议通知	A秘书	
4月11日	统计、确认与会者名单、人数，编排座序图	A秘书	
4月12日	预订客房、餐厅	B秘书	
4月12日	为会议用车编号，为参会乘车人员编组	C秘书	
4月13日	起草××领导讲话稿、××领导主持词	D秘书、文件组	
4月14日上午	打印、分装会议文件（日程表、分组名单、注意事项）	B秘书、文件组	
4月15日上午	布置会场（主席台、名签、座区标识、桌椅、设备、水杯），安排会场服务人员	A秘书、会务组	
4月16日上午	设置报到处	B秘书、会务组	
4月16日上午	核对接站时间和地点，落实接站车辆和司机	C秘书	
4月17日	机场、车站接与会者	C秘书、后勤组	
4月17日8：00	报到处接待报到者（发放会议文件、登记并预订返程票）	B秘书、会务组	
4月17日上午	检查会场（布置、设备），落实会场服务人员，检查录音笔	办公室主任、A秘书	
4月18—19日上午8：00，下午2：30	会议记录	A秘书、D秘书	
4月18日	落实与会者返程票	B秘书	
4月18日	落实送站车辆和司机	C秘书、后勤组	
4月19日下午5：30	清理会场	A秘书、后勤组	
4月20日	送站	C秘书、后勤组	

通常情况下，会务工作包括会前、会中、会后三个阶段，各个阶段的会务内容虽各不相同，但它们之间相互关联、相辅相成，一个环节出现了问题，就会影响到下一环节甚至整个会议进程。秘书在这三个阶段中也发挥着不同的作用，扮演着不同的角

色，并最终通过与其他工作人员的共同努力，让会务工作这一综合性、系统性的工程繁而不乱、杂而有序、有条有理，质量与效率兼具。

秘书在会议中的作用体现在以下三个方面。

一、会议召开前的策划者和筹备者

会议召开之前是会议的策划和筹备阶段，此时所做的是会务的基础性工作。可以说会务工作的成败，很大程度上取决于前期准备工作的充分程度。这一阶段，秘书要举轻若重，统筹兼顾，充分考虑可能出现的各种问题。要科学谋划、合理安排，认真细致地做好各项准备工作，这是开好会议的先决条件。

二、会议进行中的组织者和服务者

会议过程中的组织和服务工作是确保会议质量的关键。会议进行期间，秘书的会务工作主要是严密组织、热情周到，做好各项服务工作，精心安排各项调度工作，即时掌握会议动态与信息，有效协助领导者指挥和控制会议进程，使之能按照预定方案进行，确保会议各项议程的圆满完成，确保会议目标和任务的顺利实现和完成。

三、会议结束后工作的落实者

会议结束了，会务工作并没有结束，此时进入了会议决议与会议精神的贯彻和落实阶段。秘书要继续认真负责地完成会议结束后的会务工作，做到善始善终。

总之，在整个会议活动过程中，秘书应通过正确、有效的组织方法和控制手段，力求以最短的会期、最佳的会议形式、最低的会议成本达到最好的会议效果，充分发挥策划和筹备者、组织和服务者、善后和落实者的作用，成为领导者的助手、参谋和后勤“管家”。

第三节 秘书办会需具备的条件

一、秘书办会需具备的条件

会议的种类、规格不同，会议的任务也就有所区别，秘书的会务工作在内容、职责和要求上也不尽相同。无论何种类型的会议，秘书都必须坚持高标准、严要求、细安排、稳落实，做到顾全大局、通力合作、沉着应变、严谨负责。

要使会务工作达到理想效果，秘书必须具备以下条件。

（一）良好的职业素养

1. 大局意识

秘书工作具有鲜明的辅助性和执行性。秘书在会务工作中所做的一切，都是为了给会议提供方便，为领导者提供服务。会议活动中，秘书要承担大量的组织和服务工作，这些工作关乎会议能否顺利进行，能否取得实效。这就需要秘书接到会议任务后，从思想上树立服务大局的意识，正确认识自己的服务角色，准确领会领导者的意图，明确会议的指导思想，将服务理念贯穿会务工作始终。这种意识在会务工作中表现为：

（1）服务组织，深入了解会议组织领导者。会议目标体现和贯穿着组织领导者的意志，因此，秘书应熟悉和掌握会议的组织领导情况，加强与会议组织领导者的沟通和配合，紧紧围绕会议的中心思想和中心任务，充分发挥自己的辅助作用，力求站在全局高度，统筹兼顾，主动做好会务工作。一方面，从组织利益出发，服从会议组织领导者的会务工作目标、计划和要求；另一方面，主动向组织领导者提出切实可行的建议和方案，当好会议组织领导者的参谋。

（2）服务领导者，当好助手。要实现会议预期目标，就要求秘书能认真领会领导者的根本意图、总体要求和具体安排，并以此为中心，把领导者的意图和会议指导思想贯彻到会议的全过程中。秘书要力求站在领导者的角度考虑问题，围绕会议目标有计划地收集和掌握信息，进行深入细致的调查研究，为领导者提供合理化建议；主动协助领导者策划和筹备会议，做好上传下达、左右联系、内外照应等方面的联络沟通工作；及时请示和汇报，争取领导者的支持，不擅权越位，不掺杂私念，不自行其是，用心完成领导者交办的各项任务，成为协助领导者实施会议管理的得力助手。

（3）服务会议，做好服务者。会务的每一个环节都是会议成功的重要保证，秘书要充分认识自己所从事的工作所具有的重要作用，本着高度负责的态度，按照领导者意图和会议的要求，精心组织，缜密安排，集中精力，认真自觉、积极主动、热情周到地做好会务的每一项细小的准备和服务工作，为会议活动提供一切必需的设施和用品。同时，要主动观察会议进程中可能出现的各种情况，全程跟踪服务，及时消除会场的各种隐患。妥善保管会议的文字、影像等各种文件资料，为会议的顺利进行提供保证。

（4）服务与会者，做好后勤管家。秘书要热情、周到地为与会者提供优质和细致的服务，细心安排同与会者相关的接待、餐饮、住宿、行程、安全保卫等各项工作，急与会者之所急，想与会者之所想，帮与会者之所需，妥善解决与会者遇到的问题，尽量满足其提出的相关合理要求，使他们能以充沛的精力投入会议活动，保障与会者的食宿、卫生、安全等，做好会议后勤保障的好管家。

2. 责任意识

事务性是秘书工作的突出特性。大中型会议的会务工作尤其细琐繁杂，需要秘书以极强的责任意识认真履行所承担的会务工作任务，做好每一个环节的工作，尽职尽责、一丝不苟，否则某一细小环节的疏漏都会影响会议的正常进行，导致不可挽回的后果。

（1）时刻保持高度的责任感，以认真负责的态度处理会议期间的各种事务，实事求是，不马虎、不懈怠、不渎职，避免人为的疏忽和纰漏，避免主观臆断和敷衍了事。要反复检查、时刻监督、精益求精、细致周密，使各项组织和服务工作按时、保质、足量、到位地完成。

（2）时刻保持高度的自律性，严格要求自己，公私分明，遵纪守法，绝不利用职务之便假借领导名义以会谋私、以权谋私。在会议消费活动中，注意勤俭节约，杜绝滥吃滥发，避免铺张浪费，以自己的实际行动抵制和反对不正之风。

（3）具有较强的团队意识，做到分工协作，讲求高效率、快节奏的工作方式，为会议的圆满召开全心全意工作。勇于担当，出现问题不避退、不推诿，积极承担责任，共同寻求解决问题的办法。

（4）具有高度的时间观念。准备时间永远留有提前量，杜绝迟到，避免“临时抱佛脚”；工作离岗时间和任务收尾时间永远保有滞后量，杜绝早退，避免虎头蛇尾、草草了事。

3. 保密意识

内容重要、规模较大、有重要领导人和重要外宾参加的会议，往往涉及组织、地区甚至国家机密。秘书工作的一个显著特点是接触和掌握的机密较多，一个合格的秘书必须具备保守会议机密的职业道德，牢固树立保密观念，严格执行保密制度，认真遵守会议纪律，坚决维护组织利益，不仅要监督他人遵守会议的保密制度，自己更要以身作则，不能以任何形式泄露会议机密。

秘书必须对会议进程的各个方面及相关步骤进行必要的保密安排，并会同保卫部门，在会场的安排、设备的选用、文件的印发、人员的进出等方面，都采取严格的安保措施。事先须对会场进行安全检查，布置好安全保卫工作，防止遭窃听、防止文件丢失、防止信息泄露、防止外人混入会场。

有些会议内容属于会上保密的情况，会后可以公开或部分公开，但公开时机、公开内容、公开方式都须请示领导者，切忌自作主张。

（二）精湛的业务技能

秘书要想高效、顺利地完成会务工作任务，必须具备必要的会务工作技能，掌握会议相关的业务技巧。

1. 较强的组织能力

组织有序、安排合理将有助于秘书在会务活动中取得事半功倍的效果。首先，要主次分明，把握会议中心任务这一基本点，做到重点突出、主题明确、思路清晰、节奏分明，避免因任何可能出现的状况而冲淡了会议的主题。

其次，要组织有序，合理分解各项任务，充分调动每一个参与者的积极性，使之互相配合、步调一致地去完成共同的目标，保证各个环节相互衔接顺畅。

最后，要统筹兼顾，处理好会务工作在时间、步骤、利益等方面的显性和隐性的各种矛盾冲突，防止因“局部感染”而引发“整体病变”。

2. 出色的协调能力

秘书的会务工作包含了从会前筹备、会中服务到会后落实的各个阶段、各个环节，涉及与上级领导、平行部门、下属员工、其他会务工作人员、新闻记者、与会者等各个层面的人员进行大量的沟通协调，这就要求秘书具备专业性的沟通技巧，拥有出色的协调能力，统一思想，明确任务，化解困难或矛盾。能够做到：分工合作进行协调，具体环节各个击破，总体任务顺畅对接；善于聆听，积极回应，换位思考，力求“双赢”；沟通因事而异，选择口头和书面等不同的沟通方式，书面表达准确清晰，口头表达兼具形象性、感染性；沟通因人而异，用真诚、热情、机智、幽默等不同的风格，来应对不同的对象和场合。

3. 灵活的应变能力

会议是一个动态过程，受各方面的影响，无论准备工作做得多么充分，会议过程中都难免会出现一些意外事件，打乱之前制订的计划。面对不可预料的状况时，秘书要能够快速反应、准确判断、灵活应变，在保持基本原则不变的前提下，以最快的速度和最妥当的方式加以灵活处理，将意外因素对会议的干扰和影响程度降到最低。

4. 较好的表达能力

秘书在会务工作中，除了要具备出色的口头表达能力，还要具备较强的书面表达能力，能够准确、清晰地传递会议信息。会议文件形式多样、专业性强，文体特点和写作格式各不相同，要满足不同使用对象和阅读对象的需求，就要求秘书具备扎实的基本功，掌握各种会议文件的文体规范和写作技巧。在表达上做到语言准确、简洁、得体；在结构上做到完整、连贯、严密；在选材上做到切合主题、实事求是、新颖、典型；在内容上做到真实、客观，注重针对性和时效性。

5. 综合的知识能力

会议性质不同、种类不同，涉及的内容也十分广泛，这就需要承担会务工作的秘书具备相对全面的知识结构。既要熟悉会议策划、会务接待、会务服务、联络沟通的内容和技巧，掌握会场布置、座位排序以及会议灯光、音响、投影、电脑、录音、录像设备和器材的使用与维护技能，成为会务工作的“专才”；又应了解多种知识，成为知识渊博的“通才”。

（三）良好的心理素质

会务工作量大、事杂、面广，不可控因素较多，势必会给秘书带来较大的心理压力。在紧张忙碌的工作状态下，良好的心理素质就显得尤为重要。秘书应该自觉培养优秀的品质，把握良好的情绪，保持稳定的心境，内向与外向相结合，热情与沉稳相结合，宽容与自控相结合。力争做到：

1. 积极乐观

对会议中出现的各种人和事，秘书应以开朗、乐观的心态去对待。对不同与会者的不同要求，应以一颗平和、宽容的心去理解。

2. 自我调节

增强自我调节能力，避免复杂环境和不良情绪的干扰，并在各种压力下迅速找到问题的解决办法。

3. 沉着冷静

在毫无准备或估计不足的情况下，会场突然发生意外情况时，秘书应临危不乱、镇静从容，恰当迅速地处理突发事件。

知识链接　秘书工作的风范：与地县办公室干部谈心

习近平

办公室，是一个单位、一个系统、一个机构的关键部门。办公室工作如何，对党委乃至一个地方全面的工作影响很大。因此，每个地方的领导都非常关心、关怀和关注办公室工作。“运筹于帷幄之中，决胜于千里之外。”办公室工作做好了，各项工作的顺利开展也就有了可靠保证。

一、办公室工作有四个特点

我曾经在中央军委办公厅做过秘书工作，和大家一样，是同行。以后又相继在县、市、地区党委或政府中工作，和办公室的关系十分密切。对于办公室工作，我体会最深的有四个字：

一是“重”，地位重要。办公室工作任务概括起来有三个：一个是决策的参谋、智囊作用；一个是对上对下的服务；一个是机要、保密工作。这几项任务都很重要。邓小平同志在1975年搞整顿时就讲过，一个地方工作要抓住几个人，办公室主任、公安局长、组织部长。这说明了办公室工作的重要性。因为它是决策的参谋部，始终围绕着首脑机关工作。参谋工作水平高，能推进党的方针、政策的顺利贯彻实施；水平低，就会影响全局工作，甚至造成严重后果。办公室对内掌握首脑机关的核心机密，泄露了重大机密，就会给党和国家造成损失。即使是我们地区一个保密的人事问题，泄露了也会影响领导班子的团结，使事情变得复杂起来。办公室对外还起一个“窗口”作用。基层的同志、外来的同志对我们地区的印象如何，对班子的印象如何，很大程度上同办公室的工作相联系。办公室工作出色，人家就会说这个地方工作真不错；办公室同志如果工作得很草率，或者是作风态度生硬粗暴，人家就会说这个地方的工作很糟糕。所以办公室工作与全局工作密切相关。

二是“苦”，非常辛苦。办公室每一位同志都是很辛苦的，整天有干不完的事，经常加班加点，甚至通宵工作，连星期六也难以休息。赶写材料的秘书更辛苦，工作强度很大，超过了一般部门的工作量。东汉刘桢的两句诗“驰翰未暇食，日昃不知晏。沉迷簿领书，回回自昏乱”，把秘书人员埋头文稿，忘记用饭，不知早晚，头昏眼花的状况描写得十分形象。

三是“杂”，事务繁杂。办公室工作，巨至国家大事、重要决策，细至室内卫生、干部生活；上至接待首长领导，下至联系平民百姓；内至核心机密，外至社俗民情，什么都要参与了解。就内部分工来说，有调研、信息、查办、信访、接待、机要、档案、文印、收发等各项工作。办公室干部每天都要处理好几件、几十件、百多件事情，弦绷得紧紧的，犹如“山阴道上，应接不暇”。

四是“难”，难度很大。办公室工作是全方位、开放型的。既要处理好上下左右、方方面面的关系，又要适应领导的工作风格和方法，搞好领导班子的服务工作。领导交办的事情千头万绪。这些事有的是刻不容缓，马上就要落实的，有的则是常抓不懈，时时要催办、督促的。要把握好轻重缓急，做到不遗漏、不误事，确也很费脑筋，神经始终处于高度紧张状态。同时，办公室日常事务繁多，出成绩时大家可能是无名英雄，寂寂无闻；在遇到问题时，可能成为矛盾的焦点，尝尽酸甜苦辣。有时候还得代人受过，委曲求全。这方面来讲，也确实是比较难的。可以说每一项工作都凝结着办公室同志的心血。

二、对办公室工作提三点希望

办公室工作怎么搞？这个问题大家最有发言权。我只是从个人的体会和工作的角度提三条希望。

第一个希望：要有高度的责任感。办公室的工作牵动全局。这就要求办公室干部要具备强烈的事业心、严肃认真的工作态度和一丝不苟的工作作风。办公室工作涉及大量机密，每一份文件传达到什么范围，都有具体规定，决不能马虎从事。特别是有些事情涉及政治、经济情报，就更要有高度的责任心，养成保持沉默的习惯，不得出去乱传乱说。办公室工作一定得细致。古人云："一字之失，一句为之蹉跎；一句之误，通篇为之梗塞。"办公室起草的文件，并不要求文字要多优美，但一定要严谨，这要求决不过分，因为这直接关系到工作决策问题。因此，我们还得培养、选调一些文秘写作能手，使领导在遣词造句上不用再花费脑筋，这是最起码的要求。今后送领导看的东西，除时间紧另当别论外，都应该是经过誊清的。这一道手续不要认为是多余。一篇文稿如果七删八改，乱到谁改最后一稿也弄不清楚，这里就有个负责任的问题。所以一定要有一套基于高度责任心和强烈事业心的严谨作风。

办公室是一个单位的首脑机关，时时处处要起表率作用。各方面工作包括待人接物、清洁卫生、机关面貌都要注意。领导同志的秘书是办公室成员之一，经常传达领导意图并代表领导处理一些事情。他们的工作如何、作风好坏，直接反映了领导机关的精神面貌。因此，办公室要关心他们的政治、工作表现。表现不好的要批评教育，要让他们经常汇报思想，汇报工作。作为领导的秘书，只是工作的需要，并没有政治上的特权。总的来讲办公室是一部完整的机器。这部机器要有明确的责任、严格的管理、科学的办法，使办公室干部静有其位、动有其规、各司其职、各负其责，做到反应灵敏、运转迅速，适应各方面的需求。

第二个希望：要高效率开展工作。办公室每天都要处理许许多多的日常工作事务，解决上下左右、方方面面的各种矛盾和问题。这就需要我们不断提高工作效率。否则，就不能很好地搞好"三个服务"，影响全地区工作的大局。如何提高工作效率，我认为必须学会运用辩证法，分清层次，认真思考，"审大小而图之，酌缓急而布之，连上下而通之，衡内外而施之"。这就是说，要发挥办公室的整体效能，权衡大事小事、急事缓事，抓大事不放，抓急事先办；沟通上下左右，做到上情下达、内外有别，使各项工作有条不紊地进行。

办公室还有一个重要工作就是发挥参谋作用，及时提出决策建议，并能把领导的决策化为具体意见。如果我们办公室能够综合四面八方的情况并进行分析，像国外“智囊团”那样，经常提出一些重大的决策建议，就能为领导迅捷进行决策选择提供便利。当前，我们经济建设和社会工作上的难点、热点问题很多，很需要加强调查研究，有针对性地提出分析问题以及解决问题的方法措施，提供各级领导决策参考。

第三个希望：实行高水平服务。服务是办公室的一项重要工作。首先要增强超前服务和事后服务意识。例如召开地、县重要工作会议，办公室同志要提前到位，尤其是办公室主任、会议记录人员、勤杂事务人员一定要先到场做好会前准备工作，会议结束后还要撰写纪要、文件，检查落实反馈情况等。其次，服务要及时周到。做到能够为领导释流减荷，分忧解围。第三，服务还要高度负责，一丝不苟。例如办公室实行24小时值班，这是个严格的制度，每分钟都不能离开，不能有空档，否则在这空档出现了紧急情况或重大突发性事件就会酿成责任事故。第四，服务不仅要勤、要诚，而且要灵活。例如接待工作，就得下一番功夫。要建立一套接待制度，组织一套接待班子，还要有一套统一的对外宣传材料和汇报口径。今后可以由专人负责汇报情况，陪同参观；伙食按规定标准，突出地方特色，每个县都可以搞个地方菜谱；既有特色又省钱，既不超过规定，大家又吃得满意，了解了地方饮食文化，何乐而不为呢？地县领导要按规定安排出面活动，尽量减少一般性应酬；对宾客生活服务要周到热情，努力做到设身处地，急人所急，解人所难。

三、秘书人员应当加强修养

秘书是个特殊的职业。许多人认为，秘书工作最突出的特征是当配角。我看这句话说得也对也不对。说得对，是因为秘书确实干的是辅助性、铺垫性工作，是领导的助手。说不对，是因为秘书的活动面比舞台上的配角更窄，它没有台词，没有亮相机会。秘书的工作性质，决定了要正确对待名利荣辱，树立无私奉献的精神，不断加强和深化自身的修养。

如何加强自身修养呢？宋代吕本中写了个著名的《官箴》，讲到当官必须注意三事：清、慎、勤。我想，假如我们赋以时代的内容，这也应该是办公室干部，特别是领导秘书的最基本要求：即一要“清”，公正廉洁，两袖清风；二要“慎”，周密考虑，谨言慎行；三要“勤”，勤奋好学，刻苦上进。当然，这三个要求都要建立在从政治上、思想上同党中央保持一致的前提下。作为秘书人员，随时随地都要加强学习，学习马列主义、毛泽东思想，学习党的路线、方针、政策；学习时事，不断提高自己的理论素养和政治水平。

秘书的特殊性工作，光有埋头苦干的精神还是不够的。就我个人体会，秘书在加强自身修养中，还要特别注意培养良好的工作作风，注意生活小节，即要努力做到“五不”：

一不自恃。不能认为“机关牌子大、领导靠山硬”而有所依仗、有恃无恐，更不允许滥用领导和办公室的名义谋取个人私利。

二不自负。要克服优越感，坚决防止对基层干部群众盛气凌人、态度傲慢、颐指气使、发号施令的现象。

三不自诩。防止自我表露、吹嘘炫耀，特别是涉及领导个人的工作和生活，不能随意张扬，妄加评论；对于党的内部机密，更应当守口如瓶。

四不自卑。克服自轻自贱、自惭形秽的心理，不能“足将进而趑趄，口将言而嗫嚅”，防止唯唯诺诺，没有个人主见的现象。

五不自以为是。不能想当然，随意删节、更改或补充领导的指示，防止粗心大意、敷衍塞责、玩忽职守的现象。

总之，秘书人员要经常检查自己思想、工作“到位”情况，不能“离位”，更不能“越位”。在处理同领导的关系中，力求做到“参与而不干预、协助而不越权、服从而不盲从”。我想只要把握好这个“度”，就能成为一个合格的称职的秘书。

四、地县党委都要支持办公室工作

作为地方党委的领导，对办公室工作要在理解、信任和尊重的基础上才谈得上支持使用。

首先，要把党委办公室工作摆上重要位置。地县党委每年都要专门安排会议研究办公室工作，帮助办公室解决实际问题。地县的主要领导同志还应当经常和办公室同志沟通思想，研究工作，倾听大家的意见，采纳大家的建议。

其次，要关心办公室的队伍建设。现在，办公室干部存在“难选、难调、难提”的现象。“难选”就是政治水平高、文字综合表达能力强的干部难找到。即使物色到表现较好的同志，也由于种种客观原因还是难以到办公室工作，这就是“难调”。而有些长期在办公室工作，任劳任怨，勤勤恳恳，各方面表现出色的干部，由于受职数的限制，难以提拔。针对上面存在的问题，领导一定要下决心加以解决。要严格把好进出关。进人不能“将就”。调进同志一定要政治可靠，品质优秀。应该强调，凡本地区内合适的人选说调就调，决不允许讲价钱，也不许受部门或地域的限制，切实解决“难选、难调”问题。组织人事部门也应该大胆提拔和使用合格的办公室干部，要解决办公室工作人员沉淀问题。办公室决不能搞照顾，不适应办公室工作的同志就要马上调换。如果办公室工作人员作风散漫、自由主义，政治和业务素质低，就会影响和损害一级党委部门的形象。但办公室骨干的进出应向地、县委主要领导汇报和通气。总之，要加强办公室的队伍建设，保证办公室干部的生气和活力，使办公室的工作始终在较高的水平上运转。

第三，要关心办公室同志的学习、生活和政治进步。一方面在工作上为大家创造有利的条件，比如组织干部出去学习、参观，只有多了解外部情况，才能提高政策水平。办公室工作很忙，但也要考虑大家定点学习、脱产学习。另一方面，在生活上要关心大家的疾苦。办公室同志工作很辛苦，生活很清苦，家里负担很重。但大家又都很自觉，凭着对党的一片赤诚，对工作的认真负责，默默奉献。越是这样，当领导的越应该关心办公室同志，特别是在子女上学、住房紧张、生活困难等问题上尽可能为大家排忧解难，解除后顾之忧。

资料来源：习近平．秘书工作的风范：与地县办公室干部谈心．秘书工作，2014（4）．

二、提高秘书办会能力的途径

会务工作没有最好，只有更好。秘书要想做好会务工作，达到上述基本能力要求，就要不断提高自身的素质。

（一）树立“终身学习”理念

当今社会知识更新速度加快，终身学习是对合格人才的基本要求。作为参与组织会务工作的秘书来说，素质要求更严格、更全面，更要求其树立终身学习的理念，刻苦学习，努力提高自身的思想素质和科学文化素质，拥有尽可能广博的科学文化知识，只有这样才能适应会议活动所具有的极强的即时性和时代性要求。

（二）坚持参加专业进修

会务工作需要秘书拥有合理的知识结构，必须了解和懂得与会务工作有直接或间接关系的各项技能。这就需要秘书能通过各种渠道参加专业进修，从而掌握扎实的基础知识、较强的专业技能和相关的辅助技能，在会议组织、服务、礼仪等方面的专业理论上得到提升。

（三）注重总结经验

会务工作具有极强的实践性，秘书要注重对每一次会务工作的总结和反思，对好的做法及时总结，以便将成功的经验有效应用于下一次会议；对出现的问题进行客观、全面的分析，将失误的教训归纳整理，避免今后再次出现。这样的实践经验长期积累下来，必将使秘书办会的实践能力得到提高。

第四节 会务工作机构

会务工作是一个具有复杂性、综合性和系统性的工程。每一次会议的成功举办，从策划筹备、实施操作到总结收尾的每一个具体环节，都涉及多方面、多维度、多层次的会务工作内容。这些工作之间彼此关联、互为依托、相互影响，既有交叉，又有顺承；既需要分工明确，又需要配合互动。要顺利完成会议工作，必须统筹安排，合理分工。因此，成立一个专门的会务工作机构，在会议领导的统筹安排下完成会议的具体组织、协调和善后工作，为会议提供全方位的服务，就显得尤为必要和重要。会务工作机构在会议领导机构的统筹下，统一对全部会务工作进行科学的分解，对全体会务工作人员进行合理的分工，组织协调各分支机构分头开展工作，各负其责、各司其职、通力协作，优质高效地处理会议事务，完成会议任务。

一、成立会务工作机构的基本原则

（一）规格设置上——因会制宜

会务工作机构要根据会议的规模大小，内容多寡，会期长短以及会议性质、目的、意义等方面的差异而酌情设置会议规格，其繁简程度不可一概而论，应因时制宜、因地制宜、因会制宜。既要避免因“小马拉大车”而出现的力不从心，也要避免“杀鸡用牛刀”而造成的虚耗浪费。

（二）成员选择上——精尖组合

会务工作机构的人员配备并非越多越好，每一名成员都要经过严格考核、认真筛选，力求少而精，力争专而强。会务工作人员既具备良好的职业素养，思维严谨、处事精干、认真负责，又具备精湛的业务技能，专业对口、经验丰富、机敏高效。尽量做到人尽其才，如会务组应选择外向开朗、善于沟通的人员，后勤组应选择细心周密、踏实稳重的人员，保卫组则应选择冷静坚定、反应敏锐的人员。

（三）组织分工上——均衡明确

会务工作机构内设各分支机构，在分支机构的设置数量上应讲究因事设组，既不能虚设也不能缺位。在各小组的工作量分配上追求相对平衡，既不能顾此失彼，也不能分配不均。同时，还应注意在纵向上分工明确、职责分明，任务落实到组，责任落实到人；在横向上统筹兼顾、主次分明，小组之间步调一致、加强沟通、相互补位，成员之间协同互助、密切配合、相互提醒，确保衔接顺畅、不出差错，防止权责不明、相互推诿。

二、会务工作机构的主要职责

会务工作机构是因会而设的，其职责也因会而异。综观各类会议，会务工作机构的基本职责主要有以下几项。

（一）会议召开之前

（1）为领导者确定会议的目标和议题搜集信息，提供参考和建议。

（2）根据会议领导者确定的议题、时间和形式，起草筹备方案，拟定会议的议程、日程、程序，拟定与会者范围，做出会议的经费预算，呈请领导者审批。

（3）根据会议领导者确定的与会者范围发送会议通知。

（4）根据会议领导者的要求拟写会议文件草案（报告、讲话等），审查与会单位或与会者提交的会议相关材料。

（5）根据会议的要求安排会议的场地并布置会场。

（6）反复检查，排除各种隐患。

（7）做好会议的报到工作，确认到会人员，为会议领导者提供准确的出席和缺席情况统计。

（8）按照会议规定安排与会者食宿。

(二)会议进行之中

(1)做好会议活动的签到、引导等接待工作。

(2)做好会议的文字、录音、录像等记录工作。

(3)协调新闻单位做好会议的宣传报道工作。

(4)搞好会场内外的综合协调，做好会议活动的安全保卫、后勤保障等工作。

(5)及时处理各种突发性事件。

(三)会议结束之后

(1)清理会场，妥善安排与会者离会、返程的各项事宜。

(2)整理会议记录，印发会议纪要。

(3)做好会议总结工作，分析会务工作的经验、教训。

(4)收集会议文件、材料，做好立卷归档工作。

(5)做好会议各项经费的决算工作。

(6)会同督查部门做好会议精神的传达、催办和信息反馈工作。处理好代表的提案。

知识链接 电视电话网络视频会议技术保障有技巧

近年来，电视电话会议的广泛应用使得技术保障的标准和对其提出的要求越来越高。为精益求精做好电视电话会议技术保障工作，我们总结了一些经验和技巧。

一、会前准备过“五关”

第一关：任务接收关。

接到保障任务后，应仔细研读会议方案，分析技术保障的重点和难点。与会议承办单位联络人对接，并确认以下信息：采用什么会议系统，分会场地点在哪里，会议是否有视频、PPT 等辅流，分会场是否有发言任务，等等。

第二关：会场勘察关。

一看系统，即看现有视频会议系统能否满足会议需求，如果不能，则要组织技术研讨会，讨论能否增加设备及可能存在的风险，确实无法满足会议要求的，及时向承办单位告知实际情况。

二看布局，根据会场整体布置，规划显示设备和摄像设备安装摆放的位置。如会场设置主席台，那么显示设备就需要放置在主席台上，摄像设备放在会场后方。

三看灯光，即看会场的亮度，仔细测量灯光，确保最佳摄像效果，无法满足摄像要求时应及时调整。

第三关：方案制定关。

确定保障设备，充分利用会议室原有设备，根据会议需要酌情增加电视机、摄像机等，并备份传输线路、信号处理等关键设施设备。

编辑流程脚本，设计画面显示顺序，编写控制切换指令，确保会议召开时的显示效果。如主席台前方的显示设备需播放分会场轮询画面，当有人发言时则需显示发言人特写画面或辅流画面，同时向主席台下的人员展示。

设计连接线路，按照少节点、短连接、多并联的原则设计连接线路，力求线路里程最小、信号传输最可靠。

规划联调测试，电视电话会议一般需提前半天或一天调试系统，在会议正式召开前一个小时进行最后一次调试，如果会议流程烦琐、信号切换频繁或分会场有发言任务等，则需要进行多次调试，确保会议系统的稳定运行和会议过程中各个环节衔接流畅。

制定应急预案，逐个列出可能出现问题的环节，准备好紧急处理方案，保证出现问题时能快速有效处理。

第四关：设备安装关。

设备的安装既需注重实效，也需考虑美观。

实效是指设备稳、接口紧。终端、矩阵等核心设备须固定在机柜内，摄像设备有三脚架支撑；电源线、高清线等线路与设备的连接要紧，线路不能直角弯折。

美观则要求设备摆放整齐、线路整齐划一，尤其是移动小电视既要低于桌子下沿保证摄影效果，也要倾斜角度适中保证观看体验，如果小电视较多，摆放时需保持间隔距离一致、左右对称。

第五关：系统联调关。

一是测试系统性能。重点查看各分会场上传到主会场的画面质量，避免出现马赛克或卡顿现象。如果会议有辅流，应发送至各个会场观看，测试辅流的发送与接收是否正常。

二是调整摄像画面。会场摄像画面必须清晰明亮，主席台领导者和分会场人员的席卡名字应清晰可见，分会场第一排出镜领导者应为三人或五人，发言人特写镜头的背景应干净简洁。

三是调试话筒声音。会议应使用指向型有线话筒，声音大小适中，不能有回声、断字等。当分会场有发言任务时，应单独调测该会场话筒的声音效果。

四是查看分会场布局。要做到分会场桌椅摆放整齐，桌面保持整洁；会议席卡统一颜色、字体和大小；会议室背景不花哨、不杂乱。

五是演练流程操作。当点名某个分会场发言时，分会场保障人员应提前 10 秒切换到单人特写画面，等发言结束后重新切换回原先画面。如果有多个分会场连续发言并都有辅流上传至主会场，每个分会场应在发言人发言之前 2～3 秒发送辅流。

二、会中保障做到“三个细”

人员分工细化。电视电话会议服务保障的每个岗位都承担着相应职责，会议召开时各岗位应做到分工明确，既各司其职、各负其责，又齐心协力、相互补台，共同完成好保障任务。

组织指挥细密。会议总调度者需熟悉会议的整个流程和每一个环节，并能及时准确地给保障人员下达指令。同时还需时刻观察会场内的情况，实时调整设备。如每名发言人声音大小各异，需根据实际情况实时调整话筒音量大小。

设备操作细致。设备操作人员必须具备相应的专业知识和过硬的能力素质，熟练掌握设备操作流程，会议过程中须全神贯注，不能出现丝毫差错。如出现故障问题，需快速冷静处理，判断故障原因，启动应急预案。

经过会前的认真准备和会中的细致保障，电视电话会议往往可取得良好的效果。但会后工作同样重要，需要开展全面系统的总结复盘。比如，有哪些好的做法避免了突发情况，有哪些好的经验使工作更加顺畅、完善，哪些突发情况是没有提前考虑到的，哪些地方准备还不够充分……这些都是促进办会人员业务能力增长的"良方"。

同时，还需形成完备的技术保障记录，建立资料库，做好存档，为今后更好地开展工作提供参考。

资料来源：王建功．电视电话会议技术保障有技巧．秘书工作，2023（5）．

三、会务工作机构的基本设置

尽管会议类型多种多样，会议任务各不相同，但一个有效的会议中一定存在着一个充分准备、严密组织、周到服务、确保安全的会务工作体系。会务工作机构是根据会议活动的具体情况和需要而设置的，因此，其下设的分支机构和各部门的分工情况也有一定差异。小型会议的会务工作较为简单，一般可由领导机关的常设性秘书部门临时配备若干秘书及工作人员负责。大中型会议的会务工作较为复杂，须对会务工作机构进行科学合理的配置。

（一）按照机构性质来看，会务工作机构有常设性会务工作机构和临时性会务工作机构两类

1. 常设性会务工作机构

常设性会务工作机构专门为领导机关日常性的工作会议而设，如在一些领导机关内部设立的会务处、会务科、会务组一类的职能部门即是如此。其任务是专为领导机关安排或承办一些例行工作会议。当由本机关主办或承办较大型的会议时，也多以这些常设机构的人员作为骨干，配以其他工作人员，组成会议临时的会务工作机构。

2. 临时性会务工作机构

临时性会务工作机构是为筹备和组织特定的会议而临时组建的，常见的××会议筹委会、××会议筹备组、××会议筹备办公室、××会议秘书处等即属这一形式。在其内部，往往分设秘书、组织、宣传、后勤、保卫、生活服务等分支机构，在会议组织者的统一领导下分工合作。会议结束后，临时性的会务工作机构也就随之解散。

（二）按照分支层次来看，会务工作机构设置的情况有：三级会务工作机构、两级会务工作机构和一级会务工作机构

1. 三级会务工作机构

这是适应大型会议的筹备工作需求所设置的会务工作机构类型，分为大会筹备（或组织）委员会、大会筹备（或组织）委员会办公室、各个职能小组（如秘书组、宣传组、外联组、保卫组、生活服务组等）三级。在这种类型的大会筹备（或组织）机构中，筹备

（或组织）委员会的负责人即是大会负责人；办公室负责人即是筹备（或组织）委员会的组成人员；各职能小组的负责人即是筹备（或组织）委员会办公室的组成人员。

2. 两级会务工作机构

这是适应中型会议的筹备工作需求所设置的会务工作机构类型，由会议筹备办公室和各个职能小组（秘书组、宣传组、保卫组、生活服务组等）两级组织构成。

3. 一级会务工作机构

这是适应小型会议的筹备工作需求所设置的会务工作机构，只有会议秘书组（或会务组、总务组）这样的一级办事机构，也被称为“一揽子”会务工作机构。由会议领导指定专人牵头负责，并根据会议工作内容配备适当的秘书，共同完成会议筹备和组织工作的有关事宜。

四、会务工作机构的具体分工

根据会议的实际需要，会务工作机构内部分设若干分支机构（即各个职能工作小组）。

（一）会务组

会务组是对会议活动具体实施组织、协调等项事务的综合性工作机构。主要工作内容是协助会议领导者确定会期、议程、会场和与会者，安排会议日程，发出会议通知，对与会者进行编组，协同有关部门发放和管理会议所需文件、证件和物品，布置会场，安排座次。

（二）文件组

文件组是负责会议主旨性文件的工作机构。如开幕词、大会报告、主要领导的讲话稿、各项决议文稿、会议简报、会议纪要、闭幕词、会议总结等各种会议文件的准备、起草、印发、清退和立卷归档工作。

知识链接 《政府工作报告》计划进度表

××市撰写2024年《政府工作报告》计划进度表

时间	内容	备注
2023年11月26日	报告起草工作领导小组召开筹备会。	写作班子全体成员参加。
11月27日—12月2日	撰写报告提纲（定框架结构、内容逻辑、大小标题）。	
12月3日—12月13日	各秘书按报告提纲要求撰写各自负责的内容。要求重点、亮点突出，语言精练，数据准确；常规工作有深度，创新工作有依据（相关数字、文件等），语序一致，表述流畅。	完成后，随时交A秘书合稿。
12月14日—12月15日	A秘书合稿、整理、修改后，送写作班子副组长××审核。	

续表

时间	内容	备注
12月16日—12月17日	写作班子组长×××审核。	
12月18日—12月20日	各副主任召集所协调部门主要负责人，召开会议，征求意见，对报告进行修改完善。	将修改稿分别交A秘书合稿。
12月21日—12月25日	印发报告征求意见稿，征求市人大代表、政协委员和各部门、各单位意见。	各秘书整理，统一交A秘书汇总。
12月26日—12月27日	印发报告征求意见稿，征求四大班子领导意见。	
12月27日—12月31日	印发报告讨论稿，择时提交政府常务会议讨论。	
2024年1月1日—1月5日	根据政府常务会议讨论结果进行修改完善。	
1月6日—1月15日	印发报告讨论稿，提交市委常委会议讨论。	
1月16日—1月20日	写作班子根据市委常委会议讨论意见对报告进行再修改、再完善。	
1月21日—1月23日	到市人大指定印刷厂印制《政府工作报告》。	

（三）组织组

组织组一般组建于特定的代表大会的筹备和进行过程中，主要承办代表资格审查和选举方面的事宜，具体工作内容为：

承办代表资格审查方面的事宜，包括提出代表资格审查意见，起草代表资格审查报告，负责编制代表名册等；

承办选举方面的事宜，包括起草选举办法、选举大会主持词，编制选举程序、候选人名单、候选人情况介绍，负责汇总代表团酝酿、讨论候选人及选举事项的意见等。

（四）宣传组

宣传组是与新闻机构联系，对会议情况进行宣传报道的工作机构，主要负责会议的对外宣传工作，包括：拟定会议的宣传与公关工作方案并提交会议领导机构审核，征得同意之后组织实施宣传报道；安排、协调记者的采访活动，适时向新闻机构提供会议的情况，统一制发新闻宣传稿；承办新闻发布会或记者招待会；负责会议音像资料的录制和管理工作等。

（五）简报组

简报组是在规模较大、会期较长的重大会议召开期间，负责编写和印发会议简报（快报）的会议工作机构。其职责是根据大会全体会议的情况或主席团会议及各代表团会议讨论记录，真实、快速、简短地编写出反映会议情况的简报。在民族区域自治地区，可配备必要的翻译人员，负责少数民族语言文字的翻译工作。

（六）提案组

提案组也称议案组，它是在代表大会召开期间，具体负责受理与会代表提出的各种提案和议案的会议工作机构。

（七）保卫组

保卫组是对特定会议实施安全保卫的工作机构，其职责包括会议内部保卫和外部保卫。一般中小型会议不设立此机构。

内部保卫主要是对会场及周围环境进行安全检查，排除隐患，协同有关机构对参加会议的重要领导者的人身安全，与会者的饮食安全、用电及防火安全、财务安全等提供可靠的保障，对涉密的会议文件、资料、设备等实施必要的保卫手段，防止失窃和泄密。

外部保卫主要是协助会务组搞好证件的查验工作，对会场的来访人员及会场周围的闲散人员进行必要的盘查和清理，对出入车辆进行安全检查。安排乘车出行的会议，还要负责保证会议活动中的行车安全等。

（八）联络组

联络组主要负责会议主席团与各代表团之间的传达、反馈等会议联络工作。了解掌握各代表团的讨论情况，进行汇总综合，并及时向秘书长、大会主席团报告。

（九）后勤组

后勤组是负责会议各方面生活服务的工作机构。工作内容包括会议经费预算与筹措，会议财务管理，会议的接站、送站、报到、接待、签到等服务，票务预订与管理，食宿安排，医疗卫生，车辆调度，会场设备调试与维护等。

上述会务工作机构各分支小组的分工并非固定不变，可根据会议类型和会议需要进行适当的合并和增减，如有些会议不单独设置后勤组，后勤组的工作合并到会务组中。工作小组的命名也可根据实际分工进行调整。

知识链接 全国两会民族语文翻译组：架起沟通交流、团结进步的桥梁

由中国民族语文翻译局（简称“翻译局”）组建的十四届全国人大二次会议和全国政协十四届二次会议秘书处民族语文翻译组（简称“翻译组”），用蒙古、藏、维吾尔、哈萨克、朝鲜、彝、壮七种民族语文进行大会文件的翻译、印制，在举行全体会议时进行同声传译，为各民族代表委员参政议政、共商国是提供便利。

有着九年翻译和同声传译经验的买热巴·莫合买提，是翻译组维吾尔语同声传译小组的组长。“尽管有多年积累，但每一次坐在同声传译室里，都像是第一次。我们始终严格要求自己，争取做到一百分，完整准确将党和国家的声音传播出去!”买热巴·莫合买提说。

我国是一个统一的多民族国家，各民族都有使用和发展自己的语言文字的自由。1949 年 9 月，开国大典前夕，中国人民政治协商会议召开时，民族语文翻译工作者的身影就出现在了会场上。1954 年 9 月，第一届全国人民代表大会召开，会上通过了新中国第一部宪法。就是在这次会议上，首次设立了民族语文翻译组。

“为大会提供民族语文翻译，既是宪法精神的体现，也是实实在在为少数民族代表委员服务的体现。”翻译局藏文室主任罗科记得，十三届全国人大一次会议第三场“代

表通道”集中采访活动中，来自西藏隆子县玉麦乡的全国人大代表卓嘎在接受媒体采访时说道，虽然她不会国家通用语言文字，但是大会为她提供了同声传译服务和藏文版的会议文件，使她能够认真履行代表职责。

这一幕深深地印在罗科的脑海里。他说：“卓嘎代表的一番话让我感受到，我们所做的工作是真正能够助力代表委员履行职责、参政议政的。”

还有一次，一名基层代表激动地对罗科说：“你们翻译的文件帮助我在会议期间学习大会报告内容。会后，你们翻译的文稿是我在基层宣讲党和国家大政方针的重要材料。谢谢你们!”

“大会文件内容涉及方方面面，涵盖各行业各领域。翻译工作任务重，政治性强、时效性强，在有限的时间内高质高效地将文件翻译出来，是一项重大的考验。”翻译局朝鲜文室翻译专家郑成熹说。

2023 年是全面贯彻落实党的二十大精神的开局之年，是本届政府依法履职的第一年，需要听取、审议和讨论的各种报告、国家的预决算、法律议案以及委员发言等文件，字数达 27 万多字。“仅国家发改委起草的报告就有 6 万多字，较往年增加了三分之一。工作人员驻地距人民大会堂较远。大家常常是备稿到深夜，第二天早晨 5 点起来赶往人民大会堂做同声传译。”翻译局蒙古文室主任哈森说。

由于新词术语多、涉及领域广，精准翻译是最大挑战。在翻译之前，必须准确领会每个句子、每个词语的内涵。如，2024 年的政府工作报告中首次出现“新质生产力”，如何具体翻译“新”和“质”的词义？最高法工作报告中，“骨头案”是什么意思？“黑飞”“灰色链条”“国防绿”“烈士红”等颜色类词语如何翻译？最高检工作报告中，“推动女职工特殊劳动保护”怎么理解？……遇到新表述新提法，各小组会集中研讨，向文件起草组咨询解释。

翻译过程中，文件组质疑小组发挥着重要作用。“准确理解原文是准确翻译的重要前提。我们的质疑解答工作，就是帮助翻译人员准确理解和把握疑难词汇、复杂句子的确切含义，确保对大会文件原文的理解精准到位，传达大会精神不走样。”翻译组文件组质疑小组专家李玲说。两会期间，文件组质疑小组共提供了书面解答 106 条、口头解答 460 余条。

“有的委员在大会发言中引经据典，这也是我们的一大挑战。”哈森介绍，今年在翻译一篇大会委员发言中遇到了“通功易事”一词，“乍一看没看懂”。给质疑解答组打去电话问询，得到的答复是：“通功易事”一词，出自《孟子·滕文公下》，意为“分工合作，互通有无”。

“当我得知该词出自《孟子》，就松了口气。”哈森说，“蒙汉文化交流历史悠久，早在清代就有人将《四书》翻译成蒙古文。我们找到蒙古文版的《四书》，直接使用了其中的翻译。”

2024 年两会上，大会的 8 份报告以及若干决议、28 位委员发言、8 场同声传译……翻译组近 200 人连续奋战的翻译成果，浓缩在代表委员桌上的民族语文大会文件中，以及耳机中传来的流利的民族语言大会发言里。

近年来，随着智能翻译软件和智能核对软件的应用，全国两会民族语文翻译组的工作明显提质增效。“一些代表和委员表示，我们的翻译越来越规范，质量越来越高了。这让我们工作的动力更足了！”哈森说。

两会期间，翻译组还负责向北京、内蒙古、广西、四川、西藏、青海、新疆等省区市新闻媒体提供大会主要文件的民族文译稿。

“希望通过我们的翻译成果，让少数民族代表委员的履职之路、参政议政之路更加通畅，让各民族群众都能听到党中央的声音！”

几代民族语文翻译工作者译过的文稿，见证了新中国日新月异的发展变化。他们在统一多民族大家庭的政治生活中，架起了一座沟通交流、团结进步的桥梁。

资料来源：全国两会民族语文翻译组：架起沟通交流、团结进步的桥梁．中国民族报，2024－03－15.

【思考与练习】

一、请结合下面这则材料，谈谈在会务工作中，秘书应该怎样服务才能做到让与会者满意。

“看得见的幸福，摸得着的民主”
——记盲文版政府工作报告首次亮相全国人大会议

2024年3月5日上午，北京人民大会堂，十四届全国人大二次会议开幕。首位盲人全国人大代表王永澄，拿到了一份特别的政府工作报告。

雪白的8K纸，环形装订，上面有序排列着凹凸的盲文……

王永澄代表一边认真聆听报告，一边用双手仔细摩挲着这份更显厚重的文件，难掩激动之情。

这是盲文版政府工作报告首次亮相全国人大会议。

“看得见的幸福，摸得着的民主。”指尖划过起伏的盲文，王永澄感慨万千。

18岁因意外事故双目失明后，王永澄克服重重困难，一步步成为盲人医疗按摩主任医师。他举办盲人按摩培训班，创立福建省海峡盲人按摩指导中心，免费培养盲人按摩师6 000多人，带动更多盲人走上自立之路。

“在黑暗中行走，更明白光明的可贵；我是盲人中的一员，更懂得他们的渴求。”

当选十四届全国人大代表后，王永澄不断收到各地残疾人朋友的诉求。他认真记录、深入调研，形成代表建议，积极为这一群体发声。

去年全国人大会议上，作为全国人大代表中唯一一位盲人代表，王永澄围绕盲人就业、教育、无障碍环境建设等议题提交了四份建议，其中一份是关于为随班就读低视力学生出版大字版教材的建议。

去年6月，他应邀列席全国人大常委会会议，提出的针对不同教育阶段编写出版盲文版、低视力版教学用书的建议，在无障碍环境建设法的立法过程中得到了采纳。

2023 年 11 月，全国人大常委会代表工作委员会会同教育部、国家卫健委、国铁集团、中国残联四家代表建议承办单位，派出工作人员专程来到福州，上门送交了全国人大代表工作中首次制作的盲文版代表建议答复。

“收到盲文版答复件的时候，我一遍遍抚摸着上面的盲文，心里无比温暖。全过程、面对面、心贴心、实打实，四份建议的答复过程，让我感受到充分的民主。”王永澄说，这体现了党和国家对广大残疾人的格外关心、格外关注，体现了全国人大尊重人民主体地位、支持保障代表依法履职的责任与担当。

如今，政府工作报告等大会文件同步推出盲文版，让王永澄代表的履职路更加通畅。

盲文版大会文件由今年全国人大会议秘书处首次设立的盲文翻译小组制作。这一小组由中国残联派出人员、中国盲文出版社盲文编译校印骨干人员组成，其中有三名盲人盲文专家。

“两会首次制作盲文版大会文件，为盲人代表履职提供了更好保障。”中国盲文出版社总编辑沃淑萍告诉记者，2023 年 12 月，正式接到为大会制作盲文版文件的任务后，她感到使命光荣、意义重大。这一新举措，既是对去年 9 月 1 日起施行的《中华人民共和国无障碍环境建设法》的积极践行，更是全过程人民民主的生动体现。

“在盲文翻译工作中，我们与王永澄代表密切沟通、了解需求，及时调整制作方案，最终确定了盲文版大会文件的格式体例。”小组成员、盲人盲文专家殷梦岚介绍，盲文版大会文件将柱状图、折线图等复杂图表转化为了具体清晰的图解文字；制作了对开表格，方便对照查询；将内容较多的文件分册呈现，方便阅读、携带等。“希望帮助盲人代表通过无障碍阅读，实现高质量履职。”

细微之处见真谛。一点一滴的变化，为中国式民主做出鲜活注脚。

“去年，我第一次参加全国人大会议，我的爱人作为向导全程陪同，驻地房间里配有盲文电脑，会场设置了无障碍通道；今年，大会又为我提供了盲文版文件。作为盲人代表，我深受鼓舞，要继续为残疾人事业鼓与呼。”王永澄说。

履职一年来，王永澄真切感受到了全过程人民民主的澎湃脉动，忠实履行着全国人大代表的神圣职责。他的声音，让 8 500 万残疾人的心声得以倾听，让 1 700 万视障人士的心愿得以“看见”。

“我特别关注残疾人群体的‘急难愁盼’问题，今年准备了关于完善养老服务体系建设、重视残疾人养老特殊需求，以及关于促进海峡两岸残疾人事业融合发展的两份建议，想为更好地推动残疾人事业发展尽一份心力。”王永澄说，将一份份建议转化为看得见、摸得着的民生福祉，就是他最大的幸福。

又到春暖花开时，民主的殿堂汇聚民智民意。王永澄代表的无障碍履职之路不断延伸，精彩的故事仍在继续。

资料来源：https：//www.gov.cn/ 2024 - 03 - 05.

二、请分析以下案例。

为进一步促进机关事务系统会务工作规范化，提高会务工作人员服务意识与能力素质，某市机关事务服务中心开展了全市机关事务系统会议服务技能培训会，全市机关事务系统40多名会务工作人员参加了培训。通过培训，参训人员纷纷表示获益良多，在今后的工作中将以优质高效的服务，做好每一场会议的会务保障工作。

思考：

如果你是该市邀请的培训师，需采取理论学习和实际操作相结合的教学方式进行现场授课，你将围绕哪些方面展开培训？

三、阅读下文，谈谈在会务工作中秘书如何能更好地适应新时代发展需求。

海南省论坛年会服务保障程序上线 提供接送机预约、会场导航等服务

只需一部智能手机，便可做到“掌上走博鳌”。3月25日，《海南日报》记者从海南省外事办公室获悉，为在本届论坛年会期间给与会代表和媒体人员提供更加便捷的服务，海南省论坛年会服务保障专区服务程序（以下简称论坛年会代表专区）已于日前在海易办正式上线。

论坛年会代表专区集纳了年会日程查看、接送机预约、会场导航、免税优惠券领取、媒体资料共享等论坛年会服务功能。与会代表和媒体人员注册登录海易办后，可通过论坛年会代表专区预约接送机服务，并获悉穿梭巴士时刻表、年会日程安排等会务信息；同时，论坛年会代表专区还为用户提供了更直观、更精确的会场模拟导航服务，方便用户在本届论坛年会期间更准确地找到会场内各场所。

会务服务之外，论坛年会代表专区还为与会代表和媒体人员提供了最新政策动态更新和相应的政策查询解读，方便相关人员了解海南自由贸易港最新政策与机遇。此外，论坛年会代表专区还收纳了琼海消费、美食地图、会外旅游路线等会外服务功能，聚焦延伸论坛年会溢出效应，努力为与会嘉宾提供优质的会外休闲服务。

论坛年会代表专区由省服务与利用博鳌亚洲论坛联席会议工作机制领导小组办公室（海南省外事办公室）设计开发。

资料来源：海南省论坛年会服务保障程序上线 提供接送机预约、会场导航等服务．海南日报，2024-03-26.

四、实训：

结合班级实际，将全班分为若干作业小组，每组4～5人。以小组为单位，选择一家企业的会务部门做一次调研，了解该企业的会议类别及会务工作程序、会务工作机构设置及分工，采访后形成一篇书面报告，在班上进行交流。

第四章
会议策划与策划方案

【内容提要】

“好的开始是成功的一半。”科学合理的会前策划能取得事半功倍的效果，它是会议顺利进行的基础保障，决定着会议的成效。本章阐述了会议策划的主要任务和基本内容，以及实施时的注意事项，介绍了制定会议策划方案的相关知识。

第一节　会议的策划

一、会议策划概述

（一）会议策划的概念

策划亦作“策画”，是指为达到某一目的而对未来事项进行的细致、周全的谋划。“策画”最早出现在《后汉书·隗嚣》“是以功名终申，策画复得”之句中。策划是思维主体根据现实的各种情况及所掌握的信息，运用知识和能力进行全面思考运筹的过程。它从宏观上掌握原则和方向，更多地表现为战略性和科学性，包括分析情况、发现问题、确定目标、设计和优化方案，最后形成具体工作计划等一整套环节。

为了使会议实现既定目标，达到预期效果，针对会议过程的各个环节进行科学构思和合理设计，拟定初步的、总体的安排的过程即会议策划。

（二）会议策划的意义

只有目标明确、思路清晰、方案具体、考虑周全的会议策划，才能为会议的顺利召开奠定坚实的基础，才能保证会议取得预期效果。好的会议策划对于会议的成功举办有着重要的现实意义：

1. 赢得主动，减少被动性

会议策划对会议各项活动进行谋划、设计，为领导者提供多种备选方案，既保障了会务工作的积极、顺利进展，又为领导者以策划方案为基础进行选择和决断奠定了基础，赢得了主动。

2. 保证科学，避免盲目性

策划通过对会议各项要素进行程序化和科学化设计，合理利用积极因素，及时排除消极因素，避免因盲目行动对会议造成的无法弥补的负面影响。

3. 确保有序，增强有效性

会议策划以其理性思维进行预期性设计，确保即将进行的活动有条不紊地按预定的目标进行，保障各项举措的有效性，提升会议的成功率。

4. 提高效率，增强可行性

运用科学的运作程序对会议各个环节进行构思，使计划切实可行，使预算投向可靠，提高会务工作的效率。

（三）会议策划的特点

1. 目的性

会议策划是针对具体的会议活动进行的，在策划过程中，要充分考虑到会议的实际情况，如会议性质、会议目标、会议要求等。一个好的会议策划，首先是目标明确、指向鲜明的。

2. 前瞻性

会议策划需要对即将进行的会议活动进行预测，运用的是宏观的战略思维，充分考虑可能出现的风险性因素，提出的行动设想和具体方案都具有前瞻性和预见性。

3. 科学性

会议策划是为了实现会议目标，对即将采取的行动进行的安排。只有以科学的方法进行合理的设计，才能使策划具有指导现实的作用，体现策划的意义。

4. 可行性

会议策划要符合客观实际，具有可操作性，既在实际环境中具有现实条件的可操作性，如经费、场地等；也在具体实施上有切实可行的方法，易于操作，便于实现。

5. 灵活性

策划毕竟是对未来的预期想法，而影响会议效果的因素较多，当现实中出现意外因素影响原本的计划进程时，往往需要灵活适应，及时调整。因此，必要时，还应策划会议的备选方案。

二、会议策划的主要任务

在进行会议策划时，应该做好以下几方面的工作：

（1）查阅与会议有关的各种资料，了解同类会议的组织方法和经验教训，征求会议相关部门或人员的意见和想法。

（2）根据会议预期目标，明确会议的时间、地点等基本要素，确定会议的议题、议程、与会范围及会议活动要点。

（3）根据会议类型成立会务工作机构，确定会务工作人员，分工负责，落实到人。

（4）遵守有关规定，根据会议规格制定会议经费预算。

（5）具体分析各种因素，提前准备应对意外情况的办法，拟定会议筹备方案及备选方案。

（6）与会议活动的相关领导、相关部门、与会者等进行沟通协调，落实筹备方案中的具体任务，确定与会者并安排其食宿住行等。

三、会议策划的十项要素

（一）明确会议目标

会议目标是指会议组织者的期望，是会议所要完成的各项任务的总和，是使会议具有号召力和灵魂的关键因素。会议目标决定了会议的性质和类型，制约着会议的议题，影响着会议的模式和结果。会议要发挥其应有的功能，必须做到目标清晰、任务明确，这是会议策划的首要任务。

会议的目标一般由会议领导者和组织者提出，策划会议目标时应做到：

1. 客观实际

会议目标要根据客观实际的需求而定。目标过高，不切实际，难以达成，不利于解决问题；目标过低，失去意义，影响实效，不利于推进工作。

2. 明确具体

目标越是具体明确，据此制定的措施和步骤越切实可行，会议活动才越有方向性和针对性。若目标不明，任务不清，会议的有效性将无从谈起。

3. 重点突出

当会议涉及几个不同性质的矛盾和问题，会议目标不止一个时，要处理好目标层次之间的关系，分清主次，突出重点。若目标庞杂，主次不分，议事质量下降，会议精神也难以贯彻落实。

（二）提出会议议题

1. 议题的来源

议题即细化了的会议主题，是会议要研究的问题和要议定的事项，是会议目标的具体体现。议题的来源一般有三种：

一是由主管领导确定议题。指的是领导者批示交办的或指定有关部门汇报的问题，由秘书向有关部门搜集准备材料。这种情况一般出现在领导者临时决定召开的会议中。

二是由下级部门提出议题。主要是指下级部门向上级汇报或是请上级审议的问题。由秘书在一周甚至一个月之前询问下属各部门有无要拿到会议上讨论的问题，然后汇总整理成系统意见，按照问题的轻重缓急进行排列，报告主管领导同意后，提交会议讨论。这种情况多出现在例行工作会议中。

三是由上级机关提出议题。主要是上级领导机关下达指示，布置本单位集体学习讨论或研究需贯彻执行的问题或需要汇报的问题。由秘书汇总，经主管领导同意后安排讨论。

不论采用何种办法和方式，任何会议的议题都要经过有关领导者的审核才能最终确定。安排好议题是会务工作的一项重要内容，既要避免会议议题安排得笼统空泛、大而无当、毫无实效，也要避免议题安排得事无巨细、不分主次、冗余啰唆。

2. 提出议题时应注意的问题

一要科学准确：

（1）切合目标。会议的议题应当服务于会议目标，根据会议的目标和任务来确定，凡是偏离会议目标的议题都应当舍弃。

（2）实事求是。议题的来源无论是什么，都应建立在调查研究的基础上，客观全面，结合本单位的实际，具有现实针对性。

（3）安排合理。议题应在内容上注意关联性，尽量将属于同一个体系的问题集中排列，减少重复，便于讨论；在顺序上注意保密性，尽量把涉密的议题排列在后面，便于有关人员到会和无关人员提前退席。

（4）准确合规。一方面，要表述准确、清楚，避免含混或产生歧义；另一方面，必须在会议的职权范围内。

二要集中高效：

（1）必要性强。凡拟提交会议讨论的议题都应具有重要性、必要性和时效性。避免无关紧要的内容分散与会者精力，占用会议时间。

（2）数量适中。议题直接关系会议的效率，一次会议的议题要适度、适量，避免因议题过多导致会议拖沓冗长、效率低下。

（3）突出中心。议题要分清主次轻重，抓住重点难点，保证与会者能够把主要精力集中于最重要和最需要认真思考的问题上。

（4）准备充分。与议题相关的背景材料要准备到位，经领导审核后，提前印发给相关与会者，以便其准备意见；要形成两个以上的备选议题，最大限度地提高会议的决策质量。

（三）确定会议名称

会议名称作为会议活动的正式称谓，是会议活动基本特征的信息标识。妥帖恰当的会议名称不仅便于识记，也能取得渲染气氛、扩大宣传的效果。会议名称要根据议题来确定，做到“名副其实”。一般采用以下方法确定：

1. 名称揭示会议的主题特征

有的会议名称揭示的主题比较具体，如“国际性金融危机防范对策学术研讨会”；有的会议名称揭示的主题则比较宽泛，如“纪念建党 70 周年座谈会”。

2. 名称揭示会议主办者特征

如“中国科学院知识创新试点工作咨询座谈会”。

3. 名称揭示会议功能特征

如“××××产品鉴定会”“×××公司 2013 年总结暨表彰大会”等。

4. 名称揭示与会者身份特征

如“中国共产党第××次全国代表大会”“第×届世界妇女代表大会”“××公司全体职工大会”“××区老干部座谈会”“××协会××届理事会”等。

5. 名称揭示会议时间和届次特征

一般年度性会议和系列性会议必须揭示时间和届次特征，如“2012 年粤港经济技术贸易合作交流会”“第 22 届万国邮联大会”。

6. 名称揭示会议地点特征

如“上海国际贸易洽谈会”“广州商品交易会”等。

（四）拟定与会者范围，确定会议规模

与会者范围和会议规模是否合适，直接关系到会议的目标能否顺利实现。有的会议是有固定成员的例会，如一些常务会议或按职务指定与会者的会议。有的则需要以会议的目标、性质和议题为依据提名与会者，报请有关主管领导审定。

1. 提名与会者应考虑的因素

提名与会者要本着精简与效能的基本原则，严谨、慎重，综合考虑以下因素：

（1）资格合法明确。

与会者尤其是法定性会议与会者资格的确定必须符合有关法律法规、规章制度。同时，与会者的职务级别、身份地位也要符合会议需要，“出席”“列席”“旁听”代表等要明确加以区分。

（2）组成周到全面。

在熟悉各部门业务范围和各相关领导者相关行程的前提下，对于按规定应该出席的人员以及与会议议题密切相关、应该列席的人员，在提名时应做到不漏提、不错提。同时，还要从有利于保密的原则出发，提出与本次会议内容直接相关的人员，杜绝无关人员“陪会”现象，做到合情合理、不宽不严。

（3）避免先斩后奏。

秘书提出的与会者名单，应提前报请领导者审核，并做出必要的说明，只有通过领导者审核后才能最后确定会议的与会者范围，从而确定会议规模。要避免会议开始前临时提出与会者人选，甚至提名不经领导者审核“先斩后奏”。

（4）考虑效率成本。

会议与会者的多少决定会议规模的大小。会议规模直接关系会议的效率。一般来说，人数越少，所花费的时间越少，效率越高，动用的人力、物力、财力等成本也越低。反之，人数越多，意见不容易集中，时间长，效率自然越低，动用的人力、物力、财力也会随人数而增加，成本自然增高。因此，在确定会议规模时，既要考虑会议的效率，更要考虑会议的成本，做到量力行事。

2. 与会者的分组

为方便讨论问题，促进相互交流意见，在组织需要安排讨论、审议等活动的大中型会议时，出席会议人员名单确定后要按照一定的依据将全体与会者划分为若干小组。编组可以按地域范围、系统行业、研究领域、议题或人数进行。无论采用何种编排方法，均要考虑全面周到，安排合理恰当，既要注意小组的数量和规模，又要顾及与会者的积极性，并尽可能将组织会议的领导者分散到各个组，保证讨论的针对性和有效性。必要时，也可为各小组安排联络员，以便及时沟通信息，掌握会议动态。联络员工作由会务工作机构统一管理和协调。

（五）研究拟定会议议程与日程

1. 议程的拟定

会议议程是对会议议题性活动的程序化安排，是会议目标的具体落实，是将已经确定的议题按讨论或审议的主次、轻重、先后次序进行编排的结果。会议议程拟定的合理与否直接关系到会议能否顺利实现预定的目标，取得预期的效果，也关系到能否高效率地完成会议活动。一般情况下，会议议程由会议的领导者或主办者确定，法定性会议的议程必须提交会议的主席团或预备会议表决通过。议程一旦确定，不得任意改动。会议议程一般包括以下内容：

（1）标题。由会议全称加上“议程”二字组成。

（2）题注。法定性会议议程应当在标题下方说明该议程通过的日期、会议名称。题注内容用圆括号括入。一般性会议只需注明会议的起讫日期，如“（2013 年 3 月×日—3 月×日）”。

（3）正文。简明扼要地说明会议的每项议题和活动的顺序，多采用分条列项的写法，句末一般不用标点。

根据议题的具体情况，若会议时间有限，议程可以先主后次地安排内容，保证在有限的时间内先讨论研究主要议题。若会议时间比较充裕而次要议题的数量又较少，也可采取先次后主的方法，先解决一些次要的议题，再集中精力讨论研究主要议题。

例文

中国人民政治协商会议第十四届全国委员会第二次会议议程

（2024 年 3 月 4 日政协第十四届全国委员会第二次会议通过）

一、听取和审议政协全国委员会常务委员会工作报告

二、听取和审议政协全国委员会常务委员会关于政协十四届一次会议以来提案工作情况的报告

三、列席第十四届全国人民代表大会第二次会议，听取并讨论政府工作报告及其他有关报告

四、审议通过政协第十四届全国委员会第二次会议政治决议

五、审议通过政协第十四届全国委员会第二次会议关于常务委员会工作报告的决议

六、审议通过政协第十四届全国委员会第二次会议关于政协十四届一次会议以来提案工作情况报告的决议

七、审议通过政协第十四届全国委员会提案委员会关于政协十四届二次会议提案审查情况的报告

2. 日程的拟定

会议的日程是对会议议程规定的各项活动进行单位时间的细化安排，也包括对会议过程中其他辅助活动的具体落实。会议的日程在时间、地点、人员等方面如遇到一些变化，可做相应调整。会议日程的内容包括：

（1）标题。由会议名称加上“日程”或“日程安排”“日程表”组成。

（2）正文。正文一般应写明以下要素：活动时间（可具体到分钟）、活动地点、参加对象、活动内容、活动要求等。可采用条文式和表格式两种写法。无论采用何种方式，都以使会议精简、高效为原则，做到安排科学合理，规定明确具体，表述准确无误。

例文 1

第十四届全国人民代表大会第二次会议日程

2024 年 3 月 5 日至 11 日

（2024 年 3 月 4 日第十四届全国人民代表大会第二次会议主席团第一次会议决定）

3 月 5 日（星期二）

上午 9 时　代表大会第一次全体会议（开幕会）

1. 听取国务院总理李强关于政府工作的报告

2. 审查国务院关于 2023 年国民经济和社会发展计划执行情况与 2024 年国民经济和社会发展计划草案的报告、2024 年国民经济和社会发展计划草案

3. 审查国务院关于 2023 年中央和地方预算执行情况与 2024 年中央和地方预算草案的报告、2024 年中央和地方预算草案

4. 听取全国人大常委会副委员长李鸿忠关于中华人民共和国国务院组织法修订草案的说明

下午 3 时　代表团全体会议审议政府工作报告

3 月 6 日（星期三）

上午 9 时　代表小组会议审议政府工作报告

下午 3 时　代表小组会议审查计划报告和草案、预算报告和草案

3 月 7 日（星期四）

上午 9 时　代表小组会议审查计划报告和草案、预算报告和草案

下午 3 时　代表小组会议审议国务院组织法修订草案

3 月 8 日（星期五）

上午 9 时　代表大会第二次全体会议

1. 听取全国人大常委会委员长赵乐际关于全国人民代表大会常务委员会工作的报告

2. 听取最高人民法院院长张军关于最高人民法院工作的报告

3. 听取最高人民检察院检察长应勇关于最高人民检察院工作的报告

下午 3 时　代表小组会议审议全国人大常委会工作报告

3 月 9 日（星期六）

上午 9 时　代表小组会议审议国务院组织法修订草案修改稿，最高人民法院工作报告、最高人民检察院工作报告

下午 3 时　代表小组会议审议最高人民法院工作报告、最高人民检察院工作报告

3 月 10 日（星期日）

上午 9 时　代表团全体会议审议全国人大常委会工作报告、最高人民法院工作报告、最高人民检察院工作报告

下午 3 时　代表小组会议审议关于政府工作报告、年度计划、年度预算的三个决议草案

3 月 11 日（星期一）

上午 9 时　代表小组会议审议关于全国人大常委会工作报告、最高人民法院工作报告、最高人民检察院工作报告的三个决议草案

下午 3 时　代表大会第三次全体会议（闭幕会）

1. 表决关于政府工作报告的决议草案

2. 表决中华人民共和国国务院组织法修订草案

3. 表决关于 2023 年国民经济和社会发展计划执行情况与 2024 年国民经济和社会发展计划的决议草案

4. 表决关于 2023 年中央和地方预算执行情况与 2024 年中央和地方预算的决议草案

5. 表决关于全国人民代表大会常务委员会工作报告的决议草案

6. 表决关于最高人民法院工作报告的决议草案

7. 表决关于最高人民检察院工作报告的决议草案

闭幕

资料来源：http：//www.npc.gov.cn/c2/c30834/202403/t20240304_435092.html.

例文 2

×××有限公司质量工程研讨会日程表

日期	时间安排		内容安排	地点	参加人员	会务组负责人	备注
	时段	时间					
9 月 16 日	上午	8：30	报到	公司一楼大厅	全体	王秘书	
		9：00—10：00	总经理报告	公司三楼会议厅	全体		
		10：20—11：50	专家报告	公司三楼会议厅	全体	李秘书	准备投影仪、录音设备
	中午	12：00	午餐	公司榕轩餐厅	全体	刘秘书	自助餐

续表

日期	时间安排		内容安排	地点	参加人员	会务组负责人	备注
	时段	时间					
9月16日	下午	1：30—4：00	分组讨论	一组：二楼1号小会议室 二组：二楼2号小会议室	全体	一组：王秘书 二组：李秘书	准备记录本
		4：00—4：30	茶歇	三楼大厅	全体	刘秘书	茶点
		4：30—5：30	大会发言	公司三楼会议厅	全体	李秘书	录音设备
		6：00	晚宴	鸿雁酒店三楼金色大厅	全体	刘秘书 钟秘书	
		7：30	离会			王秘书 钟秘书	

3. 会议议程与会议日程的区别

会议议程与会议日程都是关于会议活动顺序的安排，区别在于：

会议议程是会议议题性活动即会议所要通过文件、解决问题的总体的、概略的安排，列入其中的内容一般是会议多项任务中最主要、最能体现会议职能和成果的部分。其主要作用是使与会者对会议主要内容心中有数，以便提前做好准备。议程一旦确定，不得任意改动。

会议日程是会议各项活动（包括辅助活动）在会期以内的每一天中具体的、详细的安排，一般以上午、下午、晚上三个时间段为单位。其主要作用是使与会者和会务工作人员了解会议活动的具体进程。若遇特殊状况，其内容可做适当调整。

（六）确定会议时间

会议时间的策划涉及两个方面：一是指什么时间召开会议；二是指会期的长短。策划会议时间时应注意时机的选择，需要注意的是：

1. 确定召开会议的时间，准备充分，考虑周到

一是要考虑讨论问题的时机是否成熟，解决问题的条件是否具备。如会议的各项组织和准备工作是否能够完成，学术会、论证会等的与会者是否有足够的时间准备提交相关文件或发言材料。既要避免因时机未到而影响会议效果，也要避免因拖延不议而贻误工作。

二是要考虑出席会议的主要领导者、嘉宾、报告人的行程与会议的时间能否协调一致，以免相互冲突而影响会议进程。有些时候，即使无法做到所有人都能有时间参会，也应选择关键人物和大多数与会者都能到会的时间。

三是要考虑召开会议的时间是否科学合理，是否有利于推动工作。应实行统一审批协调制度，统筹安排单位内准备召开的会议，避免各会议之间在时间上相互冲突。此外，会议时间应符合人的生理和心理规律，比如，根据行为学的研究成果，上午10：00—12：00或下午1：30—3：30是一天中精力最充沛的时间，最适宜召开需要集思广益、各抒己见的会议。会议也应尽量避开繁忙的工作日、民族风俗日、宗教日，避免其他社会组织重大活动的影响。

2. 确定会期的长短，适当精简会议活动，提高效率

会议时间的长短与会议的成本和效率是密切相关的。因此，在满足会议需要、实现会议目标的前提下，合理地压缩会议时间，往往可以有效降低会议成本，提高会议效率。一般要注意以下几个问题：

一是精简会议活动。在预测各项议程能够完成的前提下，尽量做到开短会、讲短话，力戒空话、套话，简化会议议程，提高会议实效。

二是严格会议纪律。通过签到、请假、代出席等制度措施，保证会议准时召开。通过建立会风督查机制，有效制止迟到、早退、缺席的现象。

三是进行必要限制。会议应做到开门见山，紧紧围绕议题讨论。必要时可对发言人数和发言时间进行限制。一般性的会议交流，已发书面文件就不必照本宣读。应杜绝重复性发言、离题性发言与长篇大论的发言。

需要说明的是，由法律法规以及由组织章程或议事规则明确规定会期的，应当合法合规，严格按规定的会期召开，非特殊情况不得提前或推迟。

（七）选择会议场地

会议场地包括两个层面的内容：一是指会议所在地点（城市或地区），二是指召开会议的具体场所。会议场地的选择直接影响着会议的效果和会议目标的实现，是会议策划工作的一个重要环节。场地要根据会议的规模、规格和内容等要求来确定，合适的会议场地是会议取得成功的重要保证。

1. 会议具体场所的选择

选择最佳的会议场时所应综合考虑以下因素：

（1）空间大小与会议规模是否相宜。

选择会议场所时，需考虑其空间是否适当，即场所可容纳人数的多少与参会人数是否相当。若场所过大，显得松散、空旷、不紧凑，不但造成浪费，还易使会议气氛过于冷清；若场所过小，显得拥挤、压抑、不大气，不仅使与会者感觉不舒适，也会影响会议效果。对于有重要领导者或贵宾出席的会议，还应考虑是否有一间大小适中的休息室或贵宾会见室，且与会场的距离不宜过远。

（2）成本费用与相关规定是否相符。

会议场所的规格（装潢水平、配套设施、服务功能等）直接影响着会议经费的支出，因此，选择会议场所时，尤其是安排一些跨省区的会议的场所时，要切实从会议主题和会议本身的需要出发，依据会议经费预算，在保证会议效果的前提下，本着经济实用、确有必要的原则去选定，其成本费用不与党和国家的有关规定相悖。提倡节约简朴，能用简易会场满足会议需要，绝不租用高档高价的会场，反对奢侈、铺张、浪费。

（3）设施配备与会议需求是否相适。

不同的会议对会议场所的设施需求不尽相同，选择会议场所时，首先要考虑会议必需的基础设施是否齐全。会场内，除必备的桌椅用品、空调设备、照明设备、扩音设备、通风系统、消防设施外，会场的通信设备（电视、电话、网络等）、卫生设备、录音设备、录像设备、放映设备（投影仪、LED 屏）、安保设备等也都需要考虑。会场外，应考虑是否有适应会议规模的一定面积的停车场。

此外还应考虑会场所具备的设施是否适用。例如：设施的性能是否良好，尤其是有些使用频率不高的设施或使用时间较长的设施，能否被有效应用于本次会议。又如若需增加会议特殊设备，原有的设备是否适用和与之兼容。若有必要，应准备好备用设施，以备不时之需。

（4）交通状况是否便于与会者到会。

会期超过一天，需要与会者住宿的会议，要考虑会议场所与住宿地点的交通是否便捷。

一方面，需考虑交通的畅通程度。如有些路段常常处于出行不畅的状态，堵车状况堪忧，若将会场安排于此路段，或此路段为通往会场的必经之路，将增加会议的不确定因素，较难保证与会者按时参会，影响会议的顺利召开。

另一方面，需考虑会场与住宿地点的距离、主会场与分会场之间的距离是否适当。一般来说，理想的情况是会场与住宿地点位于同一家酒店，否则就应考虑两者之间的距离近一些，以免与会者疲于奔波，既浪费时间，又耗费精力。

（5）安全性能与会议要求是否相适应。

会议场所的安全性能包括两方面的内容：

保密性好。机密性的会议对会场保密性的要求很高，会场往往要有较强的隐秘性，有良好的隔音效果，要易于布置安全保卫工作，便于进行会场内外的安全检查，以防会议机密信息泄露、会议机密文件丢失。

安全性强。一是政治安全。会议场所要防止出现危及与会领导者和其他人员安全的人为因素，保障安全性。二是环境安全。首先，会场本身应没有安全隐患，电器电路可靠，消防设施（消防栓、烟雾报警器、喷淋装置等）齐全，消防通道畅通，紧急事件逃生出口和程序标记明显，配备保险箱，配备常驻医生等。其次，会场外部应没有干扰，空气质量较高，气候较宜人，环境较清净，尽量避开噪声严重的闹市街区、生产或建筑场地。

（6）服务水平能否满足会议所需。

优质的服务是成功举办会议的有力的后勤保障。一些大型会议选择会议场所时，除了需考虑会议现场因素外，还要将会议生活因素考虑在内。如宾馆的客房数量、客房价位、房间设备、客房管理水平和服务质量、快速入住和结账离店手续等，住宿地周边的商务中心、健身设施等，餐厅的餐饮服务质量、信誉等。此外，还应明确会议场所可供使用的时间是否能满足会期的实际需要。

2. 会议所在地点的选择

筹备区域性会议时往往涉及会议所在地点的选择，选择理想的会议所在地点应综合考虑以下几个问题：

（1）交通是否便利。

指从与会者的位置出发，到达会议目的地的航空、铁路、高速公路客运等通道是否畅通，交通工具是否便捷。

（2）能否突出会议主题。

为不同风格和性质的会议选择适合的地点才能使会议取得理想的效果。政治、文化、经济中心城市，因其城市形象和被认知度，往往更易产生良好的政治影响，营造浓厚的文化氛围，获得最佳的经济效果。在与会议级别相称的前提下，选择在某方面有一定渊源的地点举办会议，将更有利于突出会议的主题，营造良好的会议气氛。

（3）自然条件是否有利。

自然条件虽为不可抗力因素，但在选择会议所在地时，也应尽量将其考虑在内，提前加以关注。如有必要，应提前与气象部门联系咨询，以免因自然条件恶劣而影响会议的进展。

由此可见，会议场地的策划应细致、用心，必要时可列出清单，明确会议对场地的每一个细节需求，再据此进行实地考察，最终选择最佳的会议场地。值得提倡的是，如果条件允许，内容适宜，用电视机、电话、电脑等通信终端连接各分会场，以电视、电话、网络会议的形式进行信息传递和沟通，将更有助于提高会议效率，精简会风。

（八）拟定经费预算

为了保证会议取得最佳效果，将会议成本控制在合理范围内，会前应根据会议的规模和日程安排制定会议经费预算，如会议费、培训费、资料费、食宿费、交通费等。

（九）策划宣传报道工作

宣传报道是会议策划工作的有机组成部分。会议的宣传报道工作做得好，可以扩大会议的知名度，使会议精神和决策深入人心，树立领导机关或主办单位良好的社会形象，扩大会议的影响力，为会议的成功举行营造积极的舆论氛围。重要的会议如各阶层代表大会、博览会、招商会等在会前做适当宣传，会取得更好的效果。会议宣传报道有内部宣传和外部宣传两种基本途径：

1. 内部宣传

内部宣传即有效运用组织内部的各种宣传渠道，开展各种形式的宣传报道。可通过单位内部的广播、电视、网站、论坛、橱窗、展板、刊物、简报等载体，以动员会、集体学习、讲座等形式，宣传会议的目的和会议的精神。需要编发简报的，秘书应协调督促编写人员，求新、求实、求短、求快，迅速反映会议上值得注意的动态与问题。要坚持少而精的原则，注意控制期数、份数和分发范围。

2. 外部宣传

一是策划通过新闻媒体进行宣传报道的活动。由秘书直接或协助拟写新闻报道稿件，经领导审阅后，向有关新闻机构发送，或拟定邀请的记者名单，待召开会议时驻会随访，择机发布消息。必要时，也可以策划召开新闻发布会或记者招待会，邀请各新闻单位和有关方面参加，由会议领导者或新闻中心发言人回答记者的提问。会议新闻报道一要迅速及时，讲求时效性；二要及时向新闻记者提出宣传会议精神的要求和建议，请记者准确反映会议要求以推动会议精神的贯彻落实；三要在发布前送领导者审核，以免出现偏差或错误。

二是策划邀请群众直接参与的宣传活动。如邀请群众以旁听的形式参与立法会议、决策会议和调查听证会议，这是行之有效的宣传会议精神、完善会议决策的手段。

此外，通过广播、电视、报纸、网络等媒体刊登会议广告，张贴会议宣传海报，向社会公开征集会徽和标语等，也是外部宣传常用的方式。

（十）安全保卫及后勤工作的落实

1. 会议保密工作

为确保各类会议召开期间所涉及的各项机密的安全，防止损害党和国家、地区、单位的利益，防止给有关企业或商业组织造成无法挽回的经济损失，有必要在会前根据会议性质和内容对会议的保密工作进行周密的策划安排。策划保密性会议主要需考虑以下几个方面的要素：

（1）会场的选择。首先，要考虑到会场的位置，避开繁华的街区等人员密集性场所，也不应选择临街、临过道等环境开放性场所；其次，会场基本设施的隔离、屏蔽等功能要良好，以免声音和信号外泄；最后，要注意会议筹备期间不外泄会议地点等信息。

（2）人员的限定。一方面，对与会者的范围和各项资格条件严加限定；另一方面，必要的工作人员也要经过严格选拔。此外，要保存好经领导者审核后的与会者名单，防止外泄。

（3）设备的选用。必要的器材，如扩音机、录音机、录像机、照相机、电话、传真机、电脑、签到机、复印机等，要指定可靠的会务工作人员使用和管理，应尽量选用保密会议专用器材，否则一定要进行加密处理，经过严格的安全检查后，方可使用。

（4）文件的印发。属于保密范围的各种会议文件（如会议通知、议程、出席名单、备选的决策方案等）的草案或讨论稿，从起草到印制的过程都要采取一定的保密手段，防止文件内容外泄。对于会议上需要使用的保密性文件，在发放时，应当实行严格的签收制度。需要清退的保密文件，为防止与会者擅自将文件带走，在分发的同时，应附上一份文件清退目录，以便会后严格按目录清退。

（5）人员的进出。策划具有保密性质的会议时，要安排落实专门的人员，利用专门的检测手段或设备，对进入会场的人员实行严格的检查。一是检查与会者是否佩戴会议证件，无证件者不得进入会场；二是检查与会者有无随身携带录音录像及其他通信设备，若有，则向其说明规定后，帮其妥善保管，会后再予以归还。

（6）宣传把关。保密性会议在策划时应事先确定报道的方式、传达的范围等，要指定专人对所有的宣传报道文稿进行统一审查把关，统一宣传报道的口径，严防报道泄密。

2. 拟定会议安全管理制度

大中型会议要加强会议安全管理，策划会议时，要考虑拟定会议安全管理制度和应急方案，保证会议的安全，随时应对各种突发事件。做好与会者人身和财产的安全工作，做好重要文件资料、各种设备用品、会场环境等方面的安全工作。

3. 安排后勤服务工作

召开会议，后勤工作是保障。策划会议时应周到、细致安排好各项后勤服务工作。

（1）生活服务。

安排专门人员负责与会者的住宿、就餐、饮水供应等事项。

（2）车辆服务。

做好停车场的调度，根据会议规模和与会者的驻地情况，适当、合理地配备会务用车。

（3）医疗卫生服务。

大中型会议人员集中、活动频繁，策划会议时，要考虑安排专门的医护人员，并制定保障饮食环境卫生安全的措施。

知识链接 办好大型国际会议，有哪些重点环节？

办好大型国际会议，能起到助推事业发展、讲好中国故事等作用，以我们曾举办的首届世界职业技术教育发展大会为例，主要应做好以下七个环节的工作。

一、明确会议主题和目标

办好大型国际会议，必须高度重视、高度聚焦、高位推进。

一方面，以我为主做好谋划。主题的确定应从广泛深入的调研中来，通过摸清国际趋势，确定我国的比较优势。首届世界职业技术教育发展大会基于24个驻外使领馆的专项报告，契合联合国倡导的可持续发展议程，突出我国职业教育与产业界、企业界和经济社会深度交融的发展优势，确立了“后疫情时代职业技术教育发展：新变化、新方式、新技能”的主题。

另一方面，充分运用国际规则和话语。首届世界职业技术教育发展大会围绕数字化赋能、产教融合、绿色技术、技能和减贫等七个国际热点词，按照“内容相互支撑呼应、时间安排略有错开”的原则衍生出14个相应的平行论坛，吸引国外嘉宾根据主体需求、区位时差自主选择参与。

二、协同组建会议专班

想要井然有序、从容不迫地完成紧急、重要的工作，一支专兼结合、优势互补的团队是关键。

一方面，强化统一协调。成立大会筹办领导机构，明确参与单位及职责；定期召开协调会议，倒排工期、挂图作战，推动筹办进入快车道，对重点工作逐一销账，确保任务落地。

另一方面，组建工作专班。注重发挥机关干部、抽调干部和专家团队各自的专长，把各方力量拧成一股绳，实现思想高度统一、模式高度创新、执行高度有效，将工作专班建成运转枢纽、参谋团队、后勤支撑。

三、周密制定会议方案

一是按照有关规定、程序合理安排大会总体方案和邀请、宣传等若干子方案，明确标准、责任、时间、地点等。

二是提前确定各平行论坛主题，准备好在同期活动播放的宣传片、发布的倡议或动员令等。首届世界职业技术教育发展大会同期举办“一会、一赛、一展、一联盟”，发布《中国职业教育发展白皮书》和大会共识性文件《天津倡议》。

三是启动形象系统设计，打造独有IP并申请注册专利，在会前的海报、邀请函，会中的主画面、宣传片，会后的汇编书籍、大会专刊等环节全面应用，固化视觉印象。

四是提前做好预热，通常会以新闻发布会的形式宣介大会的筹备情况、特色亮点等。

四、精心邀请参会嘉宾

参会嘉宾是国际会议的重要角色，邀请在相关领域内有影响力的嘉宾参会既能增强会议效果，又能助推形成会议品牌。嘉宾邀请方面，可采取重点邀请和广撒网相结合的方式，从不同角度向不同人群介绍会议主题。

首届世界职业技术教育发展大会，通过三轮征询最终确定了发言和参会嘉宾名单。第一轮由有关部门按既定比例推荐，向确定拟邀请的近200名各国发言嘉宾和现场参会的近500名各国代表发邀请函。第二轮针对缺席反馈，根据界别、国别、主题等进行定向补位，经报批后再次发邀请函。第三轮根据反馈情况再定向增补，最终确定名单，并设计报名系统动态跟踪、及时调整。同时，还要设计好重量级嘉宾演讲，保证影响力。除此之外，要为可能出现的各种突发事件做好预案。

五、做好会议文稿撰写

国际会议的文稿应注意以下三点：

坚持中国底色。着力通过中国故事、中国声音展示底蕴、突出内涵、提升形象。如此次大会发布的《天津倡议》开宗明义“职业教育是创造价值的教育”，表明我国职业教育的发展理念。

注意打开视野。紧密围绕会议的战略定位和主题内容进行，主旨报告、重要讲话、新闻通稿等各类文稿层次角度要有所区别，既要国际国内结合、顶层基层融通，又要有细节、有故事、有看头，让国际友人和各界同行有所共鸣。

注重中西合璧。既写出中国味道、中国特色，又对接国际话语体系，写出亲和力、共通感，精准、规范、恰当地运用政治语言、通俗语言等，确保文稿有里有面、有声有色。

六、确保现场万无一失

抓现场彩排。分批组织每项任务和每项分工的演练，全流程、全要素、真场景实地彩排，重要议程、关键环节专项强练。

抓开幕式。开幕式是一场国际会议的门面和第一印象，将设计好、组织好开幕式作为重中之重，考虑时差因素，对各环节反复推敲、精心实施，做到点位精准、时间可控，确保环环相扣。

抓现场服务。把握会场节奏，紧盯工作细节，对主持词、主旨报告、发言顺序等了然于胸，做好领导嘉宾的座位站位安排、引导登台以及现场秩序维护等工作。

七、抓好会议宣传转化

对国际会议而言，做好宣传工作十分重要，要以硬核、有辨识度、有传播力的宣传内容打造“拳头产品”，引导各类媒体以宣传矩阵“深挖富矿”，充分释放媒体的新闻报道优势。首届世界职业技术教育发展大会实现了众多网站平台媒体直播，呈现出了更好的现场效果。

最后，一场国际会议召开完，总结复盘和成果转化必不可少，特别是要针对会议形成的共识事项、创新机制、政策措施等，制定成果转化工作落实清单，切实把会议成功举办的势能转化为事业持续发展的动能。

资料来源：邱懿．办好大型国际会议的七个重点环节．秘书工作，2023（12）．

第二节　会议策划方案的制定

一、会议策划方案概述

任何会议的会务工作都要有针对性，明确会议的指导思想和任务目标，做到主题突出、要求具体。在内容较重要、会期较长、规模较大的大中型会议召开之前，会务工作机构要根据会议领导者的指示意图和整体思路形成完整、详细、周密的书面文字方案，将会议活动各项策划意图清晰呈现出来，这种关于会议基本事项的构想和各项准备工作的计划性书面形态，即会议策划方案或会议筹备方案，又称为会议活动策划书、会议预案。

会议策划方案由秘书起草后，须上报相关领导者审核批准，方可由会务工作机构协调分工，具体实施。

二、会议策划方案的内容

会议策划方案通常以条文式或表格式呈现下列内容。

（一）标题

完整的标题由“会议召开单位名称＋会议全称＋文种名称”构成。“会议召开单位名称”一般情况下可以省略，如“××市××××××会议策划方案”。“文种名称”可以根据实际需要使用“策划方案”“筹备方案”“策划书”和“预案”等。

（二）正文

开头部分简要介绍会议名称、会议目标和指导思想（依据、意义、必要性和可行性）、主办单位等。

主体部分逐项写明策划的具体内容，主要包括：会议议题，会议的起止时间（会期）、报到时间，会议地点，与会者范围（拟邀请的有关领导、嘉宾、出席和列席会议的人员）和会议的规模，会议议程和日程安排，拟设立的会议组织机构及各自分工，会场的规格及布置要求，会议拟采用的方式和技术手段，会议的后勤保障（食宿安排、车辆调度、安全保卫等）以及辅助活动的安排，会议的宣传方式，如召开新闻发布会、编写会议简报、邀请记者采访、发送新闻稿件等，会议经费的预算以及筹集经费的渠道和方式，以及其他需要说明和注意的事项与要求。

（三）落款

包括两项：一是制定策划方案的机构的名称；二是制定方案的时间。

例文

××市2023年第一季度产业大招商暨优化营商环境工作现场调度会议方案

根据市政府工作安排，定于2023年4月13日（星期四）召开2023年第一季度产业大招商暨优化营商环境工作现场调度会议。为确保会议顺利，特制定本工作方案。

一、活动时间

2023年4月13日（星期四），会期半天。

二、活动地点

（1）会议报到。

第一组

人　员：各县（市、区）政府分管营商负责同志、各经开区（园区）分管招商负责同志、各县（市、区）投资促进局和营商环境建设局主要负责人。

地　点：××酒店（××路）。

时　间：4月12日（星期三）18：00前自行前往××酒店报到。

第二组

人　员：市有关部门和单位分管负责同志。

地　点：市级行政中心一号楼2号门。

时　间：4月12日（星期三）16：00在市级行政中心一号楼2号门集中乘车前往××酒店报到。

（2）现场观摩。2023年4月13日（星期四）上午，对××县重点招商项目和工业企业进行现场观摩。

（3）集中大会。地点：××县行政办公中心政府8号会议室。

三、与会者（86人）

（1）市人民政府分管负责同志。

（2）市中级人民法院、市委军民融合办、市发展改革委、市科技与大数据局、市工业和能源局、市人力资源和社会保障局、市林业局、市农业农村局、市文化旅游局、市交通运输局、市市场监管局、市住房城乡建设局、市自然资源局、市水务局、市综合行政执法局、市财政局、市商务局、市政务服务管理局、市司法局、市地方金融监管局、市税务局、××海关、人行××市中心支行、××供电局分管负责同志；市投资促进局主要及分管负责同志。

（3）各县（市、区）政府分管营商负责同志、各经开区（园区）分管招商负责同志、各县（市、区）投资促进局和营商环境建设局主要负责人。

四、行程安排

4月12日（星期三）

18：00　晚餐（××酒店二楼餐饮部）

4月13日（星期四）

08：00　早餐（与会者对应的酒店）

08：30　集中前往××公司（车程约10分钟）

08：40　抵达并观摩××公司（观摩时间10分钟，请公司财务总监××汇报生产经营情况）

08：50　前往××公司（车程5分钟）

08：55　抵达并观摩××公司（观摩时间20分钟，请××经开区党工委副书记××汇报白酒产业发展情况，请公司副总经理××汇报生产经营情况）

09：15　前往××公司（车程5分钟）

09：20　抵达并观摩××公司（观摩时间10分钟，请公司副总经理××汇报生产经营情况）

09：30　前往××智能装备科技有限公司（车程5分钟）

09：35　抵达并观摩××智能装备科技有限公司（观摩时间10分钟，请公司董事长××汇报生产经营情况）

09：45　前往××县行政办公中心政府8号会议室（车程5分钟）

10：00　召开2023年第一季度产业大招商暨优化营商环境工作现场调度会议（约110分钟）

12：00　午餐（××酒店二楼餐饮部）

13：00　返程

五、工作要求

（1）参会回执。各与会者务必按照行程安排准时报到参会，并将参会回执（附件2）于2023年4月12日上午9：00前反馈至市投资促进局（联系人：××；联系电话：×××××；邮箱：××××××）。

（2）发言准备。市工业和能源局、市投资促进局、市税务局，××、××、××县政府进行现场发言，其余县（市、区）做书面发言，请相关单位于4月12日12：00前将发言材料经单位主要领导审定后报送至市投资促进局（联系人：××；联系电话：××××；邮箱：××××）。

（3）会议报到。由投资促进局负责、××县政府执行，严格按照“中央八项规定”要求开展好相关工作。

（4）活动准备。现场观摩活动由市投资促进局牵头，市机关事务管理局、××县政府配合落实：

● 随车联络：市投资促进局负责安排6名随车联络员负责现场观摩引导服务工作，并在会前做好培训。

● 车辆保障：由市机关事务管理局、市投资促进局和××县政府负责落实6辆考斯特中巴车负责交通保障。

● 线路优化：由市投资促进局牵头，指导××县政府对观摩线路进行优化。

（5）市投资促进局负责解决会议相关费用，含车辆租赁费、餐饮费，餐费标准为50元/人/餐，住宿费和差旅费由各自单位自行报销。

（6）所有与会者原则上不得缺席，确因特殊原因不能参会的，需向市政府分管领导请假，请一名熟悉情况的同志参加活动。

(7) 请市委宣传部统筹安排新闻媒体记者与会报道。

附件：1. ××市 2023 年第一季度产业大招商暨优化营商环境工作现场调度会议方案
　　　2. 参会回执
　　　3. 分组乘车安排
　　　4. 联络员名单
　　　5. 观摩点简

三、制定会议策划方案的注意事项

(一) 思路清晰，表述准确

会议策划方案作为会议各项筹备工作的依据，讲究准确性、条理性和严密性。方案的制定思路要清楚，思维要缜密，思虑要周到，不遗漏任何一个环节。要力求字词准确无歧义，表述周严不模糊，语言简洁不拖沓。

(二) 要求明确，措施具体

会议策划方案是会议筹备工作有序和顺利进行的有力保障，因此，会议的总体目标要阐述充分，方案的分解任务要界定明确，策划的措施和方法要具体、到位。

(三) 切实可行，留有余地

会议策划有鲜明的计划性和预见性，方案中拟定的措施和步骤要切实可行，提出的要求应实事求是，符合自身客观实际。同时，还应注意一些不可抗力因素可能会导致的变数，在制定方案时留有一定的余地。

(四) 程序规范，报请审批

会议策划方案的制定要遵循规定，符合程序。要具备事前请示报告的意识，提前报请相关领导者审核批准。

四、会议筹备工作的检查

会务工作头绪多、事务杂、任务重，为最大限度地避免纰漏和差错，确保会议如期、顺利召开，保证会议效果和质量，会议召开之前，有必要针对可能出现的问题进行再检查、再安排、再落实。对会议筹备工作进行反复检查，是使会议各项准备工作臻于完备、保证会议顺利召开的必要条件。会前检查可以及时发现问题，及时纠正差错，及时调整预案，有效防止会议策划过程中的一些纰漏恶化为重大工作失误，影响会议效果。

会前检查的内容包括会议筹备方案中的全部项目，主要有以下几种。

(一) 会议所需文件和资料的准备情况

会议文件准备得完备与否，直接影响着会议目标能否顺利实现。会议文件和资料如有差错，小则影响会议进程，大则引发严重的后果。因此，在发放给与会者之前，要对会议所需的所有文件和资料从起草、印制到分装、分发各个环节进行严格检查，逐一校对，严防内容、印刷、装订、分装等方面的任何疏漏和差错。

（二）会场布置与会议物品的准备情况

会场和会议物品的准备是会议能够正常和顺利进行的基本物质保证。会场布置或会议物品的准备任何一方面出现问题，会议都无法顺利召开。要检查会场装饰是否得体，会场布局是否科学，座次安排是否合理，会场布置是否合乎会议各方面要求，能否体现会议的主题等；检查是否有与会者的参会情况，如临时有变则需要调整，如与会者尤其是领导同志名牌的撤换、主席台位席的调整、讲话发言人员和内容的增减等，以防会议开始后出现空位、错位等尴尬局面；检查会场基本设施（麦克风、投影仪、空调、桌椅等）是否齐备且能正常使用。

会前安装和调试音响时必须认真检查以下事项：声音效果是否达到最佳，话筒是否够数，是否与主持人、讲话人、发言人的座位席相对应等，检查会议所需物品是否数量充足，等等。

（三）安全保卫工作部署和落实情况

对于会场环境安全、食品卫生安全、文件保密安全、车辆安全等，要按照会议策划方案中的部署，一一进行检查落实，将票证检验、交通指挥及主席台服务等工作人员定位到岗，落实到人。

以上内容，均应由会务工作人员亲自到现场进行实地检查，并将有关结果向领导者如实汇报，根据领导指示进行必要的整改。

【思考与练习】

一、分析下列案例，完成任务。

产城融合新地标！一起走进这座“未来学院”

在浦东御桥区域，一座美拉德色系的具有数字化元素与风格的建筑特别引人注目。作为市级元宇宙特色园区张江科学城数智天地的重要配套设施，“未来学院”正在成为这片区域智慧与思想碰撞、生活与休闲相融的核心地带。自投入使用以来，已有多场大型会议在这里举办。

搭建多元平台 服务数智天地

张江科学城数智天地是浦东数字要素产业空间布局中的重点区域。该产业空间中，“智慧源”“智慧谷”项目已交付使用，“御中心”“智慧云”“智慧湾”项目正在紧锣密鼓的建设中。于2023年金秋闪亮登场的“未来学院”，正处于中心位置。

“未来学院”不仅着眼于提供会务、沙龙和论坛空间，也着力于为在此就业和附近居住的人们搭建休闲、文化、生活的多元平台。此外，其与周边配套建设的商场、酒店、人才公寓等只有一街之隔，地理位置优越。B1层除了与遍布园区的地下通道相互贯通，未来亦可直达地铁11号线康恒路站。周边道路可直通中环、外环，形成了高效、便捷的交通体系。

形似摩斯密码 未来感十足

“未来学院”由国际顶级建筑设计公司贝诺建筑设计事务所操刀设计，外立面焦糖色的金属板运用了“点、线”密集结合的设计风格，形似摩斯密码。大体量的玻璃幕墙与线形框架巧妙嵌套其中，简洁利落又未来感十足。

“未来学院”地上共设有三层。

一层“未来厅”，建筑面积900平方米，12米的层高，视野开阔。整个大厅内，舞台、屏幕、灯光、音响、座位等设备配套齐全。舞台上宽21米、高9米的巨型高清LED屏堪比IMAX巨幕屏，可带来高品质、沉浸式的视听体验。

二层“源空间”，独特设计的可移动式墙体，能将整体400平方米的空间分隔为三个拥有良好隔音效果的独立区域。

三层“宏花园”是半露天的屋顶花园。200多平方米的开放式空间，绿植、卵石环绕，拼接木质地板，呈现了一个更为清新悦目、充满生机的场景，阳光从金属立面的“摩斯密码”中漏进来，映射在地面，充满了科技感，又兼具梦幻气息。

“未来学院”正致力于以其独有的功能性、服务性向外辐射“数智”能量打造更高效“人与未来”的交互场景。

资料来源：http：//sh. people. com. cn/n2/2024/0513/c134768－40842155. html.

练习：

随着科技的快速发展，会务工作必将越来越智慧化，“未来学院”只是一个开始。请拓展思路，创新思维，设想十年后你将怎样筹备一个数智化十足的公司年度总结表彰会，与同学开展讨论后形成一份会议策划书。

二、分析案例，思考问题。

樟树开展节水“光瓶”行动

“拒绝浪费水资源，带走喝不完的半瓶水”“出门自带水杯，减少瓶装矿泉水的使用”……近日，樟树市发出节水“光瓶”倡议，全面开展瓶装饮用水的节约利用，倡导形成节约用水良好风尚。

樟树市机关事务管理中心、市创文创卫指挥部向机关事业单位、宾馆餐饮场所和社会公众发布节水“光瓶”倡议，在全市开展节水“光瓶”行动。为全面加强瓶装饮用水的节约利用，该市针对不同行业采取不同措施，要求机关事业单位在召开会议、组织调研考察等活动时，鼓励自带饮用水、统一供应热水、提供小瓶装饮用水等，带头减少瓶装饮用水的使用。

针对宾馆、酒店、展览场馆等会务承办单位，樟树市要求建立健全节水管理制度，在醒目位置设置“光瓶”行动标志标识，提醒与会者带走未饮尽的瓶装水。前不久召开的樟树药交会、第四届全国中药材产业大会等活动，各大会场、宾馆餐饮场所均设置了“光瓶”行动标志标识，在公共场所大力倡导节约用水。

资料来源：http：//www. zhangshu. gov. cn/zssrmzf/gsgg07/202401/c9f26e32677d4345a581ad4d8cfa1ca1. shtml.

请从会务工作角度分析以上案例给你的启示，并深入思考在办会过程中还有哪些切实可行的环保举措。

三、实训：

背景：

你所在的学院要在“五四”期间召开表彰大会，表彰对象为本学院各系推举出的优秀学生干部、德才兼备的优秀学生。

要求：

1. 拟写出本次会议的策划方案，内容提示如下。

会议名称（及展现形式），时间（开会、入场），地点，规模，与会者范围及名额（领导、嘉宾、其他与会者），通知与会者（方式、时间），主持人（选定程序），会务工作人员分工（布置、机器、礼仪、秩序维护、签到），会议议程与日程，奖项设置，注意事项等。

2. 拟制出本次会议的经费预算。

3. 拟出会场简图（包括主席台座位、观众席分布、签到处）。

第五章
会前准备工作

【内容提要】

对于任何会议来说，会前准备都是最重要的环节。会前准备是否充分，考虑是否周到，安排是否细致，直接决定着会议能否取得成功，能否实现预期目标。本章从会议材料准备、会场布置与座次安排、发送会议通知与准备会议证件和物品、会前联络与沟通、生活服务准备几方面，阐述了会前准备工作的相关内容和注意事项。

第一节　会议材料准备

一、会议材料的含义与特点

会议材料指的是为了实现会议目标、满足会议需要、保证会议效果，用于传达会议任务、记录会议情况、反映会议要求、体现会议精神的文字材料。准备会议材料是会议准备工作的一项重要内容，准备是否充分到位直接关系到会议能否紧凑高效、进展顺利，能否取得圆满成功。大中型会议一般由文秘工作者或会务工作机构的文件组负责起草会议文件。小型或日常会议，主要由各职能部门准备文件，有的会议不必起草文件。

不同类型的会议材料各有其自身的特点，但从整体来看，会议材料主要呈现出以下几个显著特征：

（一）多样性

一次会议的成功举办需要多种多样的会议材料。从会前策划到会中组织和会后总结，涉及的会议材料有需要口头宣读的，有需要文字体现的；有需要内部传阅的，有需要外部传达的；有需要具体详细的，有需要简洁明了的；有需要会前制发的，有需要会后清退的；有提供给与会领导者使用的，有提供给其他与会者使用的……这些材料种类繁多、形式各异，既遵循着各自的规范，又呈现出各自的特性。

（二）时效性

会议材料涉及的种类多，材料准备工作任务重、影响大，有些材料必须在会前就发送到与会者手中。因此，会议文件从收集基础资料形成初稿，到提交审核、进行修改，再到印制、分装，每一个环节的工作都需要有极强的时间观念，保证高质、高效地完成所有会议文件的准备工作。

（三）重要性

会议文件往往是为明确会议目的、布置工作任务、辨明工作方向、指导工作方法、提出工作要求而准备的重要材料，在会议活动中发挥着不可替代的作用。议程和日程、会议通知、领导讲话、会议纪要等正式文件所发挥的作用固然是至关重要的，会议证件、会议须知、生活安排等材料也不容忽略。这些不同种类和形式的材料成为一个密不可分的整体，是会议的有机构成要素，没有轻重之分，它们共同对会议的成功举办发挥着重要作用。

（四）复杂性

会议材料往往数量大、形式多，从会议开始之前若干天就开始分发的文件，到会议进行过程中不同阶段所需要的不同文件，到会议结束之后需要形成的一系列文件，再到需要立卷归档的文件资料，每一份材料的完成都不是一件容易的事情。虽然材料工作如此繁杂，但只要有足够的责任心和耐心，就会取得理想的效果。

二、会议材料的类型

（一）按与会者接触材料的时间来划分

（1）会前发放的，如会议通知、会议议程、会议日程、上级指导性文件、会议须知、参会证件等，以让与会者了解会议基本信息（时间、目的、内容、要求等）为主。

（2）会中使用的，如主持词、讲话稿、责任状、工作报告等，以向与会者说明会议目的和重要性、明确方向、提出具体措施为主。

（3）会后形成的，如纪要、督查材料、新闻报道等，以向与会者宣传会议精神、强调与会者贯彻落实会议要求为主。

（二）按材料在会议过程中所发挥的功能来划分

1. 会议指导文件

是用以明确会议指导思想和起因缘由、提出会议目标和任务的文件，如上级会议的决议或决定、上级下发的政策性和指示性文件、本级会议的必要性和目的性等文书材料。

2. 会议主题文件

是阐述会议宗旨和要求或讨论通过的主旨文件，如主持词（开幕词、闭幕词），讲话稿，主题报告，专题报告，发言材料，需要审议通过的选举结果、决议、方案、章程等。

3. 会议程序文件

是说明会议有关安排顺序的文件，包括会议议程、会议日程、会议程序、选举程序、表决程序、会务手册等。

4. 会议参考文件

是为与会者提供的用于交流和参考的背景资料，如统计报表、技术资料、活动简介、年度报告、产品介绍、调查报告、学术论文、典型经验材料、代表提案、公务书信、群众来信、与会代表来信和各类来访的书面材料、各种讨论稿、有关参考书籍等。

5. 会议宣传文件

是用于发布会议消息、记载和传达会议情况的文件，如会议通知、会议记录、会议简报、新闻报道、会议纪要、传达提纲等。

6. 会议管理文件

是供与会者查阅和使用的管理文件和证件资料等，如签到簿，开会须知，议事规则，保密制度，分组名单，生活安排（食宿地点、作息时间、服务指南等），注意事项，证件等。

此外，除了上述文字材料，有些会议还需要提供实物或多媒体材料，如有关实物、图片、照片、录音、录像等。

知识链接　答好“三问”让会前谋划更有序

会议服务实践中，我们应不断总结、反复提炼，认真回答好会议前期谋划中需要重视的三个问题，努力提高参谋服务水平。

会议安排如何制定？

具有规律性、计划性、前瞻性的会议安排是服务市委会议顺利召开的前提之一。

以年度框架助力大事要事谋划。注重立足大局、对标对表，把学习宣传贯彻习近平总书记重要讲话和指示批示精神与中央、省委会议、文件精神作为市委会议活动的首要主题，确保中央决策部署落地生根。注重把握市情、结合实际，紧密围绕市委主抓的工作安排会议主题。

以月度主线聚焦急事难事破解。召开“4＋5”联席会议，安排四套班子秘书长和有关党委工作部门负责同志参加。通气通报、统筹协调全市重大会议活动，紧盯当前需要聚焦发力、重点突破的急事难事，为当月会议主题确定主基调。比如，2022 年 2 月，我们以重温习近平总书记 2018 年 2 月对我市横坎头村全体党员重要回信和实现“开门红”为月度任务主线，一方面，召开专题学习会，安排市级领导重温入党誓词、深入交流发言，营造良好的学习氛围；另一方面，召开全市开年动员大会、国土空间综合整治部署会、制造业高质量发展例会等会议，明方向、谋发展、促实效。

以每周主题瞄准难点堵点攻坚。市委秘书长牵头召开专题会议，以问题为导向，围绕需要重点突破的关键环节谋划会议主题。在具体安排上注重长短结合、疏密适当，为各级干部留出联系群众、解决实际问题的时间。将主题相同或相近的会议合并召开，参会对象相同或交叉的会议套开续开，没有实质性内容、简单以会议落实会议的，一律不开。

会议形式如何确定?

根据会议的不同目的，选择适合的形式。

上传下达开“快会”。对于中央、省委通过视频会议传达的内容，在会后召开续会进行部署落实，不再层层套开。对于有传达时效要求的内容，一般在会议结束后第二周安排市委常委会会议、有关领导小组例会进行传达学习。

推进落实开“实会”。将研究问题、征求意见的座谈会、协调会、推进会与走访、调研活动相结合，将会议开到项目现场、企业车间、基层一线，以现场办公提升会议效能。比如，组织“民生问政、服务问效”电视直播活动，相关部门主要负责人在问政席上一字排开、严肃应考，就群众、企业关心的痛点、难点问题进行现场解答。邀请“两代表一委员”、点评嘉宾就问题解答情况进行提问、评判、打分。

应对急情开“活会”。构建“全天候、多层级、跨地域”的视频会议服务体系，在疫情防控、防汛抗台等紧急状态期间，通过视频连线、远程座谈等形式布置工作、处置险情。

会议方案如何设计?

对会议方案进行反复梳理、细致打磨。

确定参会对象。严格控制参会人数，中央及省委视频会、文件精神传达会等有明确参会范围要求的会议，不随意扩大参会范围。工作部署类会议，只安排受领任务、推进落实的部门参加。由议事协调机构召开的会议，严格控制列席范围，一般不扩大到非成员单位。无属地相关责任，一般不要求区（县、市）党政主要负责人参加。涉及重点问题解决、重要项目建设、重大政策出台的会议，适当扩大参会范围，视情况邀请科研院所专家学者、企业代表、基层群众列席会议、建言献策。

优化会议议程。一般性会议时长不超过90分钟，不设置交流发言环节，确需发言的，发言单位不超过5家，每人发言时间不超过6分钟。发言时，一般要求发言人员脱稿并自主播放PPT配合演示。原则上只安排1位领导讲话，时间不超过40分钟，主持人讲话不超过10分钟。颁奖、授牌、签订责任状等特殊议程，做到有序组织、确保效果。

灵活安排会场。根据会议的主题，从会议效果考虑，灵活安排会场布置。比如，会议座位安排把基层组织摆在前、让一线干部坐在前、使企业代表更靠前，营造温馨而热烈的会议氛围。

资料来源：宁波市委办公厅秘书二处．答好三个问题 提升会议谋划能力．秘书工作，2023（2）.

三、会前需要准备的材料内容

（一）印发类

指的是会议正式开始之前，面向与会者先行印发的材料：

一是用于向与会者传递会议的基本信息的材料，如会议通知、会议议程和日程等，以便与会者提前做好心理准备，安排好手头工作，准备好会议所需资料。

二是为与会者参会期间的生活提供服务的材料，如参会证件、会议回执单、生活安排、分组名单等，便于会务工作机构安排会议接待工作，也便于会议期间的管理。

三是用于向与会者传达会议的要求和规则的材料，如会议须知、上级指导性文件、会务手册、选举程序、保密制度、议事规则等，以便引导会议朝着既定的方向顺利进行，以科学性、规范性和有效性保证会议的质量和效果。

四是为与会者的讨论、发言、审议等提供参考的材料，如统计报表、技术资料、调查报告、活动简介、规划、章程、代表提案、工作方案等，以便与会者了解基本情况和有关背景。

（二）宣读类

指的是为有关领导者在会上宣读而准备的一系列材料，如主持词（开幕词、闭幕词、祝词），讲话稿（发言讲话、总结讲话），报告（汇报提纲、主题报告、专题报告），指导方案等。这类材料有时由秘书或文件组起草初稿，交由领导者审核后使用；有时则是由领导者亲自拟稿，此时往往需要秘书为领导者收集并提供统计数据等基础材料。

需要明确的是，提前准备好这类材料，并非为了让领导者在会上照本宣科，而是为了提示主体思路，约束内容范围，控制宣读时间，让领导者的致辞取得良好效果，让领导者提出的意见更有科学性、客观性和指导性。

四、准备会议材料的步骤

准备会议材料包括基础素材、统计数据及典型材料的收集和整理，会议须知、议题说明、日程安排、领导讲话、工作报告等文件的起草与修改，所有文字资料的印刷与分发等。不同类型的会议需要准备的会议材料在内容上和要求上都有所区别，总体来说，都要经历以下步骤（见图 5－1）。

在搜集资料阶段，秘书可以查阅以前相关会议的记录和各类资料，向会务组织机构成员、与会者以及其他有关工作人员寻求信息、征求意见，作为筹备会议的参考。日常工作会议的文件和相关材料，主要由各职能部门起草准备。秘书部门应于会前一定时间内通知有关部门报送会议文件，并根据领导者意图和会议要求对文件内容和质量进行初审，再交有关领导审核，所有会议文件必须经过批准后才可以发送给与会者。

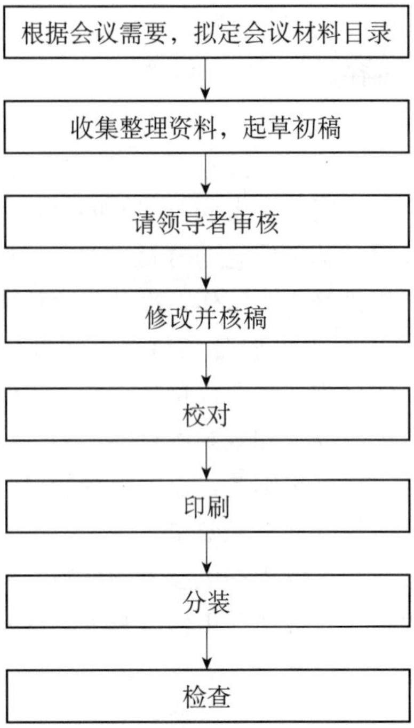

图 5－1　准备会议材料的步骤

五、准备会议材料的注意事项

（一）准确领会领导者意图，把准会议脉搏

领导者的思想意图往往代表着一个单位、一级组织的意图，反映到会议上，就是会议的目标、任务和要求，每一个会议都有着鲜明的目的性。因此，在准备会议材料时，要力求准确、深刻、全面地领会上级的指示精神和本级领导者的意图，明确会议的主旨和指导思想，把准会议的方向，有的放矢，将领导者的意图具体化、深入化、文字化。

（二）广泛征求相关意见，摸准下级情况

会议材料要体现会议主题，也要切合客观实际。因此，在准备材料的过程中，除了要吃透上情，还要摸准下情，充分调查研究，深入了解实际情况，广泛征求与会各有关单位、部门和人员的相关意见，集思广益，收集更为具体的、多向的、深层次的材料，为会议形成科学的、正确的决策奠定基础。征求意见可以用发放征求意见稿的书面形式，也可以用召开座谈会的现场形式。

（三）考虑周到全面，兼顾各方需求

为了更好地服务材料的使用对象，会议材料的准备工作要尽可能从细节入手，考虑周到、全面，兼顾领导者、与会者各方的实际需求，兼顾会议的共性要求与材料使用对象的个性需求。如在分装数量较多的材料时，可以制作一份文件资料目录，标注页码，将所有文件资料按目录所示的顺序排好。一种是按文件性质分门别类；另一种是按在会议上使用的时间依次排放，再统一放在文件袋中，方便与会者查找和翻阅。又如在起草宣读类的材料时，在内容侧重和表达习惯上，应尽量符合宣读者的习惯风格，同时兼顾宣读的场合和听众的层次。

（四）合理安排内容，增强可读性

无论哪一种类型的会议材料，都应具有可读性、可用性。具体来说：

从内容上看，要“实”，讲求质量，做到言之有物、信息量充足，力戒空话、套话和大话。如以传达交流为目的的材料，要重视联系实际，传递交流信息和思想；以贯彻执行为目的的材料，要以落实为本，侧重具体安排、措施和办法。

从形式上看，要“简”，讲求效率，做到短小精悍、简洁明了，避免长篇累牍、层次不清。如有的问题能用图表和数字说明的，就不用文字赘述；有的内容该分列条项的，就不囫囵堆砌。

（五）认真查缺补漏，留有余地

无论会议材料准备得如何充分，会务工作人员也要将会议进展在头脑中进行预演，逐条逐项审视，防止内容缺漏；逐字逐句校对，确保文字准确；逐页逐份核查，避免印装失误。只有如此严谨负责、耐心细致和一丝不苟，才能把这项工作做得更好，避免出现差错。

此外，材料准备在数量上、时间上都要留有一定的余地，既不能少发、漏发，更不能多发、滥发。按照与会者名单足额印制，保证与会者人手一份；按照会议的时限要求提前分发，保证与会者准备充分，也避免因在会场上分发而干扰会议秩序。当资料阅读量较大、要求较细时，要至少在会议前一周发给与会者。重要的发言，要事先印出发言稿分发给与会者。需要清退的材料或保密性质的文件，要在分发时就编号、登记，并附上一份文件清退目录或清退要求的说明，防止因没有提前说明而造成重要资料和信息外泄。

会议资料的准备工作要达到上述几点要求，还需要平时注重材料的积累，留心观察生活，重视调查研究，对本地区、本行业、本单位、本部门以及相关业务部门的有关情况都做到心中有数。

知识链接　大型会议档案收集整理“三步走”

2021年7月，习近平总书记对档案工作做出重要批示，强调“要把蕴含党的初心使命的红色档案保管好、利用好，把新时代党领导人民推进实现中华民族伟大复兴的奋斗历史记录好、留存好”。做好大型会议筹办过程中形成的档案的收集整理工作，为下次会议的组织筹办提供第一手素材资料和重要参考，需重点关注“三步走”。

第一步：负责会议筹办的工作组成立后，需第一时间研究制定会议文件材料归档工作制度。制定归档工作制度时应注意把握以下重点。

明确承办人责任。会务工作承办人对经办会议的组织或办件流程最为熟悉，对做了什么工作、形成了哪些材料、研提了哪些建议、领导者有何批示与要求等最为了解。由承办人梳理办件材料、分类整理归档，可以有效确保档案齐全完整、科学有序。

给出具体翔实的操作指南。归档工作制度中宜采用直接列出存档要素、细致明确整理要求等方法，承办人“按图索骥”操作即可迅速上手。

以筹办领导小组会议为例，常规的有会议请示、通知、安排、名单、席次、讲话（含领导者修改的花脸稿）、主持词、会议文件、会议纪要等存档要素，有的还包括与外单位沟通对接的往来文件。

一场会议结束后，承办人应逐一对照存档要素核对收集相关文件材料，确保归档文件材料齐全、准确、规范。

宜用通俗易懂表述。关于档案收集、排序、著录等环节，归档工作制度中宜用大白话代替档案专业词句，使承办人不用过多琢磨即可理解掌握。

加入自查动作。归档工作制度中还应详细列出自查选项，如是否按相应会议要素齐全收集、每件档案的内容是否完整等，由承办人逐一对照自查，确认完成后进行勾选。

第二步：强化过程管理，做到“随办随收随整理”，从源头上抓好档案工作。

加强培训，强化档案意识。工作组人员到位后，应及时组织开展会议文件材料归档业务专题培训，由档案员对档案收集的范围、责任主体、流程及注意事项等进行讲解说明，重点对归档工作制度进行详细解读，必要时使用PPT或者现场实操演示等方式，增强培训的参与感、画面感，帮助大家更好地认识档案、理解档案、亲近档案，形成“及时收集、规范整理”的良好档案意识和工作习惯。

加强督促，落实全过程管理。档案员应通过组内碰头会、日常沟通等方式就会议文件材料归档进行提醒。承办人应在一场会议结束或办件办结后及时对相关文件材料进行收集整理归档，确因手头工作忙碌暂时难以完成归档任务的，可提出延期申请，但要限定归档时间。对已办结完一段时间的文件材料，档案员要及时向承办人进行催收移交。

加强沟通反馈，整理共性疑问。档案员应对各承办人交来的归档文件材料加强审核把关，发现不准确不规范的地方及时反馈修改，减少后期不必要的返工。

在此过程中，可对档案收集整理过程中普遍存在的问题和共性疑问予以汇集整理，编写档案整理注意事项，发承办人进行工作提醒。

第三步：保障后续档案检索利用的精准定位和高效便捷，需开展好档案的“二次整理”。

梳理“行军图”，明确大致脉络。档案员应及时梳理整个工作组筹办工作的脉络和每场会议的组织实施情况，形成系统完备的归档文件分类。

一般而言，首先是制定总体方案、报批设立会务工作机构、明确人员组成、协调对接各方面相关档案，搭起“树干”；之后按照预备会议、开幕会、分组讨论、闭幕会等具体会议场次依次展开收集，穿插收集简报快报、保密、新闻、内部管理等相关档案，形成“树枝”。二者有机结合，筹办工作的全貌即可清晰完整地呈现出来。

集体“作战”，开展承办人复核工作。由档案员将前期收集的归档文件材料分门别类初步整理后返回各承办人，由承办人综合考量会议开展时间节点、归档文件材料重要程度等因素，进行再次梳理，认真细致查缺补漏。承办人完成梳理补充后，由档案员进行汇总审核，并报工作组相关负责人审阅，同意后正式移交档案部门。

资料来源：https：//mp.weixin.qq.com/s/1FxaVp8ES4sEAgk90K9f5g.

第二节　会场布置与座次安排

一、会场布置与布局

为满足会议的需要，确保会议的有序性，创设与会议性质和议题相适应的会场氛围，应对会场进行必要的装饰，科学利用场地，合理安排座次。

（一）以必要的装饰营造会场气氛

会场装饰同整个会议的效果有着密切的联系。它根据会议的内容，通过运用一系列蕴含和昭示主题的文字、图案、色彩、实物等装饰物来渲染会议的气氛，调动与会者的情绪，增强会议的氛围，实现会议的目标。

会场气氛同会议的内容要协调一致：代表会议会场要严肃隆重，庆祝会议会场要喜庆热烈，追悼会议会场要庄重肃穆，座谈会议会场要和谐融洽，纪念会议会场要典雅大方，日常工作会议会场要简单实用。

会场装饰的主要内容有：

1. 会标

会标即直接以会议全称为信息的文字性标识，用于正式的、隆重的会议。会标根据会议需要制作。会议名称确定后，经确定内容（字体）规范无误，应提前以横幅形式悬挂于主席台上方的沿口或布景板上，或用计算机制成幻灯图片，映射于天幕上。会标应当醒目，其格调（色彩、字体、构图、材质等因素）要与会议的主题相一致，其表述要避免歧义和含糊。

2. 会徽

会徽是最能体现或象征会议精神的图案性标识，一般悬挂在主席台的天幕中央。会徽一是来源于本组织的徽志，如党徽、国徽、警徽；二是来源于主办机构的徽志；三是向社会公开征集。

3. 旗帜

为了增加会议的庄严或热烈的气氛，可在主席台及会场内外升挂旗帜，适用于隆重的会议。

4. 灯光

灯光设计是指给会场营造不同视觉效果的灯光的强弱、明暗及颜色的布置。一般情况下，宜使用白炽灯和日光灯作为会场的照明光源。要注意掌握好主席台与台下代表席光线亮度的比例，既要突出主席台的地位，光线反差又不能太大。

（二）依会议目的选定会场形式

1. 会场的整体布局形式

会场的整体布局是指与会者座位的摆放形式，要根据会议的规模、风格、气氛和目的来确定，同会议的效果有着密切的联系。

常用的会场布局形式如表 5－1 所示。

表 5－1　　四种会场形式的适用情况表

会场格局	会场形式	适用会议	优点
相对式	“而”字形、礼堂形	大中型的报告会、总结表彰会、代表大会等	会场场面开阔、较有气势，会场气氛严肃、庄重
全围式	圆形、长方形、椭圆形、多边形	小型的座谈性、协商性等类型会议	营造融洽、和谐的气氛，体现平等、尊重的思想，便于与会者相互熟悉了解，充分交流思想、沟通情况。也便于会议主持人细致观察每位与会者的意向、表情，及时准确地把握与会者的心理状态，并采取措施引导会议向既定目标发展，或根据实际情况调整目标，保证会议取得成果
半围式	马蹄形、T 字形、桥形	中小型工作会，桥形尤其适于述职、听证等会议	既考虑到主席台地位的突出，又增加了融洽的气氛
分散式	圆桌形、方桌形、V 字形	规模较大的联欢会、茶话会、团拜会等	一定程度上突出了领导者和嘉宾的地位，又为与会者提供了多个谈话、交流的中心，营造轻松、自由的气氛

（1）相对式：主席台和与会代表席上下相对、面对面，多以“而”字形（见图 5－2）（也称教室形）和礼堂形（见图 5－3）布局。“而”字形可针对不同的会议厅面积和与会者人数而具体安排，形式比较灵活，能最大限度地利用会场面积，利于与会者集中注意力。礼堂形在与会代表席中间留有两条以上的通道，一般专用于较大规模的会议，座位比较固定，不便于调整。

（2）全围式：会议领导者同与会者围桌而坐，不设单独的主席台。常见圆形、长方形、椭圆形、多边形布局（见图 5－4）。

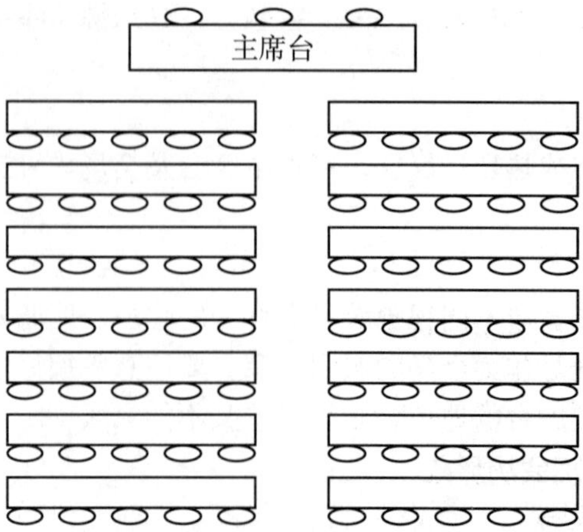

图 5－2　“而”字形会场形式

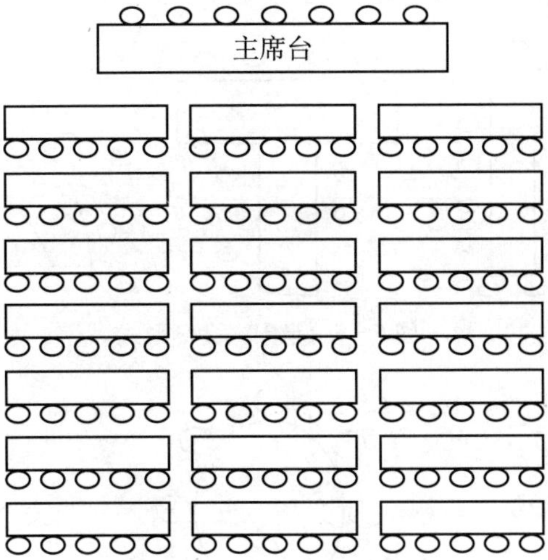

图 5－3　礼堂形会场形式

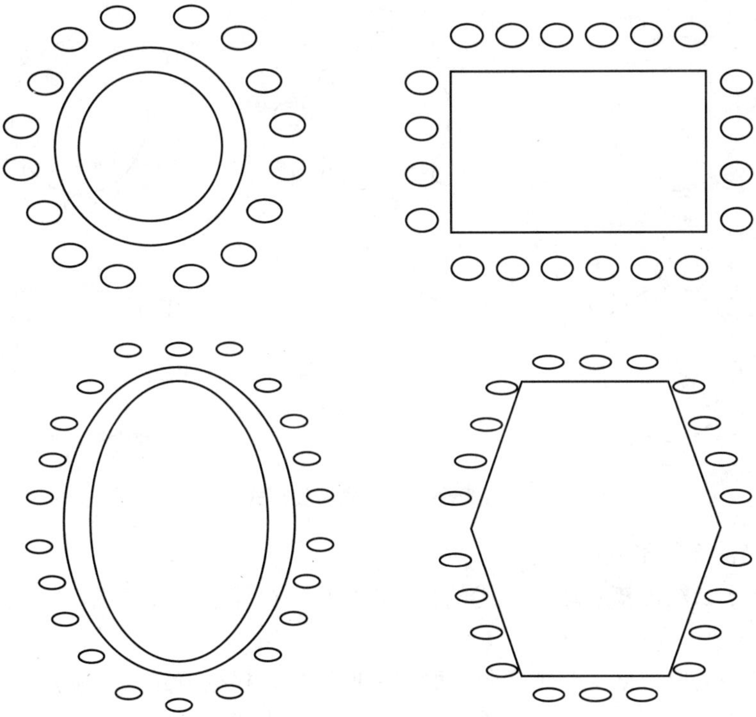

图 5－4　全围式会场形式

（3）半围式：在主席台的对面和两侧安排与会代表席，有马蹄形、T 字形、桥形三种（见图 5－5）。其中，桥形的桥面为主席台或评委席，被半围的是质询、述职、考评、听证、面试对象的席位。

（4）分散式：将会场座位分解成由若干个会议桌组成的格局，每个桌席为一个谈话交流中心，与会者根据一定的规则就座（见图 5－6）。其中，会议领导者、会议主席就座的桌席为“主桌”。会场前侧需安置落地的麦克风以便于主持人和领导者讲话。

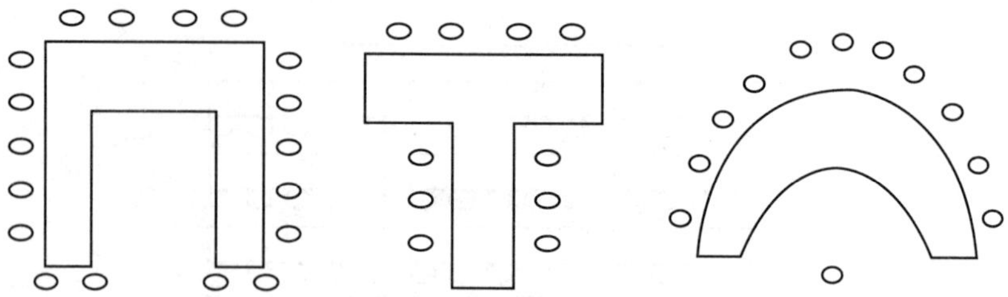

图 5-5 半围式会场形式

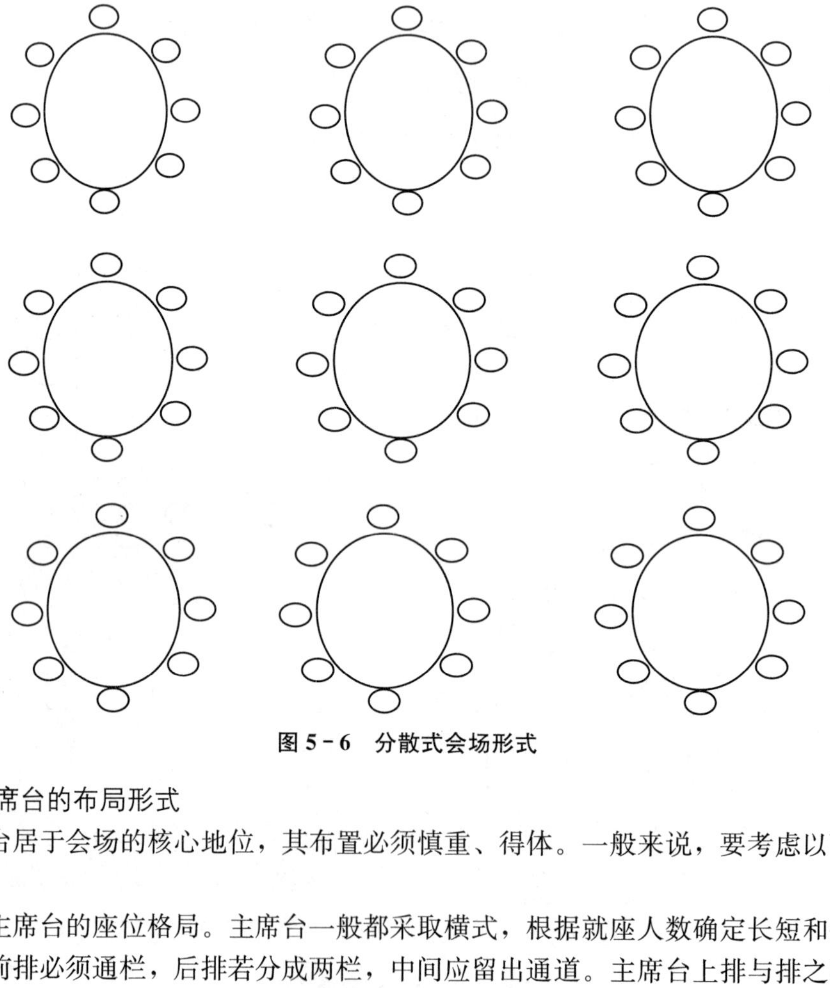

图 5-6 分散式会场形式

2. 主席台的布局形式

主席台居于会场的核心地位，其布置必须慎重、得体。一般来说，要考虑以下两方面问题：

一是主席台的座位格局。主席台一般都采取横式，根据就座人数确定长短和排数。当多排时，前排必须通栏，后排若分成两栏，中间应留出通道。主席台上排与排之间、座与座之间都应留有适当的距离，便于领导者入席与退席（见图 5-7 和图 5-8）。主席台前排的每个座位都应装有话筒，便于领导者讲话。

二是讲台的设置。重要的代表大会、报告会等均需设置专门的讲台，以突出发言人的地位和报告内容的重要性，体现会议气氛的庄严和隆重。一般情况下，讲台可设在主席台的中央或右侧（以主席台的朝向为准）。设在中央的，其位置应低于主席台，以免发言人遮挡主席台上领导者的视线。

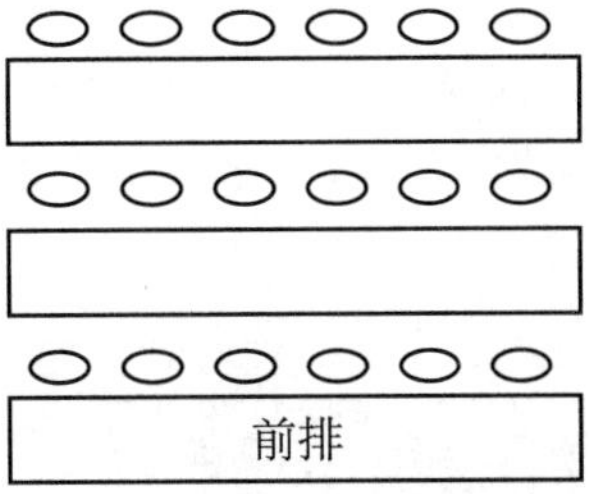

图 5-7　主席台的座位形式（1）

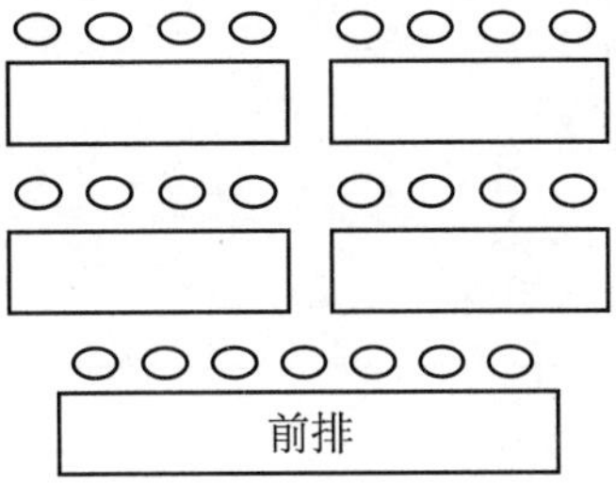

图 5-8　主席台的座位形式（2）

二、位席标识与座次安排

（一）准确进行位席标识

规模较大、人数较多尤其是代表资格或来源不同的会议，往往需要将会场中的座席按照一定的规律和科学的原则划分为若干个座区，让与会者分区集中就座。这种座区的划分有利于维持会场秩序和分组统计参加会议的人数，便于在会场内按代表团、小组或单位对会议的临时议题进行讨论或磋商，便于开会期间会议领导机构与各团组之间进行及时的沟通联系，便于会议文件的分发与当场清退。每个团组内部也应按一定的规则排列与会者的座位次序。

位席标识是指引与会者就座的各种标志。制作位席标识时，应严格按照座位名单和座次顺序布置，并仔细检查核对，确保准确无误。

常用的标识方法有以下几种。

1. 座位号标识

用于大型的固定会场，一般为楼层号、座区号（如 1 号区、2 号区或 A 区、B 区）、排列号、座位号。此种标识方法常需配合座次图，将事先印好的全场的座位分布及具体座次的图表张贴或悬挂于会场入口处，也可在与会者出席证上标明座次。

2. 团组座区标识

用于标识代表团或小组的座位区域，多以代表团或小组名称制成指示牌，置于该团组首座的前方或两侧。分散式座位格局的会场，可将桌签置于团组座位区域的桌上标识桌次。排列团组先后次序时，可采取以下方法：按法定的顺序排列；按团组名称的笔画确定，首字笔画数相同的，根据第二字的笔画数确定；按团组名称的汉语拼音字母顺序确定，第一个字母相同的，根据第二个字母确定；根据协商达成的约定顺序排列。

3. 席卡（名签）标识

席卡用于标识与会者的姓名，标签要双面书写，置于主席台或会议桌上的每个与会者面前。主席台上，确定就座领导者名字无误后将席卡摆放到人，大型会议席卡在正式召开前2小时摆放完毕。

知识链接　“动静结合”，做好引导服务

一些规模较大的重要会议，在召开当天要由专门工作人员为到达指定会场的与会者做引导工作，可以采用“动静结合”的方式。“静”即静态引导，指的是在沿途设置标明会场具体位置的路标提示语或指示图，在会议室门口张贴会场坐序图，在会场内摆放位席标识；“动”即动态引导，指的是由专门的会务引领人员指引与会者到指定的位置就座，也包括为迟到者及时引座。

（二）合理安排与会者的座次

1. 主席台的座次安排

由于主席台的座次安排涉及的是参加会议的领导者座位次序的安排，因此，这项工作非常重要和严肃，会务工作人员必须认真和谨慎对待，应该做到：

首先，严格按照会议领导机构确定了的名单次序安排座次。

其次，按照就座者的职务、身份、地位、资格排列。当主席台上就座的人数为单数时，将身份最高的领导者（或是声望最高的来宾）安排于主席台前排中央就座，其他人按先左后右（以主席台的朝向为准）、一左一右的顺序依次排列（见图5-9）；当主席台上就座的人数为偶数时，前两位领导者共同居中就座，第二位领导者坐在第一位领导者的左侧，第三位领导者坐在第一位领导者的右侧（见图5-10）。

右	7	5	3	1	2	4	6	左

图5-9　主席台领导者为单数时的座次排列（序号表示领导者身份的高低）

右	7	5	3	1	2	4	6	8	左

图5-10　主席台领导者为双数时的座次排列（序号表示领导者身份的高低）

主席台座次图表一般贴在休息室，秘书可提醒各位领导者到休息室时注意自己的座次。

2. 其他与会者的座次安排

中型以上的正式会议，一般要对会场内除主席台之外的其他人员座次进行排列。常用的方法有：

一是横排法，从左至右横向依次排列。

二是竖排法，沿一条直线从前至后依次安排座次。

三是左右排列法，先以会场主席台中心为基点，向左右两边交错扩展排列座次。排在第一位的居中而坐，以此为基点，其余的以居中者静态方位的左手方为第一顺序，一左一右，先左后右，依次排列。

总体来说，正式代表的座区应排列在前排或居中，列席代表安排在后排或两侧。特邀嘉宾除就座于主席台的以外，应安排就座在前排，以示尊重和欢迎。还可以根据会议需要，在会场两侧或后排专设旁听席和记者席。

座次的排列要细心谨慎、主次分明，避免差错。将会场的座次拟列好之后，也应提交领导者审核批准，方可确定会场座次图。

3. 会场的桌椅配置

会场的桌椅配置以方便与会者的会议活动为主。桌椅要充足，要讲究，使与会者既便于倾听，便于书写，便于发言，便于看到会议主持人和其后的屏幕，又便于临时出入。会议记录人可根据需要单独安排一张小桌子。

知识链接　解码两会：各代表团和列席、旁听人员座次如何安排?

全国人代会举行全体会议时，亿万人民的目光聚焦人民大会堂大礼堂。出席大会的35个代表团和列席、旁听人员都是按照什么座次就座的? 这里面又体现了怎样的用意? 全国人代会召开全体会议时，近3 000名全国人大代表在人民大会堂大礼堂一层就座。其中代表团负责人在第一排，其他代表按照姓名笔画顺序纵向排列。注意每个代表团就座的位置并不是固定的，而是每年都要轮换。35个代表团以7个为单位，中间的向两侧移动，两侧的再回到中间来。这样，一届人代会5年下来，各代表团都有机会在会场中间区域就座。代表团内每位代表的前后顺序也要轮换，坐在前面五分之一左右的代表，将轮换至本代表团的最后就座。这样5年下来，所有代表都有机会在会场前区就座。列席和旁听大会的人员基本都在固定区域就座。比如，香港特别行政区行政长官、澳门特别行政区行政长官在大会主席台就座；国务院组成人员等主要在一层会场就座；全国政协委员通常在二层就座。与会者怎么排座次，看似是小事，其实充分体现了民主、公平的原则。

资料来源：http：//www.npc.gov.cn/npc/c2/c30834/202403/t20240305_435192.html.

第三节　发送会议通知与准备会议证件和物品

一、发送会议通知

（一）会议通知的形式

会议通知的形式多种多样，概括来说有口头通知和书面通知两种。

1. 口头通知

口头通知具有即时性强、沟通方便快捷的优势，如当面通知、电话通知，但也存在着易忘、消息传递易走样等弊端。因此，口头通知多用于临时性会议、短期性会议或议题单一、与会范围较小的会议。

2. 书面通知

书面通知则较为严肃、庄重，且具有备忘的作用，如公文式通知、信函式通知（邀请函）、柬帖式通知（请柬）、公告式通知（海报）、表格式通知（纸质书面形式通知的适用情况见表 5－2），除了以上纸质通知，还有传真、电子邮件等形式。相对于口头通知来说，书面通知需要印制、分发或者邮寄，程序较多。正式的、重要的会议均应使用书面通知形式。无论选择何种通知方式，都要以会议性质、与会范围、时限急缓、保密要求等为依据。为了保证通知的有效性，可以同时使用两种以上的方式，如有时以书面形式发出通知以后，还需以电话形式进行确认落实。

表 5－2　　纸质书面形式通知的适用情况

通知形式	适用范围	发送对象	特点
公文式	用于党政机关和政府部门研究工作、进行决策的正式会议	会议法定成员、本机关或本单位内部工作人员、下级机关或所属单位、受本机关或本单位职权所制约的单位	严肃性、庄重性
信函式，如邀请函	一般用于横向性的会议，如学术性会议等	不受本机关职权所制约的单位以及个人	礼貌性、谦虚性
柬帖式，如请柬	主要用于仪式类活动，如开幕式、竣工仪式、签字仪式等	上级领导、社会人士、兄弟单位等	恭敬性、社交性
表格式	用于机关、企事业单位和业务主管部门内部召开的各种会议	单位内部各领导者或下属部门	规范性、统一性
公告式，如海报	公开性的会议，如理论研讨会、学术性报告会	利用报纸、电视等新闻媒体或以张贴的方式公开告知，范围广，常带有征集与会者的意味	公开性、广泛性

（二）参会确认

为便于筹备会议的其他相关工作，如排列座次、制发证件、准备文件、安排食宿和交通工具、拟定分组等，应根据实际需要，采用有效的方式进行确认，于会前准确掌握与会范围内的人员能否按时出席会议。

确认与会者常用的方式有：

一是回执确认。即在发送会议通知时，将会议回执单以通知附件的形式一并送达，用以反馈与会者信息，如姓名、职务、人数、交通工具、到会时间等，并明确回执时限和方式（见表 5－3 和表 5－4）。

表 5－3　　会议回执单（简式）

单位：		参会人数：　人	
姓名	性别	职务	联系电话

表 5－4　　会议回执单（详式）

姓名		性别		职务	
年龄		单位		手机	
E-mail		传真		通信地址	
发言题目					
接站事项（无须接站不填）	到站日期： 到站时间： 车次（航班）：		返程票预订（无须预订不填）	预订日期： 车次（航班）： 起止地点：	

二是电话确认。与会范围较小，涉及人员较少时，为了提高信息的时效性和精准度，可打电话一一进行询问，口头加以确认。以电话形式通知参会领导者时，一般只与参会领导者所在办公室联系，而不直接与本人联系。电话通知中遇有参会领导者请假或另派人员参会时，承办电话通知人应及时向授意领导者汇报，不得擅自准假。

三是报到确认。大型代表大会、现场会等，适于以提前一天报到的方式确认与会者，核对实到人数。

（三）会议通知发送的内容

无论以何种形式发送会议通知，都应准确、具体地向与会者传递以下信息：

会议名称（全称），主办者名称，会议时间（报到时间、会议起止时间、会期），会议地点（会场所在地名、街区名称、门牌号码、楼层号、房间号、会场名称等），会议内容（包括会议的目的、议题，讨论的提纲、议程等），与会者名额与要求（如职务、级别、资格等），其他事项（如参加会议的费用、报名的方式和截止日期、有关论文撰写和提交的要求、入场凭证以及组织者认为必须说明的事项），联系方式（地址、邮编、银行账号、电话和传真号码、电子邮箱、联系人姓名等）。为方便与会者出行，必要时还可画出会场的交通简图，标明地理方位及抵达的公交线路、出租车里程与车费额度等。

（四）发送会议通知的注意事项

1. 提前发送

要把握好通知的提前量，根据会议需要定通知时间。一般来说，需与会者参加讨论、发表意见、汇报工作的会议，应适当提前通知。传达指示、部署工作，无须与会者准备资料的会议，则不需要过早通知，以让与会者接到通知后能够做足赴会准备为宜。

有的会议需要事先征求与会者的意见，收集与会者提出的议案，或者需要与会者先行提交论文、报告、汇报材料、交流资料等，则需要在正式通知发出之前先发送预备性通知，请与会者提前做好参加会议的准备。

2. 认真核对

要对照已确定的与会者名单逐一核对，避免因漏发、错发和重复通知而影响会议的正常进行。

3. 及时提醒

要在重要会议临召开前，再用电话及时提醒与会者，尤其是重要领导者、嘉宾和发言者。

4. 当面送达

要尽可能当面通知与会者，若由他人代为传达通知，必须追踪落实。

二、准备会议证件与物品

（一）准备会议证件

1. 会议证件的含义与作用

会议证件就是会议上标明会议相关人员身份、权利和义务的凭证。

会议证件的作用一是为了表明会议期间正式代表、列席代表、旁听等各种不同人员的身份，便于与会者之间的相互辨认和联系，也便于会务工作人员辨识不同身份的与会者，进行会议管理；二是会议证件作为出入会场的凭证，便于保卫人员检查，以保证会议安全；三是会议证件人手一份，便于会务工作人员统计人数；四是一些有纪念意义的会议，会议证件还可以作为纪念品，留给与会者收藏留念。

2. 会议证件的种类

（1）按会议证件的制作形式分。

胸卡式：属于卡片式证件，背面带有夹子，可夹在衣领、衣襟等处。

佩带式：属于卡片式证件，卡上穿佩带，可挂在颈上。

（2）按与会者参加会议的身份分。

主席团证：供会议主席团成员使用的证件。

出席证：供出席会议的代表佩戴的证件。

列席证：供列席代表佩戴的证件。

旁听证：供旁听代表佩戴的证件。

工作人员证：供会务工作人员佩戴的证件。大型会议如果工作人员较多，还可对工作人员证做进一步分类，如按工作的不同分成安保人员证、会场服务人员证等。

记者证：供新闻媒体记者佩戴的证件。

嘉宾证：供会议嘉宾佩戴的证件。

车辆通行证：供会议使用的车辆出入通行使用的证件。

不同类型的证件应当在图案、颜色、内容上有明显区别，以便识别。

3. 会议证件的内容与格式

会议证件的内容一般包括：会议名称、会徽、会议日期、证件种类、姓名、性别、证件编号和持证须知。有些重要会议，还需要在证件上贴上与会者照片，并加盖印章。

会议证件的式样通常设计成长方形的胸卡或襟牌，横式、竖式均可（见图 5－11）。

竖式胸卡

横式襟牌

横式襟牌正面与背面

图 5－11　会议证件式样

制作会议证件时应注意在同一会议上使用的不同证件应选择不同的颜色加以区别，以便辨认会场内不同人员的身份。此外，会议证件的颜色、风格等设计要与会议的性质和气氛相适应。

（二）准备会议物品

1. 会议物品的种类

不同类型的会议，由于内容和要求不同，对会议用品和设施的要求也不尽相同。一般情况下，会议应准备的物品主要有：

（1）记录会议信息类，如纸、笔、簿册、麦克风、录音笔、摄像机、扩音器、幻灯机、投影仪、黑（白）板、USB 存储器、光盘、同声翻译系统等。

（2）会场基本设施类，如桌椅、照明灯具、空调、通风机、卫生用具、安全通道、消防设施等。

（3）会场装饰类，如花卉、旗帜、会标、会徽、标语口号、音乐等。

（4）印刷通信类，如打印机、扫描仪、复印机、传真机、电话机、电视机、计算机以及相应的通信网络设施。

（5）生活卫生用品类，如饮用水、水杯以及其他食宿用品。

（6）其他专门用品类，如颁奖会的奖品与证书，选举会的选票（要编号盖章）、投票箱、开幕式剪彩时用的彩带和剪刀、谈判性会议的签字笔等。

2. 准备会议物品需注意的问题

（1）制订计划。在准备会议用品前制订详细、周密的计划，或者开列一份会议用品筹备清单，明晰所需物品和设备的名称、型号、数量、单价与总价；明确物品和设备的来源，如租借、调用、采购等。将计划作为会议筹备方案的附件，报请会议领导机构审定。

（2）充分准备。会议用品应在会前准备妥当，分发到人，摆放到位。有关设备和设施应在会前完成安装、调试工作，确保可用性。

（3）专人负责。要安排认真负责、严谨踏实的人员专门负责落实此项工作，必要时应配备一定数量的技术人员。如果会议承担产生领导机构的任务，则要按有关法律或大会的规定，安排好收票、开票、监票、计票的工作人员，保证选举工作顺利进行。

（4）经济适用。以实用节约为基本原则，考虑物品的有用、适用，严格按照会议的经费预算执行，杜绝奢侈浪费。

第四节　会前联络与沟通

一、会前联络与沟通的意义

在会前准备过程中，每一个环节、每一个细节往往都需要与相关领导、横向部门、下属部门等方方面面进行沟通和协调。会议联络与沟通是会前准备的一个基础性工作，是会议管理的一种有效和必要的手段。可以说，会议的有效性很大程度上取决于会前沟通协调的有效性。

（一）提高会议活动质量的基础保证

会议成员（包括与会领导者、与会者、会务工作人员等）拥有的信息质量决定着会议的质量。开好会议的基本前提是让会议信息得以有效传递，使有关人员清楚地知道会议的目的是什么，自己该做什么、该怎么做，促使其积极有效地去落实其角色所承担的任务。

1. 提升会议效果

通过会前联络与沟通，把会议主题、议程等内容传达给每一位与会者，让其对会议欲讨论和研究的问题做好准备，将各方面意见充分表达出来，避免会上讨论发言的盲目性，提升会议的互动性。这样既能节省会议时间，又有利于解决问题。

2. 提升会议执行力

通过有效沟通与交流赢得有关方面的理解、支持和信任，正确认识上级下达的指令和安排的任务，激发开展工作和完成任务的决心和信心，是会议执行力得以强化的基础。

3. 提高对会议的控制度

会前沟通有利于与会者提前知晓会议规则，从而加强对会议进程、会议时间等方面的控制，以便按照规定时间开始和结束会议，使与会者准时参会和退席；按照规定时限和顺序开展相关议题的讨论，使与会者适时发言；按照既定议程组织会议，保证会议方向不偏离。

（二）提高筹备工作质量的有效保障

会议筹备工作头绪多、任务重，只有通过与各有关方面的沟通，群策群力、集思广益，才能避免出现失察和失策，防止纰漏和失误的发生。

1. 交换意见，提升解决问题的能力

在交流与沟通中，可以实现思想的碰撞，突破固有的惯性思维方式，克服在分析问题的过程中可能发生的个体偏差，防止在解决问题的过程中出现的思维盲点，获得解决问题的新思路，找到解决问题的新途径。

2. 统一想法，提高解决问题的效率

在交流与沟通中，可以激发情感的共鸣，鼓动有益的情绪，形成思想的共识，达成一致的目标。在这一过程中，通过实现从每一名与会者到每一名会务工作人员的目标一致、步调一致，最终达到会议效益的最大化。

二、会前联络沟通的方式

对于一次成功的会议，最佳的沟通是信息传递充分、准确而又无冗余。会议策划与筹备阶段常用的沟通方式主要有口头沟通和书面沟通两类。口头沟通与书面沟通有一定的差异（见表5-5）。

表5-5　　口头沟通和书面沟通的差异

口头沟通	书面沟通
简捷，即时性强	复杂，即时性差
反馈迅速及时	反馈较为缓慢
表达灵活、口语化	表达正式、严肃
可伴有手势、表情等体态语，增强传递信息的效果	依赖于语言文字的表述，沟通效果受文字制约
保留时间短，不便于查对，易忘	可留档备案，便于保存和查对
受时间和空间等环境制约	不易受时间和空间影响
易出现误解，造成传递走样或失真	便于反复研究，加深认识和理解

美国心理学家戴尔对口头沟通、书面沟通、口头与书面相结合沟通这三种方式的沟通效果进行了比较研究，通过对信息接收者从中所获得的信息的效果进行测验，得出了表5-6所示的平均分数：

表 5-6 不同沟通方式比较

沟通方式	测试人数	测试平均分数
书面沟通	109	4.91
口头沟通	94	6.17
口头与书面相结合沟通	102	7.70

资料来源：胡礼祥．大学生领导力拓展与训练．杭州：浙江大学出版社：2011.

从表 5-6 中不难看出，口头与书面相结合沟通的效果最好。为了更有效地沟通，达到理想的效果，要根据会议需要、沟通对象、环境、内容等实际情况，选择最佳的沟通方式。

三、会前联络沟通的内容

为了使会议进展顺利，达到预期目标，在会前准备阶段要进行多层次、多方面、多角度的联络沟通，确定会议的关键要素，传递会议的基本信息，安排会议的后勤保障。

（一）与领导者沟通——请示与汇报会议的关键要素

与领导者沟通的内容，既有宏观的、方向性内容，也有微观的、具体性事项。除了领导者直接交代的事项以外，其他需要向领导者请示的内容也应考虑周到、思路清晰。

1. 向领导者请示会议有关事项

应始终本着为领导者服务的原则，站在领导者的角度去考虑事情和分析问题，在策划会议的时候，应做到既尽量想在领导者之前，又尽量替领导者想得周全。

一般来说，应先根据以往筹备同类会议的经验，构建出方案的初步框架，在与有关部门沟通之后，将方案的关键要素进一步完善充实，最后交由领导者审核定夺。也就是说，当站在领导者面前请示会议相关内容的时候，为领导者出的应是选择题而非问答题。同时，应准备两个以上的备选方案，并且对每个方案的利弊点和可能出现的状况都分析到位，做到心中有数。

2. 向领导者提示和建议有关事项

会议策划和筹备者应始终抱着为领导者负责的态度，及时就会议相关事项向领导者提示和建议，如本次会议主持人是何人、有无记者参会、有哪些上级领导和本级领导参会、哪些人做报告等信息。又如，当领导者出席一个会议之后紧接着需要参加其他活动时，应提醒领导者考虑自己的日程安排与会议日程安排的兼容性，并建议领导者把涉及讲话或发言的程序提前或简化，以保证既不影响会议的效果，又不耽误下一项活动的进行。

（二）与参会部门沟通——知会与传达会议的基本信息

1. 根据领导者指示及时传达会议信息

在会议策划过程中，有些会议要素是领导者直接下达指示的，如有些重要的会议在圈定部门参加人的级别和人数时，须由领导者决定哪些部门是重点参会部门，必须一把手到位，哪些部门只需分管领导者参会即可。又如，会议是否需要记者驻会，需要邀请哪一层次的记者。此时，秘书需要做的不是出主意，而是遵照领导者意图，与参会部门、新闻单位等联络沟通，按照领导者要求通知和传达有关事项。

2. 根据会议需要主动联络有关部门

为了更好地服务领导者，增强会议的执行力，会前一定时间内，秘书要主动将会议主题、时间、地点、议程等相关信息及时准确地传递给与会者，以便其有准备地与会，或者向会务工作机构反馈能否出席会议等重要信息。

在领导者决定主要与会者之后，秘书还须主动联络沟通会议涉及的其他部门。如筹备某个大型活动的协调会时，除了主要与会单位外，还需要根据活动特点，考虑是否需要安全（公安、卫生、消防等）、环境（打扫、保持周边环境清洁）、交通（交警指挥）等部门的配合，考虑是否需要责任部门组织人群秩序以防拥挤踩踏，考虑是否需要领导者致辞或讲话，是否需要领导者颁发奖品等，这些都需要秘书主动与有关部门联络沟通，了解实际情况和需要后，进一步协调落实。

（三）与保障部门沟通——部署与协调会议的后勤保障

后勤保障工作往往涉及诸多细节上的安排和落实，这些工作是否做到位，直接影响着会议能否成功举办。与后勤保障部门的沟通协调，主要是让其按照既定的会议目的和组织者的意图去执行和完成各自特定的工作任务。

1. 内部后勤服务的部署与协调

会议准备工作是否充分，往往体现在一些会议细节问题的部署和协调上，如会议饮水、会议用电、话筒与音响、温控设备、放映设备，甚至座位的舒适度、会场的清洁度等。这些细小的问题会直接影响与会者的感受，进而影响会议的效果。这就需要秘书在会议筹备阶段周到、细致考虑，主动与后勤服务部门协调沟通，根据会议需要部署相关分工任务，落实有关责任人员，明确执行时限要求，保障会议如期召开、顺利进展、圆满结束。

2. 外部事务性协调

有外来与会者的会议，需要考虑车辆和食宿等问题的安排与协调。此时既要考虑与会者的舒适度，也要考虑会议成本。如场地或设施的租赁与维护、广告宣传及资料印刷、公关礼仪等方面涉及的费用需要与组织外部的部门进行商洽沟通，同时，有关服务支持还应与相关行业沟通后签订服务协议，以保障会议质量。

四、会前联络沟通的要求

（一）准确

准确是指会议信息从发出到接收的过程中，无论运用什么载体，采取何种沟通方式；无论经历什么过程，出现何种客观因素，都能始终保持信息的原意，不失真、不走样、不偏颇、不错传、不漏传、不重复传递。

（二）及时

会议要素一经确定，就要及时传递给参会领导、参会部门、后勤保障部门以及相关会务工作人员。及时程度因会而异，以让与会者做好充分的、必要的与会准备为宜。

（三）高效

高效指的是要保证会议联络和沟通的有效性。会议的联络沟通不是简单的信息单向传递的过程，而是一个双向互动的反馈和理解的过程，其终极目标不仅仅是追求传递信息的量，还要选择适当的沟通方式，让对方理解、接受并执行。

五、会前联络沟通的注意事项

（一）分工合作

会议的联络和沟通往往涉及多个层面，单靠一人之力很难做好，这就需要对联络和沟通的任务进行分解，化整为零，再按照不同的级别或职责范围等进行合理分工，各自协调其对应的事项，分头行动，共同完成会前准备工作。如在筹备大型会议时，涉及与上级协调对接的大事由，可以请会务工作机构的有关领导者负责；平行或下行沟通，则按各分支机构的职责分工进行。

（二）因人而异

要达到理想的沟通效果，就要考虑沟通对象的角色。会议的联络和沟通所面对的对象来自各个层次、各个行业，在身份、地位、知识水平、专业经验、理解能力、职责分工、年龄阅历、性格态度等方面都存在着差异，这种差异决定了其看待问题的角度和出发点不同，对同一信息的理解和看法也不同。若不能清楚地认识到这一点，不在沟通方式上加以区别对待，则容易产生沟通障碍，影响沟通效果。如×市举办“最美的哥的姐”评选活动，在筹备启动仪式的过程中，需要与出租车司机代表沟通其发言的事项。此时就要用最通俗易懂的语言进行沟通交流，建议他按照自己的风格，用朴实的语言，从做好本职工作、服务好乘客以及以后与大家争做最美的哥的姐等方面表态发言即可，而不必拘泥于文采、辞格、韵律等。

（三）换位思考

有些会议涉及横向部门沟通尤其是跨部门沟通，此时要多设身处地为对方着想，站在对方的角度去理解和看待问题。在称谓、语气等方面，采用对方易于接受的方式进行交流，切忌态度傲慢；在具体事项上，尽量多了解对方的业务情况，切忌以自我为中心；在切入点上，以让对方明白其所承担工作的重要性为主，注意分析利弊，激发其责任感，争取“双赢”，切忌以势压人。

（四）思路清晰

要实现沟通的有效性，就要事先做足准备，对沟通的方式、陈述的顺序等做好计划。应将会议的主要目的细致化，在表达意图时，要有清晰的思维主线，有明确的主体目标，使用简洁的语言突出谈话的重点，将观点阐述清楚，将理由分析透彻，避免被其他因素干扰而冲淡或偏离了沟通的主题。

（五）讲究技巧

1. 认真倾听，及时反馈

集中精神聆听对方的谈话，既是表达对其想法和意见的尊重，也有助于对其观点（包括其言语背后的隐含意义）的分析和理解。应在充分了解对方意思的基础上，及时分析思考，适时表达观点，不粗暴地打断对方。

2. 客观中肯，有理有据

当沟通过程中双方意见出现分歧时，要始终以会议的共同目标为基点，控制情绪，保持态度平和。反对或质疑他人意见时，应做到有理有据，分析客观，意见中肯，不先入为主，不将主观看法当成客观事实，不意气用事、公私不分，不搞人身攻击。

3. 态度真诚，用语礼貌

始终以微笑示人，以礼貌待人，这将大大提升沟通时的感染力。多用“请、谢谢、有劳、拜托、麻烦您、对不起”等礼貌用语，真心地称赞和感谢对方的付出，诚恳地为自己思虑不周或言语不当向对方道歉。

4. 选准时机，回避干扰

沟通环境与说话时机是否合适也将影响沟通的效果。因此，应注重场合与时机，善于捕捉信息，回避可能影响理解的干扰因素，如嘈杂的环境、交流对象烦躁或抵触的心境、对方忙碌的时间等不利因素都不适合传递重要的信息。

5. 注重仪态，结合体态

仪态（包括仪容、仪表、仪装）和体态（站姿、坐姿、走姿、目光、手势、表情等）在交流中往往发挥着口头语言和书面语言所不具备的作用。注重自身仪态，恰当运用体态语，有助于提高沟通的效果。

6. 适时提问，及时确认

当没听清楚或没有理解对方所述内容时，要适时提问，不能不懂装懂。必要时，要对重要信息进行复述，以确认自己所接收信息的准确性。当对方思路偏离主题时，也可以用提问的方式加以引导，控制沟通的方向。向对方传达重要信息时，可请对方加以复述，确保对方接收信息的准确性和全面性。

第五节　生活服务准备

一、会议生活服务的基本原则

（一）热情周到

安排会议生活服务，要本着时时为与会者服务、处处为与会者着想的原则，始终以礼貌、热情、真诚的态度，为其提供全面、周到、细致的服务，尽量满足其生活方面的需求。即使一时无法满足的，也要先向与会者致歉并解释清楚，力争尽快协调、圆满解决。

（二）遵章守制

会议筹办方为与会者提供的一切生活服务，在内容上、方式上以及经费使用标准上，都必须符合国家有关规定，在制度允许的范围内进行。不得擅自提高会议接待标准，不随意转嫁会议费用，自觉接受行政监督和财务监督。

（三）严保安全

会议筹办方在安排会议生活服务的过程中，要精心准备，周密策划，规范组织，严格把关，确保全体与会者在与会期间的饮食、住宿、出行、财物和人身安全。

（四）合理适度

提供会议生活服务要制订科学合理的计划，从会议实际出发，尽量考虑与会者的身体状况、食宿习惯等，统筹安排，张弛有度。

二、会议生活服务的主要内容

会务工作机构以会议回执单、报名表或电话等方式确认与会者的参会情况之后，由后勤组统筹安排与会者的食宿、出行交通、医疗保健等生活服务。

（一）住宿安排

与会者的住宿要根据国家、地区、单位在会议管理方面的有关规定，结合会议的性质、规模、会期等实际，综合考虑与会者的职务、年龄、性别、身体条件、经济承受能力等状况，本着健康、节约、舒适的原则恰当安排。

1. 提前谋划

住宿房间分配方案须提前编制完毕，以便与会者报到时能够根据方案快速分配房间，有不当之处及时调整。分配房间时，一般应优先照顾女性、年长者、职务较高者以及身体状况不佳者，尽量将其安排在阳光充足、通风条件较好的房间。

2. 远近适宜

住宿处要尽量与会场在同一酒店或宾馆，若住宿地点不能提供合适的会场，也应选择尽可能靠近会场之处，以方便与会者参会，避免其疲于奔波，影响参会的效果。住宿地与会场远近适宜，既能提高会议效率，又可以节省交通费用。

3. 规格适度

住宿条件要符合会议规格，不盲目追求高标准、高规格。应根据与会者职务、级别等情况确定住宿房间的种类（普通间、单间、套房等）。身份、职务相同的与会者，住房标准应大体一致。

4. 尽量集中

与会者的房间与后勤服务组不要过远，要便于二者进行信息沟通与事务联系。同系统或同单位的与会者房间应尽量临近，便于其休会期间的联系与交流。专业相同或相近的与会者安排在同一房间，利于其在专业领域的探讨和交流。

5. 确保安全

住宿地点的基本设施要齐全，消防安全性要高度可靠，卫生环境要整洁、舒适、安静，保安警卫要规范配备。

6. 价位适中

住宿房间价格要同与会者的承受能力以及会议成本预算相符。应以协议的方式事先确定具体的免费服务内容与收费服务项目，并提前告知与会者。

7. 留有余地

预订房间时要适当预留出机动房间，供会务工作机构设立值班室、临时办公室、会客室等，以及满足特殊情况下的临时调剂之需。

8. 搭配合理

有宗教禁忌的与会者要做特别安排，有打呼噜等习惯的和睡眠质量不高的与会者尽量不安排在一起。

（二）餐饮安排

会议餐饮包括为与会者在会期内安排一日三餐的饮食，以及为与会者提供开会期间的饮水服务。餐饮服务质量的高低，直接影响与会者是否能以最佳的健康状态参加会议。

1. 饮食安排

饮食安排应根据会期和会议活动的作息时间，在会议规定的就餐标准范围内，尽可能考虑与会者的饮食需求，为其提供满意的饮食服务。

（1）卫生达标，确保安全。这是对饮食最基本的要求，具体来说应做到：餐厅有正规资质，环境和卫生条件达标；食品原材料来源可靠、新鲜无霉腐、清洗彻底；食品的加工烹饪操作规范；餐具消毒。必须确保饮食卫生质量，防止发生集体性食物中毒事件。

（2）营养可口，兼顾特殊。若与会者来自不同地区，则应特别注意饮食品种的丰富多样、口味的协调组合、营养的均衡搭配、分量的足额供应，以满足与会者高质量、高效率参会对于饮食营养的需求。同时，要兼顾不同地域、不同民族与会者的饮食习惯、饮食风俗和禁忌，提供特色食品，为有饮食禁忌的与会者单独安排菜单。

（3）规格适中，节约为本。根据会议经费预算和与会者的情况确定餐费标准，避免超标准造成的浪费；根据会议规模和性质选择就餐形式，以分餐式（自助餐）为主，各取所需，既方便快捷，又可以减少浪费，必要时辅以围餐式（桌餐）。

（4）提前预订，事先设计。会议一日三餐的就餐时间和地点要根据会议需求提前协调预订，在与会者报到时即予告知。与会者的就餐凭证要事先设计和确定，尽量以与会者的会议证件或住宿地餐券为主，避免“一会多证”给与会者带来的不便以及造成的资源浪费。若因会议活动导致就餐时间提前或推后，要根据变动情况及时做出安排。此外，还应考虑会务工作人员往往会因服务工作而错过正常的就餐时间，要提前将其就餐事宜安排妥当。

2. 饮水服务

要提前为与会者备好饮品，将会议期间的饮水服务工作做到位，保证会议的正常进行。每次会议时，务必于会议正式召开前半小时做好会议用水准备。饮品的选择主要有纯净水、矿物质水、果汁或茶水，具体选择哪一种饮品，主要考虑同与会者的口味不发生冲突、在口感上具有普适性。此外，提供饮水服务时还需考虑以下问题：

（1）适量，即要满足与会者在饮水量上的需求，根据气候的冷暖、会场温度的高低、会期的长短、发言次数的多少等适当增减饮品的供应量。

（2）适时，即提供服务时尽量不干扰会议的进行，这就需要会务工作人员在会议期间不间断给与会者提供饮水时，能够准确把握续水、换茶等服务的时机。

此外，矿泉水摆放必须整齐、规范。若会议没有选择瓶装水或一次性纸杯，则要确保水壶、水杯清洁卫生，做好消毒工作。供应茶水时，还应保证泡茶的水一定要用当天烧开的水，不使用隔日水，茶水不宜过浓。

知识链接 高安市管局："节"尽所能 绿色办"会"

"今年的纸质资料少了很多，大部分是电子资料，通过内部系统，大家可以非常方便地了解大会议程，提前做好准备。"第七届高安市政协委员涂新安说道。"绿色办会"是2024年高安市两会的一大亮点，"节约、低碳"成了不少人大代表、政协委员口中的高频词。为践行"绿色办会"理念，做好两会保障工作，高安市机关事务管理局积极行动，周密筹备，从绿色交通、绿色会务、绿色倡议等方面入手，将"节约、绿色、低碳"元素落实到各个环节，为两会减碳添绿。会议筹备阶段，坚持绿色基调。会场门口摆放绿色办会宣传栏，对节能照明系统进行调光控制，部分设备使用节能模式，选用新能源车辆作为接待、应急用车，主打一个勤俭办事。会议召开期间，紧抠节约细节。会前只开必要灯，会后及时关闭所有灯，会场的布置体现节俭风格，配备陶瓷杯，实施光瓶行动，带走"半瓶水"，随处可见低碳元素。高安市机关事务管理局负责人表示，"绿色办会"是贯彻生态文明理念的生动写照，也是践行绿色低碳生活的行动指南。通过绿色办会、绿色交通等节能行动，能够有效减少二氧化碳排放，为推动绿色低碳发展贡献高安力量。

资料来源：ecpi. ggj. gov. cn.

（三）交通安排

会议的交通安排主要是指做好会议期间接送与会者车辆的保障以及交通路线和乘车等事宜的安排。会议的交通服务工作关系到与会者的集体活动质量和会议组织工作的效率。应根据会议内容、会期和与会者人数等实际情况，本着节约、实用的原则，确定使用车辆的数量和标准，满足会议的接站、参观、返程等用车需要。

1. 用车服务

会议用车要安全和有序，保证会议期间正常使用。

（1）建立严格的会议车辆管理制度。应明确车辆的使用范围和停放地点，服从会议活动时间安排，履行规范的用车审批手续。

（2）建立严格的车辆安全检查制度。车辆的安全性能由专人负责，定期维护，随时检查，及时排除安全隐患。

（3）建立规范的驾驶员管理制度。由具有丰富驾驶经验的司机组建会议用车驾驶员队伍，将定期业务素质培训与专项会议任务培训相结合，提高驾驶员的责任意识、服务意识和安全意识。

（4）建立会议期间用车值班制度。实行 24 小时轮流值班制，保证会议领导者用车，保证会议突发状况用车。

（5）建立相对稳定的租车渠道。选择资质好、信誉佳、价格适中、车况优良的租赁公司，与之建立相对稳定的租车业务联系，当本单位车辆无法满足会议使用需求时，及时安排租车事宜。

2. 乘车服务

涉及参观、考察、调研等会议集体活动时，要做好车辆调度工作，安排好与会者的乘车服务。

（1）提前拟定行车路线安排。选择路况好、交通压力小的路段，必要时由工作人员提前进行模拟踩点，准确掌握路线情况，选择最佳出行路线。

（2）提前拟定出行时间安排。尽量避开恶劣天气和上下班高峰期，尽量精确地计算会议活动的行程时间，提高会议活动的质量和效率。

（3）提前拟定乘车方案。将会议活动使用的所有车辆编号贴于不遮挡司机视线的显要位置，将参会的全体乘车人员按车编组并于乘车前准确告知其对应车号，出发和返回时按照乘车方案有序组织上下车并清点人数，防止走散、漏乘。

（四）保健安排

大型会议的与会者往往来自不同地区，极易因旅途劳顿、气候变化、水土不服、节奏紧张等引发身体不适，加之人数较多且相对集中，因此，要安排好医疗保健工作，确保与会者的身体健康。

（1）设置医务室或指定就诊医院，配备专职医务人员。

（2）准备应急常用药品，如降压药、感冒药、退热药、抗敏药、肠胃药、消炎药、外伤药、消暑药、急救药等。

（3）了解与会者的身体状况，给年老体弱者、急重病人特别照顾和重点保健。

三、安排会议生活服务的注意事项

（一）提前统计，事先准备

所有会议生活服务项目，均应尽可能统计精确、准备充分，如统计好住宿人员的人数、性别、年龄等，以便预订住宿房间、拟定房间分配方案。统计好就餐人员的人数、民族等，以便预订餐厅，拟列菜单，确定用餐形式。

（二）实地考察，及时调整

与会者到达前，会务工作人员应对所选住宿、餐饮等地点进行实地考察，有不符合会议需要和有关规定之处，需及时调整。如对住宿地的环境、卫生、服务以及餐厅的餐饮质量、食品安全等进行必要的检查。

（三）创新形式，节约为本

社会的发展和科技的进步为会议生活服务工作提供了新思路和新方法，使会务工作既优质高效又适当节俭成为可能，精简高效的会风更能受到与会者的认同和欢迎。

知识链接　国管局圆满完成2024年全国两会服务保障任务

2024年是中华人民共和国成立75周年，是实现“十四五”规划目标任务的关键一年，也是全国人民代表大会成立70周年、中国人民政治协商会议成立75周年，做好全国两会服务保障工作责任重大、意义重大。国管局深入学习贯彻习近平总书记关于机关事务工作的重要指示精神，始终牢记机关事务工作为党和人民事业发展提供重要保障的职责使命，圆满完成了这项重大政治任务，向大会交上了一份满意的答卷。

一、精心组织 牢记机关事务工作职责使命

根据大会安排，国管局所属首都宾馆、友谊宾馆、国谊宾馆、国二招宾馆和联系指导的内蒙古大厦、河南大厦作为全国两会接待服务驻地，全力以赴为大会提供会议、住宿、餐饮、交通等各项服务保障。

国务院副秘书长，国管局党组书记、局长王永红多次专题调度服务保障工作并赴驻地一线检查指导，特别是对做好中央领导同志在友谊宾馆看望政协委员并参加联组会的重要服务任务做出详细安排，要求以高度的政治责任感和使命感履职尽责，高质量做好全国两会各项服务保障工作。

会议期间，局党组成员、副局长和培林、徐永胜、孙秀春、张愚分别驻守在局属四家宾馆中，靠前指挥调度，在一线组织落实接待服务工作。在局党组的统一领导下，局属相关单位各司其职、密切配合，共同为服务保障全国两会贡献力量。

二、精益求精 服务保障工作稳中求进

接到全国两会服务保障任务后，各驻地切实强化责任担当、积极主动作为，加强资源统筹，提升保障质效，全力推进驻地各项服务保障任务落实落细。

组织领导有力。各驻地高度重视，领导班子全面统筹、精心部署，成立接待服务保障工作领导小组，组建专职工作组，召开接待服务动员大会，制定工作方案和应急预案，梳理任务清单，明确分工安排。同时，选拔经验丰富、业务精湛的工作人员充实一线队伍，组织开展专业培训，切实提升工作人员的服务水平和能力。比如，国谊宾馆经营转段后以全新面貌参与承接此次全国两会接待服务工作，北楼恢复宾馆功能维修项目竣工，用崭新形象迎接代表团的到来，服务品质有效提升。

安全措施完备。各驻地加强值班值守，扎实开展隐患排查，检查水电气暖、通信、消防等设施设备，测试会议室音响网络信号，排查出行和会务服务保障车辆车况，严把食品物资关口，专人管理、专库存储，积极配合属地组织安全消防、反恐防爆突击演练；强化保密意识，对信息传播、设备使用、证件保管等方面严格要求，严守保密纪律，坚决筑牢“安全线”。例如，首都宾馆制定周密检查计划，开展保密教育，全方位梳理排查消防、设施、食品、保密等风险点位，开展应急演练，确保安全工作万无一失。

服务用心用情。会议服务方面，各驻地提前维修保养会议设施、升级改造会议设备、反复组织会场服务演练，以“钉钉子”精神保障人大代表团和政协界别委员小组会议的顺利召开。客房服务方面，各驻地根据客史档案提前做好客房安排，对房间布置、物品使用、服务方式等细节用心思考、体贴入微，及时观察了解代表委员需求，营造舒适温馨的住宿环境。餐饮服务方面，各驻地全面了解情况、精准对接需求，结合地域特点、饮食习惯、气候变化，精心设计菜品，制作节日生日慰问美食。接送服务方面，根据代表委员出行安排，各驻地进一步细化随车服务、行李搬运、安全保障等工作流程，有力保障代表委员在机场（车站）、驻地、会场间畅通出行。标准、专业、高效、温馨的服务赢得了代表委员的充分肯定。

大会期间，各驻地积极组织“党员示范岗”“岗位学雷锋”等活动，激励干部职工全力做好接待服务工作。“三八”国际劳动妇女节当天，开展形式多样的慰问关怀活动，为女代表委员们送上节日祝福。如，河南大厦特别制作手工毛线花小礼物，用节俭而温暖的形式，致敬“她”力量。

三、精耕细作 勤俭办一切事业

国管局要求各驻地深入贯彻坚持勤俭办一切事业要求，对大会筹备精耕细作、精打细算，既庄重热烈又简朴大方，在厉行勤俭节约、反对铺张浪费上做表率。

科学精准筹备物资。各驻地进一步加强精细化管理，严格成本控制，切实将资金用在刀刃上，避免不必要支出，按照节俭务实原则，高标准、高质量做好接待服务工作。比如，国二招宾馆认真贯彻节约节俭理念，在保证服务质量的前提下，严格控制预算，物资采购环节中通过精准测算需求、加大询价比价力度，以优惠的价格采购多种物品。

坚决制止餐饮浪费。各驻地规范食材采购流程，精准核算、精准供应，持续推动实施“光盘行动”，在餐厅设置“厉行节约，按需取用”等文明用餐提示语，配备多种尺寸的餐盘，有效避免餐饮浪费。比如，友谊宾馆物流中心采购部每日根据餐厅消耗反馈及时订购输送食品蔬菜，减少存储和中间环节。

践行绿色办会理念。各驻地努力践行绿色办会理念，在完成节能改造的基础上，持续探索降低运行能耗新思路，在会场、客房及公共区域张贴节水、节电、减少耗材等提示，让节约节俭意识深入人心。比如，内蒙古大厦通过简化会场布置、设置公共会客区、动态调整空调和灯光等方式，尽可能降低会场及公共区域能源消耗。

大会结束后，国管局指导各驻地进一步总结办会经验，为继续发挥国有资产管理优势，高质量完成重要会议、重要活动服务保障任务做好准备。

使命重在担当，奋斗创造未来。国管局将深入学习贯彻习近平总书记关于机关事务工作的重要指示精神、全国两会精神，激励广大干部职工奋发有为、开拓进取，坚持稳中求进的工作总基调，坚持勤俭办一切事业，推动以资产管理为基础的机关事务工作高质量发展，更好地服务党和国家的中心工作，更好地服务国家治理体系和治理能力的现代化。

资料来源：www. ggj. gov. cn.

【思考与练习】

一、案例分析：

案例 1

在涉密会议召开期间，某单位的一台存有涉密文件的笔记本电脑被盗。经查，该单位工作人员在休会期间，未及时将放置在桌上的笔记本电脑存放回保密柜中，导致笔记本电脑被人顺手偷走。后经有关部门全力侦查，笔记本电脑被追回。事件发生后，有关部门对该单位负有直接责任、领导责任的人员进行了严肃处理。

案例 2

某单位为传达上级会议精神，决定召开工作会议，学习相关涉密文件。按照会议要求，只有正式与会者才可领取学习文件，会务工作人员不在发放范围内。但会议期间，会务工作人员郭某向文件保管人员徐某索要上述文件，徐某碍于情面答应其要求。郭某后来将文件泄露给他人，几经转发，造成泄密。事件发生后，有关部门给予郭某留党察看、行政撤职处分，给予徐某行政记大过处分。

案例 3

某涉密单位干部孙某参加涉密会议，会议要求涉密会议材料“会后收回”。孙某未按要求交回材料，而是将其带入宾馆，存放在更衣柜中。孙某外出时，涉密会议材料和个人财物被盗，经多方查找未果。事件发生后，孙某受到党纪政纪严肃处理。

问题：

1. 以上案例反映出当前涉密会议管理工作中存在哪些问题？

2. 随着市场经济、社会和科技发展，涉密会议、活动场所选择范围不断扩大，涉及服务人员更加复杂，技术防护难度加大，都使涉密会议管理成为单位保密工作中的重要课题。如何加强涉密会议管理工作，防止涉密会议成为“泄密通道”，切实保护国家秘密安全？

二、阅读以下材料，回答问题。

云南从源头上减少会议经费开支 压减会议会期与参会人数

日前，云南省财政厅会同省机关事务管理局完善管理机制，突出“精简、规范、节俭”三个原则，采取有效措施规范和加强省级机关会议费管理，对省级机关会议规模、办会经费标准、不得支出的项目做出了明确规定。

规定要求，从紧核定会议费的预算，从源头上减少会议经费开支。全面压减一、二、三、四类会议会期与参会人数，各类会议会期不超过 1 天，参会人数分别控制在 300 人、150 人、80 人、50 人以内。一类会议从严限定工作人员人数，二、三类会务工作人员人数分别控制在会议代表人数的 10%、5%以内，四类会议不安排工作人员。压减会议报到和离开时间，一、二、三类会议合计不得超过 1 天半，四类会议合计不得超过 1 天。严控会议次数，未列入会议年度计划的原则上不得召开，一类会议需报省委、省政府主要领导批准，二、三类会议原则上单位每年召开不超过 1 次，四类会议从严审批管理。

要从严规范会议支出。明确会议召开优先使用本单位场所，切实降低会议成本，如外出召开，场所实行政府采购定点管理；除召开现场会外，与会者以在昆单位为主的会议不得到昆明市以外地区召开；不得到党中央、国务院明令禁止的风景名胜区召开会议；会议原则上不配发文件袋、笔和笔记本；不得组织和参加旅游及与会议无关的参观活动，严禁安排宴请；严禁以保障会务为由，违规使用会议费购置办公设备，严禁列支公务接待费等与会议无关的任何费用。各单位自行组织召开的以会代训培训班、座谈会、研讨会、表彰会等其他会议，省财政一律不安排经费。

经费标准方面，线下会议费实行综合定额控制。一、二、三、四类会议分别以每人每天600元、500元、400元、300元为开支上限，开支范围包括住宿费、伙食费、会议场地租金、交通费、文件印刷费、医药费等，各项费用之间可以调剂使用，未实际发生的费用项目不得参与调剂。提倡各单位在符合保密和网络信息安全要求的前提下采用线上会议形式。

资料来源：https：//www.thepaper.cn/newsDetail_forward_25460249.

思考：

为了落实好党中央过紧日子要求，各地积极响应，持续优化会议管理，坚持勤俭办会。请阅读以上材料，谈谈你对“绿色办会”的理解，并深入思考，如何做到在保障服务质量的同时，不因节俭而降低服务水准，反而更加注重精细化、全流程、全要素保障。

三、案例分析：

这次重要会议，省里非常重视，从各市抽调了一些年轻干部，一来帮助工作，二来锻炼队伍。小齐还是第一次被抽调来参加这么大规模的工作，激动得不得了。

会议开始前几天，会议秘书组对工作人员进行了培训，刚开始小齐还认真地听、仔细地记，听到台上主持人反复强调纪律问题，就不耐烦地玩起了手机……

终于到了代表报到那天。一天紧张的忙碌过后，小齐回房间休息。夜已深，小齐写了几句感悟，配了自己在会场门口自拍的照片，发了条朋友圈就睡着了。

一大早，小齐的朋友圈就挤满了“赞”，朋友们纷纷留言，夸小齐“牛”。

更让小齐感到兴奋的，还是和参会代表们的“亲密”接触——吃饭时，小齐见到了来自各市的领导们，有的还亲切地和小齐打招呼，问候着“辛苦啦”。其中还有一位“网红”局长，小齐跑去合了影，打算等晚上再把照片发到朋友圈。

会议正式开了起来。中午，小齐接到省城老同学打来的电话，对方半开玩笑地喊他“齐主任”，还责怪地说：“来开会也不通知大家一声，好久没见，甚是想念，晚上出来喝点儿！”

小齐赶忙拒绝：“不行不行，实在太忙了，每天都要忙到很晚。”

老同学马上不乐意了：“哎呀，摆起架子了？不占你太多时间，就是小聚，吃点东西，你忙到多晚，我们就等到多晚！”

没想到，小齐晚上刚整理完材料，就收到老同学的微信：“车已到宾馆外，等你。”小齐心想，这实在不好拒绝，今晚也没轮到自己值班，出去和老同学聚聚就赶回来，应该问题不大。于是小齐连衣服都没换，直接坐上老同学的车“小聚”去了。

酒桌上，大家你一言我一语恭维着小齐，有的还好奇地打探起了会议精神，小齐含含糊糊、神神秘秘地说了几句。这晚小齐喝了不少酒，好在还有点酒量，才没影响第二天的工作。

没想到第二天，老同学又打来电话，请小齐无论如何都“帮个小忙”。原来，老同学经营一家企业，但因为存在问题已经好久没开工了。老同学打探到主管这项工作的局长这次也来省里开会，就想让小齐找机会直接去找一趟局长，说说这个问题。

小齐实在没办法推辞，于是从值班室找到会议服务手册，记下了局长的房间号和电话。趁着晚饭后的休息时间，脑袋里装着老同学发来的一套说辞，小齐按响了局长的门铃……

资料来源：https：//mp. weixin. qq. com/s? __biz＝MjM5NzY2NjAzMA＝＝&mid＝2683994539&idx＝1&sn＝ee7c82f9c01700061dd97e22bc2f5ddd&chksm＝bcd8ac2a8baf253c88104fd6943cf93245084df1d41f4b1eba9096a93ab47128e799b7f26975&scene＝27.

思考：

党的十八大以来，以习近平同志为核心的党中央高度重视会风会纪问题，从中央八项规定中“精简会议活动，切实改进会风”的要求，到十八届三中全会提出改革会议公文制度，再到《党政机关厉行节约反对浪费条例》《关于严禁党政机关到风景名胜区开会的通知》《中央和国家机关会议费管理办法》等重要文件的印发施行，开会问题一直是党中央狠抓作风建设的一个重点。请分析：

1. 案例中小齐的行为违反了哪些会风会纪？
2. 如果你是本次会务工作筹备负责人，如何在会前加强会风会纪建设？

第六章
会间服务工作

【内容提要】

从与会者到会议地点报到，至闭会后与会者离开会议地点，这期间的会务工作属于会间服务工作。它主要包括会议报到与签到、会议记录、会议选举与表决、会间危机管理、会议主持工作、会间文化活动的安排、会间餐饮服务、会间住宿服务、茶歇与摄影等。本章对会间服务工作的内容、方法、程序进行了介绍。

第一节　报到与签到

一、报到工作

报到是指与会者持会议通知、有关证件到会议报到处签到并填写个人信息表，办理缴费、食宿登记等手续，领取会议文件的工作过程。随着科技的发展，还可以通过扫二维码或人脸识别等方式报到。

会务工作人员要做好以下报到工作：

（一）查验有关证件

与会者到达报到处后，会务工作人员要认真查验与会者的身份证件、会议通知、单位介绍信、票证以及其他相关证件。查验的目的是确认与会者的与会资格，确保会议的安全。

（二）与会者信息登记

信息登记是指请与会者在登记表上填写个人有关信息，如姓名、年龄、单位、职务、职称、联系地址、联系电话、电子邮箱或 QQ 号等。信息登记可以帮助统计与会者人数，了解与会者的具体情况，以便做好会议期间的各项服务工作。在会议结束前，会议登记表还可根据需要编制成通讯录，发放给所有与会者。

（三）分发会议文件

会议文件在会前准备时已经装袋备用，在与会者信息登记完成之后，会务工作人员要将会议文件发至与会者手中，以保障会议文件的准确发放。会议文件如有保密级别，应特别制作保密文件签领表，专门登记发放和清退，以保障会议文件的安全。

（四）预收费用

有些会议需要与会者支付会务费、食宿费、资料费等，这类会议报到时须安排专门的财务人员现场收费并开清收讫。

（五）住宿安排

会议如召开一天以上，即涉及住宿问题。会议住宿一般有两种办理方式：一是会议住宿由会务组统一安排。这会使得会务组工作量比较大，考虑与会者的身份和要求、收费以及房间安排、与宾馆结算等问题。二是会议住宿由会务组与宾馆事先约定，由个人在会议所在宾馆自行登记，会务组不介入个人住宿，只需宾馆协助登记与会者的房间号，便于会议期间联系。

二、签到工作

签到是指与会者进入会场之前，要在事先准备好的簿、表上签上与会者姓名，表示到会的工作过程。

签到与报到有联系又有区别：一般小型会议会期短，无须集中接待，报到与签到同时、同场合进行；大型会议或隆重的、具有纪念意义的、保密的会议，会期长，会议活动多，需要集中接待，报到与签到有先后之分，有些还在不同场合。如在指定地点报到或在住宿的宾馆报到。与会者开会进入会场时则在会场门前签到。有些重要会议或保密会议，与会者在每场会议入场前均要求签到。在一些法定性会议上，签到是一种法律行为。

会议签到是一项重要的会中会务工作，其作用一是及时、准确统计与会者人数，以便确定会议决议、表决和选举的有效性；二是庆典仪式、纪念性活动用签到簿签到，这样可以珍藏，留作永久纪念；三是检查会议缺席情况；四是对于法定性会议，签到作为第一手记录，具有凭证的作用和法律效用。

常用的会议签到方法有以下几种。

（一）簿式签到

簿式签到是指在会务工作人员事先准备好的签到簿上签上自己的姓名，表示到会。庆典类、纪念性会议一般使用簿式签到。签到簿一般装帧精美，宜于收藏。签到笔也较讲究，一般可用油性签到笔，以体现签名的个性化，并留作永久纪念。签到之前，会务工作人员要事先做好准备，在签到簿的封面或扉页写明会议的名称、时间和地点，以便日后查考。

（二）表式签到

表式签到是采用事先设计好的表格签到的方式。表式签到的表格设计很重要，一般需要填写的与会者信息包括：序号、姓名、性别、单位及地址、职务或职称、联系地址、电话、电子邮箱、住会房间号、备注等内容。规模大、人数多的会议，如采用表式签到，应当注意不能先将签到表装订成册，应分成单张，让与会者分头签到，会议结束后，再装订成册。这样能够避免到会高峰期的拥挤和忙乱，准确、快速地完成签到工作。

（三）一卡通签到

一卡通签到是目前比较先进的一种签到方式，适合中大型会议签到使用。一卡通是将签到卡、会员证、代表证以及食宿出入证组合在一起而制作的电子卡片。采用这种签到方式，事前要做大量准备工作。会务工作人员会前要汇总编辑与会者个人信息，将与会者的姓名、性别、年龄、单位、职务或职称、联系电话、代表性质、分组情况、证件编号以及座位编号等信息事先输入电子卡和签到机，签到时与会者只需把签到卡在签到机上刷一下，即可以完成签到工作。这种签到方式方便、快捷、功能齐全，目前国内外普遍使用。

（四）会务工作人员代为签到

会务工作人员代为签到是指无须与会者亲自签到，会务工作人员在事先制定的参加会议的花名册上标记符号，以了解到会情况，统计到会人数的签到方式。如以“√”表示到会，以“×”表示缺席，以“○”表示请假等。这种签到方式简便易行，但前提是会务工作人员必须认识与会者。此外，当人数较多时，签到统计也容易混乱。因此，此种签到方式只适合小型内部会议。

（五）座次表签到

座次表签到是指会务工作人员按照会议规模，事先编制好座次表，每个座位后相应填上与会者姓名和座位号码。与会者到会时，在座位表上销号表示出席。座次表的设计要体现整体性，按区域划分座次，将同一地区、同一部门的与会者集中一起，既方便与会者查找自己的座位，也便于会务工作人员统计到会单位人数，同时，与会者当即了解了自己的座次号，能起到引导的作用，提高了会务组织的工作效率。

第二节　会议记录

一、会议记录的含义与特点

（一）会议记录的含义

会议记录是如实记录会议的与会情况、报告和讲话、会议决议等内容的一种应用性文体，是对会议实况的真实反映，是当次会议的历史的、原始的档案。一份完整、简洁、条理清楚的会议记录，可以提供会议活动的原始信息，为形成和编写会议纪要和会议简报打好基础，为帮助会务工作人员会后更好地传达会议精神，使会议的各项决议能在今后的工作中得到充分贯彻和执行提供依据，同时还为以后检查会议决议的执行情况提供依据。

因此，做好会议记录，是秘书会中工作的一项重要和必要的任务。

知识链接 两会花絮：小组秘书记录忙

在两会的分组讨论会上，有一些从不发言，但总在认真记录的人，他们的工作很琐碎，但是绝不能缺岗。他们就是各个小组的小组秘书。

在分组会议进行中，如果你去找小组秘书咨询问题，他们一般都会答复你："请稍等一会，我现在要集中精神听委员们的发言，做会议记录，等会议开完，我答复您好吗?"记录发言、制作简报、发放材料、处理记者采访邀约、及时发布活动通知……他们的工作事无巨细，丝毫马虎不得。

"最忙的时候一般都在晚上，分组讨论结束后，我们需要把每位委员发言的材料整理出来，录入成一篇约 2 500 字的文档，每晚 9 点前发给大会简报组。"来自省住建厅的张伟第一次担任小组秘书，她被分在无党派界别组。"刚开头的那几天，我还没有熟悉起来，每天都要整理两三个小时。分组讨论一般持续整个下午，几十位委员发言，这么多的内容要精简成 2 500 字的会议记录，蛮不容易的。有一天晚上好紧张，我和咱们组另外一位小组秘书刚整理好，眼看就 9 点了，幸好赶上了规定的截稿时间。这几天工作下来，适应多了。"张伟笑着说。

致公党界别的两位小组秘书李强和周红兵都不是第一年担任小组秘书，他们对委员更熟悉，工作起来也更有经验、更加得心应手。"今年的会风务实高效，大部分的委员发言都比较有条理，我们以记录委员的建议为主，'穿靴戴帽'的、'整体评价'的、'表示赞同'的官话套话都不记录了，整理起来比较容易，也节省了时间。当然，如果遇到记录得不准确的地方，或者没听清的地方，都要尽快找委员核实，务必反映委员的真实声音。"周红兵说。

资料来源：http：//ah. anhuinews. com.

（二）会议记录的特点

1. 时间性

会议记录的时间性强，这一方面体现为记写过程的时间性，也体现为会后形成会议正式文件的时间性。会议记录是一种即时记写的活动，要求会议记录人员要有较强的听、知能力，掌握熟练的记写技术，如手工速记和计算机速记技术。要把稍纵即逝的音节及时、准确、完整、清楚地转换为文字符号，做到音出笔落。由于讲话速度快、单位时间内信息含量大，会议记录人员要耳、眼、脑、手并用，详细记录或有所取舍，这是很紧张的过程。此外，会议记录是贯彻会议精神的基础，除少数会议，一般会议都需要及时将会议记录整理出来，拟写成会议纪要，或编写成会议简报。特别是重要的决议、领导者的重要讲话等，更需要及时整理出来。因此，会议记录人员一定应是具备记录素质的秘书。

2. 被动性

会议记录过程中，会议发言人是主动者，而会议记录人员是被动者。开会时，会议记录人员事先基本无法了解发言人要讲的内容、讲什么、讲多长时间。会议记录人员基本受发言人的支配，仔细听、认真记，从这点来看，会议记录工作具有被动性。

3. 技术性

为更快更准地完成任务，会议记录可借助速记技术以及其他现代化手段。比如掌握传统手写速记技术与计算机速记技术，在单位内小型会议做记录则可借助录音、录像、拍照等技术辅助记录等。随着语音识别记录的广泛应用，会议记录的效率会更高，更加完整和便捷。所有这些技术的运用，保障了会议记录的安全、快捷、全面和准确，提高了会议记录的成效和质量。

二、会议记录的内容

（一）会议概况

会议的概况包括会议名称、届次、时间、地点、主持人、出席人、列席人、缺席人、旁听人、记录人、记录审核人等，有的要标注职务，缺席的要注明缺席的原因。这些内容应在会议正式召开前详细、清楚地填写好，经常性的例会可以将以上内容制成表格。

（二）会议内容

会议内容是会议记录的主体部分，包括会议议题、讲话发言、形成的决议等。这部分应按会议议程和各项活动的先后次序记录，发言人姓名要写全，会议的决议要准确，并写明表决的方式，如口头表决、鼓掌表决、举手表决、无记名书面表决、计算机或借用其他媒体表决等，以及表决结果，如同意、反对、弃权的票数。一次未决，有多轮表决的情况，也要记录在案。

（三）会议的其他情况

会议的其他情况是指会议期间会场内发生的与会议进程和会议内容有关的情况，也需要记录。会场情况有助于了解会议的气氛以及与会者的态度和情绪，使读者对会议有更全面的认识，如与会者的掌声、笑声，与会者迟到、早退、中途退场以示不满等。

三、会议记录的方法与要求

（一）会议记录的方法

会议记录常用的方法有三种：

1. 详细记录法

详细记录法就是要求记录时有言必录，对会议的全过程、所有发言人的发言、发言过程中的插话、会场情况等做原原本本的记录。详细记录用于重要会议，并要求会议记录人员掌握熟练的速记方法，比如掌握传统手写速记知识，懂得使用简称法、符号法、省略法等方法进行速记。又如会使用现代速录设备进行速记，或由几个记录人员同时记录，会后共同核对整理，每个记录人员都在整理稿上签字。如领导者同意，也可以使用录音的办法，会后根据录音整理。

2. 摘要记录法

摘要记录法是指除了会议概况必须详细记录之外，只需记录会议的议题、议程、发言人姓名、发言的重点和要点、决议情况等的记录方法。摘要记录法适用于一般事务性会议，记录人员在充分掌握会议内容、议题的轻重、发言人的发言宗旨与意图的情况下方可使用这种方法。

使用摘要记录法时应当善于抓住发言者的发言要点，不遗漏发言人的主要观点，不曲解发言人的本意。

3. 简易记录法

简易记录法是指除了记录会议概况外，只要求记录会议的议题议程和会议的结果，不必记发言的内容和经过。简易记录仅限于事务性会议。

（二）会议记录的要求

1. 完整

会议记录必须体现会议的完整过程，无论使用详细记录法还是摘要记录法和简易记录法，会议概况、会议的议题、议程、会议结果等必须完整记录，不要遗漏。

2. 真实

负责会议记录的人员应当具有高度的责任心和良好素养，决不能将个人的主观臆想和情感好恶掺入会议记录中。

3. 简洁

会议记录是对会议进程的简要记载，不要采取详细的报告或载录的写法，应以清楚而简洁的形式将会议内容表达出来。

4. 快速

会议记录人员记录时要做到注意力集中、反应迅速、判断准确，以提高记录的质量和效率。会议记录人员平时应加强听知能力的训练和培养，会前应了解会议的内容，做一些记录前的准备，对于专业性强的会议，还要事先了解一些专业术语的用法，以免记录时茫然无知。

5. 规范

会议记录是立卷归档的重要材料，一定要用签字笔记录。如采用录音记录、速记和多人同时记录，会后要及时核对、整理、誊清并签字，以示负责。

四、会议记录的格式

会议记录的格式有两种类型：一种是簿式，一种是表格式。

（一）簿式

簿式会议记录的内容分为以下部分。

1. 标题

会议记录的标题有两种，一种是通用标题，一种是专用标题。

通用标题适用于一般性会议。写法是直接在会议记录簿的空白页正中写上“会议记录”四个字。会议名称写在首部。

专用标题适用于专项会议或重大会议。写法是在会议记录簿的空白页正中写上“会议名称＋会议记录”，比如“××市人民政府第三次常务会议记录”“××××股份有限公司董事会例会记录”。

2. 首部

会议记录首部记录会议的概况，内容有：会议名称、时间、地点、主持人、出席人、缺席与请假人、记录人、主持人。

3. 主体

会议记录主体部分记录会议的进程。内容有：会议的议题、议程、发言人及发言情况、表决情况、会场情况、会议结果。

4. 尾部

会议记录的尾部用于签署。内容有：会议记录人签署、会议记录审核人签署、会议发言人签署、签署时间。

例文

××股份有限公司董事会例会记录

会议时间：×年×月×日上午 10：00

会议地点：××××高科大厦公司总部会议室

会议主持：××（董事长）

出席人员：××（董事长）、××（副董事长）、×××（财务主管）、××（董事）、××（董事）

代理投票人：××董事、×××董事、××董事

缺席人员：无

会议记录：×××（秘书）

1. 秘书×××宣读了×年 3 月 10 日会议的记录，并在宣读后获得通过。

2. 财务主管×××提出的一份财务报告显示，×年×月×日公司的流动资金余额为××××万元。财务主管的报告在宣读后获得通过。

3. 关于参加公益活动的报告。主管公司企划部的副总经理××董事报告说，公司企业策划活动的下一个项目是为××市护城河河道清淤项目捐款××万元人民币，这项公益活动将有助于提高企业的知名度。计划在“五一”期间举行捐款仪式，向××市有关部门捐款。关于此事全部细节情况的材料将于×月×日寄发给所有成员。

4. 其他活动。××董事提出在×月×日举行的下一次董事会例会上，公司董事会应

任命一人负责公司职工艺术节（将于×月初举行），同时董事会还应在下次会议上为职工艺术节确定一个主题。此建议得到了××董事的附议并获一致通过。

会议于上午 11：50 结束。

记录人：×××
审核人：×××
×年×月×日

（二）表格式

表格式会议记录是在事先制作好的会议记录表上所做的记录。一般格式如表 6－1 所示。

表 6－1　　会议记录表

时间			
地点			
主持人			
出席人员			
列席人员			
缺席人员			共　页
发言人	会议进程记录		
记录人		审核人	

第三节　会议选举与表决

一、选举与表决

选举是指选举人根据少数服从多数的原则以及选举的有关规则，以投票、举手等表决方式对特定的候选人进行差额选拔的行为过程。广义的选举既包括选举各种组织的领导者和各类代表，也包括评选各种先进人物和先进集体的行为过程。

会议选举活动是各级各类法定性会议的重要内容，包括候选人的推荐和确定、选举人的登记和审查、选举活动的安排和实施、选举结果的统计和公布等一系列工作。

表决是指具有表决权的与会者通过投票、举手等方式对特定的事项表达赞同、反对、弃权意志的行为过程，是通过决议或决策所使用的一种民主方式。

选举和表决是现代社会的两种民主形式。通过会议选举和表决可以极大地提高群众的主人翁责任感和工作的积极性、创造性，有利于民主集中制的发扬，有利于克服官僚主义，改进工作作风。随着民主机制的不断完善，选举和表决越来越频繁地出现在政治、经济和社会生活的各个领域，成为现代会议的一项重要内容。

二、表决方式

（一）口头表决

口头表决即用口头表示同意或不同意，适用于人数少、容易统计表决结果的会议。主持人征求与会者意见，或直接回应同意或不同意；或以呼声回应，以呼声大小来决定表决结果。

（二）举手表决

举手表决是最传统、最基本的表决方式。主持人宣布决议，与会者举右手表示赞同，不举手表示不赞同，根据举手人数的多少决定表决结果。

（三）投票选举和表决

投票表决是一种常用的表决方式。会务工作人员将选票或表决票分发给与会者，按照选举要求在选票或表决票上选择支持或者反对，并将匿名的选票或表决票投入投票箱中。

（四）鼓掌表决

鼓掌表决是对那些具有高度一致性、认同感的决议进行表决时使用的一种方式。鼓掌表决有一定的局限性，难以统计出具体的通过人数和比例，因此要根据情况慎重选用。

（五）按电子表决器

这是一种通过计算机或手机应用程序进行的表决方式，通过网络链接进行投票，无须离开座位即可完成投票过程。这种方式可以提高会议的工作效率，减少时间成本，但一些技术问题以及涉及隐私的问题尚需要解决。

三、选举与表决的工作程序

（一）制定选举和表决规则

选举和表决规则是在选举、评选和表决活动时，规范选举和表决的程序以及规范组织者和选举人、评选人、表决人的行为的各项法律、法规、规章、组织章程的总和。

制定选举和表决规则的目的，是防止少数人操纵选举和表决的过程，保证选举、表决的科学性、民主性和公正性。此外，也是为了避免当事人在程序和技术上的分歧带来对选举与表决造成的负面影响。

选举和表决规则的写作格式是：

（1）标题。一是由“会议名称＋文种”组成，如《××代表大会选举（表决）办法》。二是由“选举和表决的对象名称＋文种”组成，如《××区和谐社区评选办法》。

（2）稿本。选举和表决规则如需提交会议审议、表决通过，应在标题后面或下方居中位置用括号写明“草案”或“修正案”。

（3）题注。经会议通过的选举和表决规则，应当在标题之下注明会议名称和通过的日期。

（4）正文。选举和表决规则属于规范性文件，通常使用章条或条款结构。

例文

《××有限公司重整计划》表决办法

第一条　为确保《××有限公司重整计划》（以下简称“重整计划”）表决顺利进行，根据《中华人民共和国破产法》，特制定本办法。

第二条　经××市人民法院债权裁定，或经××市人民法院临时债权额表决权决定书确认，对××有限公司享有债权并参加××实业有限公司债权人会议的债权人及出资人，有权参加××有限公司重整计划的表决。

第三条　重整计划的表决实行记名投票表决。参加表决的债权人、出资人代表和/或代理人应在债权人、出资人签名簿上签名确认。

第四条　根据《中华人民共和国破产法》第八十二条规定，重整计划按照担保债权、职工债权、税收债权、普通债权分类分组进行表决。

债权人应根据××市人民法院的债权裁定或临时债权额表决权决定书所确认的债权金额、类别参加相应组别的表决。

本次会议表决另设出资人组。出资人依照《中华人民共和国公司法》以持有股权行使表决权。

第五条　债权人按照××市人民法院债权裁定或临时债权额表决权决定书确认的债权数额行使表决权。每户债权人在债权分类组中只有一票表决权，债权人在该组表决债权金额不能分割表决。

出资人按股权比例行使表决权。

第六条　参加表决的债权人及出资人应根据债权人会议要求填写、提交《重整计划表决票》。

第七条　同一组表决的债权人过半数同意重整计划，并且其所代表的债权额占该组债权总额的三分之二以上的，即为该组通过重整计划。出资人组对重整计划的表决须经出席会议的股东所持表决权的三分之二以上赞成通过。各组均通过重整计划时，重整计划即为通过。

第八条　为确保程序的公正性、公平性和公开性，本次表决由××市公证处全程公证。

第九条　本办法对本次债权人会议重整计划表决具有约束力。

××有限公司管理人
×年×月×日

（二）投票选举和表决的程序

（1）会议执行主席宣布选举或表决开始，并向大会报告本次会议的应到人数和实到人数；

（2）报告候选人产生的过程并介绍候选人的情况，必要时可安排候选人与代表见面或发表演说；

（3）通过选举或表决办法，通过总监票、计票、唱票人名单，一般采用举手或鼓掌通过方式；

（4）监票人核查会议秘书处提交的选票或表决票；

（5）监票人当众检查投票箱，然后当众密封；

（6）工作人员分发选票并检查实发选票或表决权票与实到人数是否相同；

（7）总监票人宣读填写选票或表决票的注意事项以及投票的顺序、路线；

（8）正式填写选票或表决票；

（9）投票时，先由主席团成员投票，再由监票人和计票工作人员中的正式代表投票，最后由其他正式代表投票；

（10）当场统计选票或表决票；

（11）总监票人宣读选票或表决票的统计结果；

（12）会议执行主席宣布选举或表决结果。

知识链接　差额选举

差额选举是指候选人名额多于应选代表名额的选举（区别于“等额选举”）。1979年，五届全国人大二次会议通过了新的选举法，其中将等额选举改为差额选举。1990年，《中国共产党基层组织选举工作暂行条例》发布，随后，《中国共产党地方组织选举工作条例》通过，规定党的地方组织和党的基层组织，部分党内职务要实行差额选举，将差额选举引入党内选举。

2020年7月13日印发的《中国共产党基层组织选举工作条例》第二章第七条规定：党员代表大会的代表应当自觉增强“四个意识”、坚定“四个自信”、做到“两个维护”，遵守党章党规党纪和法律法规，具有履行职责的能力，能反映本选举单位的意见，代表党员的意志。第九条规定：代表候选人的差额不少于应选人数的20％。

差额选举的选举方式有两种：一种是直接采用候选人数多于应选人数的差额选举办法进行正式选举；另一种是先采用差额选举办法进行预选，产生候选人名单，然后进行正式选举。

差额选举的优点在于：在候选人之间形成了相应的竞争，为选民行使选举权提供了选择的余地，有助于选民了解候选人，有助于从制度上切实提高选举的民主化程度，也有利于人才的选拔，使优秀人才得以脱颖而出。

差额选举的局限性在于：如果不加以有效规范，容易发生虚假宣传、贿赂选民等情况。

差额选举的选举意义：

(1) 可以让选民或代表对候选人进行比较，并按照自己的意愿选择自己信赖的人当人大代表或本级国家机关的领导人员，有利于增强选举人的主人翁意识。

(2) 实行差额选举，在选举中引入竞争机制，意味着对候选人提出了更高的要求，有利于候选人更好地发扬长处，克服不足。

(3) 实行差额选举，使当选者增强对人民负责的责任感，有利于克服人身依附观念和恩赐观念。

(4) 差额选举拓宽了候选人提出的渠道，扩大了候选人的选择面，有利于优秀人才脱颖而出。

(5) 实行差额选举有利于改进干部管理体制，使干部管理部门对干部的考察更加认真，选拔干部更注重民意，从而有利于党风建设的加强。

资料来源：http：//baike. baidu. com/view/239485. htm＃1. 有删减和补充。

（三）制作选票和表决票

选票和表决票是书面投票时选举人和表决人表达意志的载体，具有凭证和保密的作用。

选票和表决票格式如下：

1. 标题

(1) 由“会议名称＋选举的目标职务＋选票”构成，如“××市第×届人民代表大会选票”。

(2) 由“奖项名称＋选票”构成，如“第×届青年歌手大奖赛选票”。

2. 候选人名单

候选人名单必须按一定规则排列，一般以姓氏笔画排列。如果遴选候选人，也可以按前一轮推荐时的得票多少排列。候选人名单一般采用表格的形式，在设计候选人名单表格时，应留出适当空格，供选举人填写。

3. 注意事项

选票的下方要求清楚写明选举要求和方法，内容包括：明确等额选举还是差额选举，每张选票选出候选人的上限，是否可以另选他人，表达意见的方式及符号等。

4. 签署

选票末尾要标明选举机构的名称和选举时间。有些选票还要求在选票签署位置盖选举机构的印章。

选票示例如表 6－2 所示：

表 6-2　中共××市第×届委员会第×次会议常委选票

杨××	张××	孙××	刘××	冯××	

注意事项：
(1) 以上候选名单按姓氏笔画排列；
(2) 请在候选人姓名下方的空格内填写您的意见，同意填“○”，反对填“×”，弃权不填任何符号；
(3) 同意的人数不得超过 5 名；
(4) 如另选他人，请在候选人名单右侧的空格内填写姓名并在下方填“○”。

×××××××××办公室
×年×月×日

表决票示例如表 6-3 所示：

表 6-3　××市科技进步奖表决票

编号	候选人姓名	表决意见		
		同意	反对	弃权
1	王××			
2	毛××			
3	李××			
4	杜××			
5	杨××			

注意事项：
(1) 以上表决对象名单按姓氏笔画排列；
(2) 请在表决对象姓名后的空格内填写您的意见，并统一填“○”；
(3) 同意的人数不得超过 2 名。

××××办公室
×年×月×日

(四) 制作投票箱

投票箱的制作以简单轻便、设计庄重和方便密封与开启为原则。投票箱的数量要根据参加投票的人数多少而定。摆放投票箱时要考虑会场布局、座次安排和投票的行进路线。

(五) 推选监票人

监票人应当在选举之前经大家推选产生。监票人应当严格履行职责，监督整个选举过程，并最终将选举过程口头向大会报告。

第四节　会间危机管理

一、会间危机管理的内容

会间危机管理是指对开会期间突然发生事件的应对与处理。

会间危机管理的内容包括：会议期间因照明、空调、会场容量等原因出现的场地问题，因组织协调原因出现的流程衔接不当、信息不能及时传递的组织问题，发言人的言语以及行为引起的会场骚乱，与会者突发心脏病等危重病情，火灾、地震等自然灾害。

二、会间危机管理的特点

（一）突发性

会议期间突发事件发生的时间、地点、方式以及严重程度等是人们始料未及的，因此较难事先把握。

（二）紧迫性

突发事件的发生在人们的预料之外，且发生在会议进行之中，既关系到全体与会者的安危，也关系到社会和组织的安危，需紧急采取应对措施，及时有效地加以处理。随着事态的发展，事件所造成的损失也会越来越大，因此，必须进行有效的危机管理，反应要快、决策要准、行动要迅速，把损失降到最低。

（三）严重性

会议期间突发事件造成的损害有直接损害和间接损害两种。这些损害不仅体现在与会者的伤亡、财产的损失和环境的破坏上，还体现为对个人心理和社会心理所造成的破坏性冲击，进而渗透到社会生活的各个方面。

三、会议应急方案与应对措施

按事件类型进行分类，根据以下每类事件的具体表现，可提出预防和应对的具体措施，如表 6－4 所示。

表 6－4　　突发事件应对措施

事件类型	具体表现	预防和应对措施
安全问题	火灾、地震等，紧急疏散时，会场安全通道和消防通道不畅	要加强会前检查，特别要对会场安全通道和消防通道进行认真检查。开会时可安排专人把守通道，或安装监控系统，安排专人负责监控
会场设备问题	会场制冷、取暖和通风系统出现故障，会议进行中扩音设备、灯光、投影机、录像机等设备出现故障	加强会前检查与调试，扩音设备、投影仪、录像机等设备可事先准备备用机器，由专人负责设备的使用和维护。会务工作人员要留有紧急维修工程师的姓名、联系方式

续表

事件类型	具体表现	预防和应对措施
与会者出席问题	主要发言人、与会者、关键代表未及时出席或缺席，影响会议按时召开，或影响会议的选举、规模等	发言人不能按时到会，可考虑调整会议议程或推选合适人选替换发言。与会者人数未达规定人数，有严格规定的法定性会议一般须推迟召开会议；其他会议或由会议主持人征求大会意见，由大会主席团做出决定。为确保会议如期召开，会前与会者情况落实工作一定要细致、周到
与会者言语和行为问题	发言人言语或行为有过激、反常现象	开会前确定发言人时一定要慎重，严格审查身份。会前要与发言人沟通，讲明会议的议题和要求，会间如发言人言语或行为有过激、反常现象，先递出写有提示的纸条，还未能控制时，或情绪异常强烈时，会务工作人员要上前劝阻，甚至请会议保卫人员协助
与会者健康问题	因天气导致与会者休克，或突发心脏病、脑出血等危重病情	要安排专人负责会议安全健康工作，有会场附近医院的联系方式和交通路线图，中大型会议要配备专门医务人员
会议资料问题	与会者超出既定人数，资料数量不够。资料发出后发现有装订、缺页、内容等方面的问题	会务工作人员要有所准备，随身带上资料原稿，如果资料数量不够，尽快在附近随时印刷。如资料发出后发现有装订、缺页、内容等方面的问题，要在不影响会议正常召开的情况下有秩序地收回，修正后重新分发
车辆问题	会议期间的会场转移、外出参观、会议活动时用车短缺或车辆发生故障	要安排专人负责会议交通工作，会前一定要逐一落实车辆，在用车前半小时到1小时保证车辆到达指定地点。会务工作人员要留有司机和主管单位的联系方式，如有意外，及时联系和调度。有条件的会议，要安排备用车辆
危机指挥问题	会议期间发生危机事件，指挥者阵脚混乱	面对危机，缺乏经验的指挥者往往会乱了阵脚，无从下手或乱指挥。指挥者应当稳定情绪，迅速理清思路，做出合理决断。其他负责人应积极配合，提出建议，帮助主要负责人尽快做出决断并立即实施

四、处理危机事件的要求

（1）及时报告。危机事件发生后，会务工作人员应当第一时间将发生的时间、地点、经过、危害程度等情况向领导者报告，以便领导者全面掌握情况，全面指挥，力争把危害降到最小。

（2）启动应急方案。会前准备工作中应制定了应急方案，如与事件相符，首先启动应急方案，按方案中的措施、方式进行，从容地处理和解决危机问题。如事先未制定应急方案，则应按紧急和危险程度，分清工作主次先后，采取合适的应急措施。

（3）要大胆、果断，还要细致、稳妥。

第五节　会议主持工作

一、会议主持人的选择

会议主持人是会议进行中的核心角色，是会议的动力和导向。会议主持人一旦确定，需要建立权威性和唯一性，所有与会者必须服从会议主持人的指挥和领导。成功的会议主持人能因势利导，有效控制会议的进程，确保会议高效进行。因此，选择合适的会议主持人是开好会议的关键。选择会议主持人时要考虑以下因素。

（一）选择与会议议题密切相关的人

以传递信息为主要目的的会议，一般选择与会议议题密切相关的人主持会议。这类主持人掌握大量会议相关信息，便于进行信息传递并掌握会议的节奏和步骤，在与会者提出质疑时，也便于直接解答，大大提高会议的效率。

（二）选择与会领导者中地位最高的人

须形成决议的会议，一般选择与会领导者中地位最高的人主持会议。最高领导者担任会议主持人的优势显而易见，由于领导者职位显赫，且在相关领域有高出一般人的理解，在主持会议时，较之其他人考虑问题更具全面性和权威性，特别当会议中发生争端、出现矛盾和情绪激化，就十分需要一个权威的声音。最高领导者能整合大家的意见，从全局角度和更高层次看问题、分析问题，找出问题的症结，从而化解矛盾，最终形成会议决议。

（三）选择会议组织者

受领导者委派，一些事务性会议、协调性会议可以由会议组织者主持。会议组织者主持会议的优势也非常明显，因为会议召开的意图、议题、议程、时间、地点、开会的方式等会议要素都是由会议组织者与领导商议确定的，会议组织者能最直接准确地领会领导者意图，知道召开会议要解决什么问题，达到什么目的，开会的目的性非常明确。

（四）选择被多方公认的人

会议内容如涉及多方利益，因利益和立场不同自然会形成几方势力，此种情况的会议，适合推选被多方公认的人主持会议。这样的主持人各方都能接受，他可能是一位中立人物，或是一位获得各方共同认可的无异议的公众人物，这样才能更有效地发挥主持人的权威性，确保会议顺利和有效推进。

知识链接　主持人：开场白出色很重要

前不久，南京某传媒学院召集了一场出版会议，并请到了著名的出版家做报告。通常主持人在开场时都如此介绍出版家：姓名、职位，获得哪些奖励、殊荣等。

最初，这次会议的主持人也想按此常规形式介绍，可担心如此介绍不“给力”。于是，他决定换一个方法，抛砖引玉，先讲故事，再正式介绍。

这名主持人如此声情并茂地讲故事：

> ××年前的一个春天，在北京大学的一个会议室中正举行着一场脍炙人口的讲座。主讲人认为，一流人才当作家，二流人才当学者，三流人才当编辑。对于主讲人的观点，台下的一位青年学子难以接受，严重质疑，并立下了一个远大理想——今后要成为一名大出版家。这位学子是谁呢？他就是我们今天的贵宾，著名出版家、社会学家、上海某出版社的张社长。让我们以热烈的掌声欢迎张社长……

主持人的话音刚落地，会场中立马响起热烈的掌声，与会者都露出一脸期待的神情。当会场响起热烈的掌声，与会者流露出期待的神情时，意味着主持人的开场白十分成功。

这个开场白的成功之处在于它藏有很多语言技巧：

一简：简单介绍

这次的开场白主持人只用了100多字，并且将介绍的内容浓缩为“两个家”：一是出版家，一是社会学家。如此归纳总结，容易让与会者记住他。

二活：活用故事做引子

在介绍形式上，不直截了当介绍，而是用讲故事的方式引出人物，非常灵活。这样，就容易吸引台下的观众，让他们竖起耳朵听。开会时，很多主持人在介绍主讲人时很喜欢夸夸其谈，如使用“最最著名”“国际大师”等大而空的词。如果掌握一些技巧，言之有物，就能以别具一格的方式让主讲人闪亮出场。

开会时，主持人如何让主讲人闪亮出场，让自己的开场白特别出彩呢？

(1) 要清楚开场白的功能。

一场会议的开场白应该具有两大功能：一是建立说者与听者的同感；二是要打开局面，引入正题。想要实现开场白的这两大功能，主持人应根据演讲人讲话的内容、特点、会议要求、听众情绪、会场情况等具体方面，来灵活地设计开场白。

(2) 开场白要幽默风趣。

幽默风趣的开场白既能吸引与会者，又能让与会者在会心一笑中受益匪浅。一个简单有效的方法是巧妙使用幽默语言，其次是注意使用连接词，如“虽然……但是……”“如果……那么……”等，通过“起、承、转、合”把发言组织成一个有机整体。

(3) 开场介绍他人时，要善于抓住亮点。

开场白除了要幽默风趣，还应该突出被介绍人的闪光点。如何发掘闪光点？一是可以网上搜索，了解这个人的基本情况；二是可以参考相关媒体采访。媒体的采访一般都有生动的故事、精彩的比喻，这些都是最给力的参考资料。

(4) 事先与被介绍人沟通。

时间允许的话，开会前，主持人可以与被介绍人稍稍交流，了解对方要讲的内容和乐于介绍的内容。对于他乐于介绍的内容，可以挑一些重点着重介绍。

(5) 台下功夫要做好。

要想自己的开场白出彩，主持人既要使用幽默风趣的串场词，又要让自己的发言流光溢彩，这样才能把发言像串珍珠一样串起来。要做到这一点，主持人平时就要多读书，多听多看一些演讲类节目，并从中汲取精彩词句。多读多记，主持会议时，自然能信手拈来，恰到好处。

资料来源：简宁．开会是门技术活儿．长沙：湖南文艺出版社，2013：177．略有改动。

二、会议主持工作三部曲

(一) 进入程序

1. 准时开会

要培养准时开会的良好会风，不要因为某位领导者或嘉宾未按时到会而延迟开会，否则，不仅影响本次会议的进程，使主持工作陷入被动，影响会议效果，而且会形成不守时的不良会风，影响更加深远。

2. 将与会者引入会议状态

会议主持人在会议开始前，要先设法引领全体与会者进入会议状态。比如让事先播放的音乐戛然而止、主持人和主席台就座的领导者和嘉宾集中入席、做出暂停的手势请大家安静、直接发出会议马上开始的指令、报时的钟声突然响起，等等。

3. 开场白

开场白是一段系统、简洁、审慎并有明确宗旨的 3～5 分钟的讲话。其主要内容包括开会的目的、已知的重要资讯及议事方式等。好的开场白不仅可以起到画龙点睛的作用，也能活跃会议气氛，引导与会者投入会议，激发与会者的思维和活力。

以下介绍开场白的主要内容：

(1) 宣布会议召开的目的。尽管会前的会议文件和会议通知已经发到与会者手中，与会者对会议召开的目的有所了解，但会议开始时，仍有必要首先强调一下会议召开的目的，开什么会，有哪些议题等。这样可以消除会议开始时与会者思维的混乱，集中大家的注意力。下面举几个明晰会议目标的开场白例子：

> 今天，窗外阳光明媚，室内暖意融融！在新春佳节即将到来之际，我们在这里欢聚一堂，召开×年度公司总结暨表彰大会。此次会议的主要目的是回顾一年来的工

作，总结经验，吸取教训，共商公司未来发展大计，并对为公司各项工作的发展做出贡献的员工、施工队进行表彰和奖励。

在这次会议中，我们希望确定新产品设计的基础，新产品能够补充完善我们现有的产品种类。因此，请进行反复的思考，并且继续大家的评判直到下次会议。

（2）宣读会议议程。会议议程是会议进行的先后程序。会议开始时宣读议程的目的是让与会者清楚今天会议先研究什么问题，再研究什么问题，思考议题与程序是否存在一致性等，以便把握会议的进程和确定自己在会议中参与的程度以及发言的时机和重点。

（3）宣布到会情况。主持人对与会者出席会议情况的宣布是为让与会者了解会议应到人数、请假人数、缺席人数、迟到人数，以便与会者全面了解与会议有关的信息，在会议表态和决议时做适当判断。

（二）推进程序

1. 控制会议进程

会议时间有一定限度，无论短期、中期、长期会议，一般每一段会议最好不要超过 2.5 小时，这是由人的生理和心理特点决定的。超过 2.5 小时，会议效率将逐步递减。因此，会议主持人要严格控制好会议的进程和节奏，以确保会议的高效。

影响会议进程的事项有：

（1）会议议程的次序安排不合理，开场时也无人提出，以致一些无关紧要的议题花费时间过多，影响会议的进程。

（2）主持人不守时，没有明确会议的开始和结束时间。

（3）会议期间因有异议而发生争执，主持人又未能及时劝阻。

（4）与会者的发言偏离会议目标，主持人未能及时劝阻。

（5）与会者会前准备不够，会上漫无边际地讨论，重复地表态、祝贺、讲话。

（6）过多的中途退场、外出、接听手机或会场外部干扰等，主持人未能适时提示，使会场秩序混乱，会议效果低下。

（7）时机成熟时，主持人未能终止讨论或辩论，未能及时确认结论形成决议同时转入下一议题，以致拖延时间。

2. 防止冷场与沉默

冷场是指全体与会者开会时不语，沉默是指少数与会者的不语。无论冷场还是沉默，对于会议主持人来说，都是件非常棘手的事情。遇到这种情况，会议主持人要察言观色，揣摩与会者心思，弄清会议冷场和沉默的原因。大家是在沉思，还是对问题没弄明白；是厌烦了，还是有难言之隐；是胸有成竹，还是心有顾虑；是事不关己，还是话不投机；等等。冷场和沉默是一件复杂的事情，主持人要有耐心，不要简单粗鲁行事，尤其不要以点名的方式处理，否则可能适得其反，事与愿违。正确的方法是善于抓时机或主动引出话题，激发与会者发言的欲望，增强他们的自信和勇气。

3. 引导与会者实现会议目标

（1）防止偏离目标。会议由提出问题到最终解决问题，需要一步步引导。一些毫无结果的会议常常是由于缺少这种引导。究其原因主要是：主持人除在会议开始时明确目标外，未能在会议进程中不断强化目标，或是与会者发言洋洋洒洒，不知不觉偏离了目标。

想要防止会议偏离目标，主持人应随时掌控会议，发现偏离时及时加以引导。

（2）阻止无序的发言。会场上的发言一般是事先安排好的，但研讨、商洽性会议一般不做安排，与会者可根据自己的准备情况和态度决定发言的时机。这类研讨、商洽会议中，与会者应在发言前先向主持人打招呼，征得主持人同意后方可发言。如同时有几个与会者表示要发言，主持人可根据他们的急切程度决定先后。如果有与会者不经允许随性发言，会议主持人应及时、果断予以提醒或干涉，以保障会议始终处于有序状态。

（3）随时澄清模糊的概念和理清混乱的思路。要保证信息传达准确无误，对发言人发言中的模糊概念和混乱思路，主持人应当及时提示或帮助梳理。比如："对不起，打断一下，您刚才说的意思是……""您刚才是不是说整个方案缺它不可？""对不起，打断一下，您刚才的意思是说我们每年投入的大量的广告费并没有收到预期的效果吗？"

（4）适时做简短概括。主持人及时简短的概括能帮助与会者梳理出发言人的观点与思路，澄清分歧问题，引起与会者注意，同时，主持人适时的概括，还能给与会者以鲜明的节奏感，使会议有张有弛，有起有伏，气氛活跃。

（三）结束程序

并非所有会议结束时都要做出决定，但所有会议在结束时都必须讲求结束技巧。

1. 会议结束的时机

（1）讨论已经完成，并且会议主持人已经完成了议程上的所有事项。

（2）时间已经到了。

（3）意见被一再重复而且没有任何其他新的提议。

（4）现有信息有限，还需要重新准备才能继续进行下去。

2. 总结会议

会议主持人认为应该结束会议时，要做的工作是总结会议。为整场会议做总结是一件非常重要的工作。任何一场会议，给与会者印象最深刻的，往往是会议结束前几分钟的结束语。因此，会议主持人应当善用这几分钟。有效、客观、合理的总结性结束语能使与会者在离开会场之际再次振奋情绪，真正获得成就感和贡献感。

主持人总结的内容包括：通报会议取得的成果，已经做出的决定和达成的协议等；用明确的语言指出分歧，估计它的影响，说明分歧是多数还是少数；指出下一步必须做的事情，明确今后的行动方案，指出哪些事情会后应得到落实，负责人是谁。

主持人总结的方式有以下几种。

（1）归纳式。归纳式是把会议的主要成果提纲挈领地概括出来，以加深与会者的印象，使与会者对会议有全面完整印象的结尾方式，如：

> 这次会议开得很成功，于总经理的工作报告，既对公司一年来的发展进行了全面、客观的总结，也提出了公司下一个五年计划的发展思路，描绘了公司美好的前景。吴董事长的讲话更是站得高、看得远，坚定了大家为公司未来发展而奋斗的信心。这次大会是一个振奋人心、催人奋进的大会！会后，我们要深入学习、领会会议精神，在公司领导的正确指挥下，继续坚持'诚信做人，踏实办事'的经营理念，以'对社会负责，使企业发展，让员工富裕'为目标，团结一心、共同努力，鼓足干劲、开拓创新，为公司美好的未来贡献我们的智慧和力量！

（2）号召鼓动式。号召鼓动式是指用号召鼓动性话语做总结，以强化会议精神，增强情感感染效果的结尾方式，如：

> 世上总是好人多，天灾无情人有情。这次抢险救灾，真正体现了一方有难，八方支援；一家受灾，千家关怀。通过这次会议，我们听到了许多感人的事迹，体会到了许多真情。愿这种精神进一步发扬，愿我们的社会变得更加美好！同志们，希望大家都能有所思、有所悟。散会！

（3）启发式。启发式是指用本次会议中提出而未得到解决的问题做铺垫，给与会者留下思考的结尾方式，如：

> 今天大家提出了不少问题，有些我们直接找到了答案，有些，比如‘食品卫生与安全问题’，问题提得很及时，很深刻。这是一个需要多部门齐抓共管的问题，需要安排专门的时间研究。请与会者会后广泛收集相关信息，思考治理的对策，以便下次开会再议。今天的会先到这里，散会！

第六节　会间文化活动的安排

一、安排会间文化活动的意义

会议期间可适当安排一些有益于身心健康的文化活动，如观看文艺表演、组织联谊会、卡拉 OK 或游泳等；又如安排参观、考察、游览等活动。这些文化活动不但可以活跃会议气氛、丰富会议生活，同时还为与会者之间深层接触与交流创造了机会，促进大家和谐相处，增进相互了解。会间文化活动虽未直接作用于会议，但精心组织的文化活动对提高会议成效能够起到积极的促进作用。

二、组织会间文化活动的原则

（一）健康轻松

安排会间文化活动的目的是调节与会者的状态和会议生活的节奏，不同于平日组织的文艺活动或体育活动，因此，不宜组织体能消耗太大的文体活动，应以轻松快乐为原则。

（二）从简节约

由于会议的时间和经费有限，会间文化活动时间不宜安排得过长，也不应铺张浪费。

（三）安全有序

会务组对与会者的人身安全负有一定责任，因此，一定不要组织一些危险性的活动。人数较多的会议应集体组织安排活动，以免人多混乱，发生意外。

（四）自觉自愿

会间文化活动提倡大家参加，但绝不硬性要求，应遵循自觉自愿的原则。因为与会者的年龄、身体状况、兴趣各有不同，对此应予以尊重。

三、会间文化活动的类型

（一）组织观看电影或文艺演出

组织这类活动，时间可以安排在晚上，既不影响开会，也充实了与会者的晚间生活。组织者要事先统计好人数，提前订票和订位。如果是大型会议，人数多，可以跟影院协商包场，既可以节省费用，时间安排上也有协商的可能。

（二）组织外出参观考察

外出参观考察是指组织与会者到会场以外的相关地区和单位学习、实地参观考察。组织这类活动涉及的问题较多，因此不可随意行事。事先要制订出行计划，要与参观学习的单位取得联系，让对方有所准备，以便做好接待、介绍、讲解等工作。人数多，出行不便时，可化整为零，将与会者编成一个个小组，每个小组有专人负责。如果外出时间较长，还应注意外出的食宿问题。

（三）组织游览活动

游览活动能展现会议所在地文化特点或有特色的旅游景点。组织游览活动既要考虑景点的代表性，还要考虑经费和交通以及安全等问题。组织人员要事先安排好接送车辆，清楚标记车号，出发前认真清点人数，避免漏掉。

（四）组织户内文体活动

户内文艺活动包括舞会、卡拉 OK、自编自演文艺晚会、游泳、棋牌、游戏等多种形式。组织这种活动，要事先了解与会者的兴趣、爱好、性格、特长等，以便有针对性地制订计划。

第七节　会间餐饮服务

一、会议餐饮服务的工作程序

会议时间在一天或一天以上的会议，一般要安排会议用餐。餐饮是会议进程中的重要环节，也具有交流感情、融洽关系的重要作用。无论是普通的便餐，还是隆重的宴会，餐饮都体现了会议的服务理念和公关理念，也反映了会务工作人员的组织能力和礼仪水平。会议餐饮服务的工作程序如下。

（一）制定方案

要事先依据会议整体要求制定一套详细的餐饮工作方案。内容包括：

（1）就餐时间。就餐时间一般要服从会议的总体安排，分为早餐、午餐和晚餐。

（2）就餐地点。应根据人数的多少，适当安排就餐地点。

（3）就餐标准。就餐标准要根据会议的规格而定，分别按早、午、晚三餐计算。

（4）就餐形式。就餐形式是指围餐或自助餐等。

（5）就餐凭证。是指就餐时就餐人凭餐券或会议证件就餐。

（6）食品安全措施。是指保障食品安全的具体措施。比如控制食材的采购渠道、加强食品生产环节的管理等。

（7）其他事项。

（二）预订餐厅

餐厅的选择要考虑以下因素：一是餐厅的大小能否容纳全体与会者；二是餐厅的卫生条件是否达标；三是饭菜的品种和质量是否满足要求；四是餐厅与会场或与会者驻地的距离是否适当，出行是否方便；五是就餐的价格是否合理；六是服务品质。

（三）统计就餐人数

为了不造成浪费，会议就餐应随时统计就餐人数，特别是正餐和宴会。统计人数的方法有：根据会议签到进行统计；分组统计，最后汇总。

（四）商定菜谱

商定菜谱是一项技术性工作。丰俭得当、美味可口的饭菜是会务工作人员精到的点菜技巧的结果，让与会者从餐桌上的美味佳肴中感受到热情、体贴和尊重。因此，要重视菜谱的制定。

在菜式的选择上要体现顾全大局、勤俭节约的原则，反对大吃大喝和铺张浪费。拟定菜单既要注意通行的常规，又要照顾到地方特色，还要注意照顾东西南北各地口味，照顾不同国家和地区、不同民族的饮食习惯。

在分量上，一般以每人每餐总食量不超过400～500克为计算标准，根据地区或季节差异适当增减。

（五）印制和发放就餐凭证

就餐凭证一般有两种：一种是印制专门的餐券，按会议实际召开的天数和餐数分别印制成单张餐券，在会议报到时放在文件袋中与会议文件一同发放，每次用餐时由工作人员或餐厅服务员收取，会务组凭所收餐票结账；另一种是凭会议证进入餐厅，结算按事先报告的人数计算。

（六）就餐前检查

为确保与会者就餐的安全和卫生，会务工作人员要在每餐餐前对饭菜质量、份数、卫生状况等进行必要检查，发现问题及时解决。

二、宴会种类

（一）按规格分

1. 正式宴会

正式宴会相对于非正式宴会而言，是指按一定规格和要求、郑重其事地摆设的宴席。国宴是最高级别的正式宴会，其他正式宴会规格和标准低于国宴，在服务程序和礼仪要求方面相对宽松。

其他正式宴会一般在就餐前安排简短的仪式，由最高领导者致辞，有时也安排乐队奏席间乐，出席者均按正式宴会要求着装，按身份排位就座。宴会对餐具、酒水、菜肴道数、陈设以及服务人员装束、礼仪等方面均有严格规定。国外的正式宴会，大多用雪利酒、马丁尼酒等作为开胃酒，宴毕，在休息室休息时，才送上少量白兰地作为餐后酒。我国的正式宴会一般餐前先上茶或饮品，宴请用葡萄酒取代烈性酒。

2. 便宴

便宴是一种非正式宴会。便宴形式简便，除安排与会的主要嘉宾坐在一起外，其他与会者可以不排座次。餐前一般没有仪式，会议主要负责人可做简短非正式讲话，也可不做讲话。菜肴可酌情增减，气氛比较随和。

3. 工作餐

工作餐是现代会议为提高效率而采用的一种非正式宴请方式。工作餐适合一天以内的短期会议，从会议规模看，既适合小型会议，也适合中大型会议。

（二）按就餐形式分

1. 围餐

即以宴会桌为中心围坐就餐。会务工作人员事先制定好菜谱，餐厅服务员按菜谱上菜。中式、西式宴会都可以采取这种形式。宴会桌可以是圆桌，也可以是方桌和长方桌。

2. 自助餐

自助餐是一种餐具、食品和饮料由与会者自己取用的用餐方式。自助餐可以设在室内，也可以设在室外，一般不排席位，自由入座而食，活动自由，取食随意，便于与会者之间进行深度交流，是拓展和延伸会议的另一种方式。

3. 分餐式

分餐是由服务人员事先将食物按人头数分装在个人的食器中，直接端给就餐者用餐的一种方式。西式宴会一般多采用分餐式。

（三）按食物分

1. 普通宴会

即以冷盘、热菜、汤、甜食为主要食物的宴会，可以是围餐，也可以是自助餐。

2. 鸡尾酒会

即以酒水为主，略备小吃，不设桌椅，可随意走动、自由交谈的一种灵活简便的聚餐方式，目前在世界范围内较为流行。主要在各种开幕、开张、签字仪式和庆典活动中使用。

3. 茶会

也叫作茶话会，以饮茶为主，略备特色茶点和时令水果，围坐，形式自由灵活，气氛轻松活泼。目前一些学术性、论坛性、节庆性的会议常采用茶话会招待与会者。

第八节　会间住宿服务

一、会议住宿的要求

会议住宿要求安全、卫生。与会者居住、活动应相对集中，尽量靠近会场，使会场、住宿、就餐、文娱活动等地点相距不远。住宿安排要人性化、合理化，有足够的停车场和方便的公共交通。

二、住宿应考虑的因素

（一）房间总数和类别

客房数是衡量酒店规模的最常用指标，直接反映酒店的总体接待实力。客房的种类包括单间、标准双人间、豪华双人间和总统套房等。由于酒店通常会为旅游团或出于其他原因预留一部分客房，因此在承接会议时，会议组织者必须弄清楚酒店能为该会议提供的客房的准确数量和类型。

（二）客房管理水平如何

低水准的客房管理将使一个设计和经营都很好的酒店黯然失色。会议组织者一般都很看重客房管理水平，可通过自己的观察和体验来判断一家酒店管理水平的高低，以确定是否可以合作。可以通过观察公共区域的客房管理来确定整个酒店的服务水平，例如：烟灰缸是否定时清理；周围有没有垃圾；绿叶植物叶面是否光亮，有没有灰尘；服务人员是否能训练有素地进行清洁和整理工作，同时又不打扰与会者；服务人员会不会在一场会议刚结束，与会者退场并涌入走廊时清理走廊等。

（三）房间条件如何

关于房间条件，会议组织者应主要关心家具是否完好，淋浴设备等是否安全，有无足够的衣橱空间与衣架及有无冰箱等问题。

大部分酒店会免费提供常规配置，如卫生间一次性用品、擦鞋布、针线包等。这些东西尽管不起眼，但细节处见精神，没有它们与会者往往会感到不方便。如果会议组织者或与会者需要酒店提供非常规物品，要事先与酒店说明，并就收费问题达成协议。还要与酒店方面明确的是，如果与会者带走了属于收费项目的物品，损失由谁来承担等问题。通常酒店可直接要求与会者赔偿，但必要时还是先与会务工作人员协调。这些物品主要包括浴衣、电吹风、体重秤、衣架、自费饮品、卫生用品等。为避免不必要的麻烦，组织者应该事先在给与会者发放的资料袋中夹入客房使用说明。

此外，酒店还会将一部分或全部的房间规定为无烟区。为方便有吸烟习惯的与会者，会务工作人员应设法与酒店沟通，将一部分客房划为可吸烟客房，或者专门辟出吸烟区，所有这些注意事项应事先通知与会者。

（四）房间是否有多媒体设备

这里所说的多媒体设备是指电视机、电脑、网络连接插口等。大部分酒店都提供电视节目，包括介绍当地名胜和经济等信息，便于与会者了解会议召开地的情况。通过电视，还可以向与会者直接发送一些会议简况。

与会者有时会自己携带笔记本电脑或智能手机，需要网络连接插口或 Wi-Fi，这对与会者保持与外界的联络非常重要，务必请酒店事先检查运作情况，以保障与会者安全使用。

（五）酒店是否有为贵宾准备的房间

贵宾通常包括主办方的高层管理者、作为发言人的公众人物和应邀出席会议的专家、社会名流等。贵宾使用的客房可以是套间或其他具有某些特别之处的房间。

（六）登记入住的效率

相当多的与会者对饭店登记入住的程序感到头痛，这种情况在与会者经过长途旅行、遭遇严重的交通堵塞或飞机晚点等情况后表现得尤其明显。因此，会务工作人员应该要求酒店为与会者提供便捷的登记入住服务，或要求饭店采取一些应急措施，如为与会者安排稍事休整的地方，并将他们的行李安顿好，以表示会议组织方与酒店在客房尚未准备好的时候对他们的关心。

为保障快捷办理入住手续，会务工作人员可事先收取与会者的身份证复印件和住房押金。可要求与会者提前将复印件寄到会务组或传真到会务组，押金统一垫付，由会务组统一将复印件和押金交给酒店，提前办理入住登记手续，这样可以简化与会者到达后的入住程序，尽快安排客人休息。

（七）何时退房

会务工作人员应从饭店处获知准确的退房时间，并及时通知与会者退房的时间和手续。

一般酒店退房的时间定在中午 12 点，也有些酒店在客源不紧张时，将退房时间延长到下午 2 点。

如有特殊情况需要在规定的退房时间以后退房的，会务工作人员应及时与酒店协商，推迟退房。酒店可根据具体情况与会议主办者达成协议并做出书面约定。

三、客房安排的原则

（一）优先权

会务工作人员应事先提供给饭店一份 VIP 人员名单，并为他们安排特别的膳宿，如特邀嘉宾、德高望重的与会者、董事会成员、重要领导者等。

应当为 VIP 人员安排环境较好、较为安静舒适的房间或套间，并考虑提供水果、酒水饮料和鲜花。在客人到达前一天会务工作人员要检查并确认具体房间，掌握 VIP 人员的抵达时间，提前准备迎接。

（二）房价结构

预订酒店时首先涉及的是房价问题。房价在不同酒店之间，甚至在同一家酒店内部都会有差异。酒店价格通常根据旺季或淡季、团体大小、房间种类、使用房间天数、已知的出席情况及过去会议交往等因素进行相应的变动。

客房价格的主要形式有：

1. 公开价

价格没有任何折扣或优惠，这是饭店为便于簿记而采取的定价方法。公开价很少用于会议，除非团体很小或饭店出租率很高。

2. 滚动式房价

是指把所有房间除套间外都定价在最低价和最高价之间，而不考虑楼层及地理位置。这种价格又叫作无差别定价，小型会议比较适合使用无差别定价。

3. 折扣价或 VIP 优惠价

不少酒店采用这种方法，刺激办会团体，或从酒店竞争对手那里招徕更好的团体生意。折扣大概在公开价的 30%内，这是为了保证可以赢得生意，并维持尽可能的高价。打折还要考虑会议团体有无鸡尾酒会、宴会，能否使用展览厅，今后合作的机会等。大型会议更适合折扣价。

第九节　茶歇与摄影

一、茶歇

茶歇是会议进行过程中的休息。为缓解与会者的疲劳，或适应会议场次的变换，通常可在一段会议中间安排茶歇。茶歇的时间一般不要超过半小时，可提供茶水、咖啡、水果、糖果、点心等饮品和小食品，以补充与会者体力，缓解会议的紧张气氛，也借此时机补充纸、笔等用品和更换场地、调整会场布置等。

茶歇期间会务工作人员应做的工作有：一是看提供的饮品和食品是否充足，以便随时补充；二是确保茶歇环境的秩序；三是控制茶歇时间，以确保接下来的会议能够准时召开。

二、会议摄影

（一）会议摄影的作用和注意事项

会议摄影的作用：拍摄录像或照片，一是作为会议新闻稿件必需的资料；二是作为会议历史资料保存；二是作为与会者的参会留念。

会议安排集体摄影时应重点注意三个问题：一是要选择高水准的摄影师和摄影器材；二是要安排好与会者的座次与组织好拍摄工作；三是要选择好背景，充分体现会议的主题和特点。

（二）会议摄影的主要范围

1. 拍摄签到台

会务工作人员要从签到开始记录会议。首先从签到开始拍摄，一般需要全景拍摄来宾签到的过程。特别注意拍摄会议主要嘉宾与主办方高层管理者握手或拥抱的细节，以及领导者、嘉宾签到的特写。

2. 拍摄贵宾厅

掌握好角度，中景拍摄领导者、嘉宾交换名片以及交谈的场面。

3. 拍摄茶歇

主要拍摄与会者自由交谈的场面。

4. 拍摄会议主持人和核心人物讲话

这部分是会议拍摄的重点。要留下会议主持人与会议核心人物的特写镜头，通常需要多拍几张，以抓拍到最好的表情。

5. 拍摄合影

一般会议为留纪念，都需要拍摄合影。合影的拍摄要求较高，除对拍摄技术有要求外，人员的排列要特别注意。一般领导者、嘉宾前排就座，找准 C 位，然后依次左右排列。会务工作人员应事先在前排座椅靠背上贴上姓名标签，以方便领导者、嘉宾就位。

（三）选择摄影师和摄影器材

会务工作人员要从摄影技术、摄影器材的质量、冲洗和扩印照片的技术、照片的装饰水平、安全保密等方面确定摄影人员。摄影人员要提前准备好使用的相机、相机架、人工光源等，并与会务工作人员协商，选择好摄影地点和背景，提早到拍摄现场实地查看、测距、测光、试机等，以确保摄影质量符合会议主办者的要求。

（四）会议摄影的组织

1. 摄影批次

合影人数少时，可以全部一批完成拍摄；合影人数多时，可按区域、级别、部门等分批分类拍摄。会务工作人员应事先做好安排，并通知全体与会者，让大家知道自己所在的批次和拍摄的时间、地点，以及入场退场路线。

2. 合影排位

会议合影时与会者要按照职务、级别等由高至低依次排列。按照通行礼仪，会议核心人物站在第一排正中间，按“以右为上、为大”原则依次左右排列，前后排列，主宾间隔。

会务工作人员要做好排位的组织工作，安排好会议核心人物的位置，指挥合影人员有序地登上摄影台。让最后一排先上，依次登台，拍完后，让前排人员先走，依次下场。

（五）选择摄影背景

摄影场地的背景要尽可能与会议的主题相吻合。一般喜庆的会议，摄影背景气氛要热烈；庄重严肃的会议，摄影背景气氛要庄重。背景要尽可能显示会场和会标。如场地有限，须移至其他地方拍摄，无法显示会场背景和会标时，应当要求摄影人员在后期制作时添加会标和会议召开时间，以作留念。

拍摄地点要充分利用会场内和附近地势的自然落差，比如会场门前的台阶、坡地等。有条件的会议，也可以专门搭建合影台。

【思考与练习】

一、下面是某公司行政部主任领导工作人员完成报到和引导工作的要点，请根据所学知识对该要点进行评析，并据此尝试操作，将操作效果记写下来。

东海公司新产品推广会报到和引导工作要点

为开好本次会议，做好会议报到和引导工作，要求会务工作人员做好以下报到和引导工作：

（一）做好接站报到工作

（1）编制与会者抵达的时间表（包括与会代表的名单，飞机、火车、轮船的班次及抵达的准确时间，与会者的联络方式）。

（2）准备足够的车辆与接站人员。接站人员人手一份接站时间表和路线图，按事先分工接站。

（3）要在接站处以及交通工具上标明醒目的接站标志，可用牌子或横幅，上面要标明“东海公司新产品推广会接待处”字样。

（4）对于自备交通工具的外地与会者，要事先通过微信、电话或传真形式告知报到地点的详细路线。

（5）在报到处的周围设立引导牌和标识牌，标明报到的具体位置。

（6）将接待人员预先准备好的文件袋（包括文件、证件、餐券、住宿房间号码、文具等）发给与会者。必要时，引导与会者去其住宿的房间，并简单介绍周围的情况和开会的要求。

（二）发放会议文件资料注意事项

（1）为与会者每人发放一个文件袋，袋上填写与会者的姓名，并注明“会议文件”的字样。

（2）分发重要文件时一般要编号、登记。文件编号通常印在文件首页的左上角处。字体字号应有别于文件正文。具有保密内容的文件，还要注明密级。

（3）一些征求意见稿或保密性文件，需要在会后退回的，则应附上一份文件清退目录。

（4）分发会议资料时要适时适量。准备会议资料时不能有多少与会者就打印多少份，要预防出现临时与会者，或出现丢失材料的情况，一定要留有充分的余地。

（5）内容重要又需事先送达与会者的文件，可派专人递送或用传真、特快专递送达。

（三）设计会议报到登记表

会议报到登记表可由会议组织者按照与会者报到时需要登记的项目设计印制。常用报到表如下，如果列数较多，可将版面设计为横向排列，保证有足够的空间填写内容。

东海公司新产品推广会报到登记表

(×年×月×日)

序号	姓名	性别	年龄	工作单位	职务	通信地址、邮编	固定电话、手机、传真	房间序号	单位网址	电子邮箱	需订返程票情况（时间、终点站等）

(四) 设计会议签到表

根据会议情况考虑是否需要会议签到表，许多会议往往只使用会议报到登记表。

会议签到表

会议名称			
主办单位			
时间（年月日时分）		地点	
出席单位	签名：		

(五) 座位引导

为了保证会议入场的秩序，大中型会议一般事先制作好各种座次标识用品（如主席台或会议桌上的签名卡片、座次图标、指示牌等），采取对号入座的方式，或是将会场划分为若干区域，以部门或地区为单位安排就座，由会务工作人员引导就座。如果是内部会议，与会者一般有自己的习惯座位。

资料来源：中国高等教育学会秘书学专业委员会组．秘书与会议组织和服务．北京：人民出版社，2007：138.

二、有会议专家研究了会议主持时的开场白，认为有开门见山式，就是用三言两语的开场白进入会议；有迂回入题式，就是借助相关或不太相关的内容，预设某种前提，使人在不知不觉中入题；有引发思考式，就是创设悬念或提出悬疑，构筑一个听众积极参与的空间；还有情绪渲染式，就是用自己的感情点燃与会者的情感火焰。对此，你有什么认识？能否各举出一例，尝试做会议主持人？

三、如果你是某公司行政部秘书，公司将召开一场新产品发布会，参加会议的人数约为 80 人，会期一天，请你做好以下工作：

(1) 会议签到与发放会议资料。

(2) 会场引导就座。

(3) 会间会场服务。

(4) 引导参观并介绍新产品。

(5) 列一份工作午餐菜单和一份晚宴菜单，送会务组领导审核。

工作要求：

(1) 签到和发放文件要有条不紊，秩序井然。

(2) 引导就座要仪态大方，礼貌周到，会正确使用有声语言和态势语言。

(3) 会场服务要主动、细致。

(4) 能主动统计好午餐和晚餐的用餐人数，并对与会者的饮食习惯有大致了解，能根据与会者的爱好和季节以及地方特色拟定菜单，确保丰俭合理，菜量适宜，不铺张浪费。

四、案例分析：

没有新闻的新闻发布会

某工贸集团公司最近喜报频传：一是去年年底公司被网上评为省内50强名牌企业；二是王总经理于今年年初被评为“全国十大优秀企业家”，专程去北京人民大会堂领奖，照片上了省党报；三是公司为解决下岗工人就业问题新建了一个食品厂，其主打产品——包子销路甚好；四是一个科技改革项目获得了全省科研成果奖。

办公室胡主任认为公司有这么多喜事，不能无动于衷，于是说服总经理和其他领导者召开新闻发布会，借此大力宣传公司。

新闻发布会定在一个周五的早上，邀请了两家电视台和四家报社的记者，由胡主任主持，王总经理首先做了关于荣获优秀企业家称号的感想发言。接着是记者提问，记者显然对公司自认为的大事不感兴趣，没有人问有关问题，一时冷了场。后来有一个记者就包子提了问题，想知道为什么下岗职工的包子做得好。

胡主任认为不需要特别准备什么材料，所以发布会没有任何文字宣传资料。

新闻发布会结束后，按照与媒体的约定，公司的有关新闻应该出现在电视和报纸上。但结果只有一家电视台在一个“职工生活”栏目中简单地介绍：有这样一家由下岗工人组成的食品厂，包子做得好，实为解决下岗职工就业的一条新路子，电视画面上出现王总经理讲话的场景。而其他几家媒体都没有动静。

电视播出几天之后，王总经理的一个朋友打电话来，奇怪地问：“老王，怎么你下岗卖包子啦?”

胡主任很气愤，打电话质问一家报纸为什么未做报道。报社的采编部主任说，你这个新闻发布会没有新闻啊!

思考：

1. 新闻发布会的筹备工作包括哪些内容？如何做好会议主题的确定和宣传材料的准备工作?

2. 对于新闻发布会后出现的媒体“沉默”或不利报道应怎样应对?

3. 怎样根据企业新闻的特点选择合适的媒体和记者？与媒体打交道时需要注意什么?

第七章
会后落实工作

【内容提要】

从会议管理角度看，会议结束应以会后会务工作的结束为标志。会议结束后，会务工作由会间服务阶段进入了会后落实阶段。本章即介绍会后落实工作的主要内容，包括会场善后工作、会议文件的清退与立卷归档、会议评估、会议总结等。

第一节　会场善后工作

一、会场善后工作的意义

会议结束后，除了会议送站等服务工作之外，还有一些零碎的后续工作，如清理会场，撤去会场上布置的会标和会徽等宣传品，把会议使用过的投影仪、屏幕、电脑、光盘等物品收拾好，清点应当收回的文件，归还所借用品，结算会议开支，等等。这些工作虽不像会前、会间工作那样直接对会议产生影响，但正是会后的这些细节操作，才真正体现了会议管理的水平。会后工作做得好，会议才称得上圆满结束。

会场善后工作是把会中的内容和决议布置下去贯彻执行的先决条件。

二、清理会场

（1）撤去会场外指引标志和告示牌。会议结束后，用来引路的会场指引标志和告示牌失去了作用，应及时撤除，恢复会场及周围的面貌，以便归还租借的场地。

（2）清理会场内其他用品。会议结束后，要撤去会场布置的会标、会徽、标语、彩旗、花束等宣传品，把会议使用过的投影仪、屏幕、电脑、光盘等收拾好，使会场恢复原状。

（3）收回所有应当收回的会议资料。会议结束后，一定会整理出大量废弃纸张，要将所有纸张进行整理、清点、归类，找出有用的资料。特别是一些具有保密性的资料要注意整理收回，以防泄密。有些资料经确认完全无用，应及时销毁，切不可随便乱扔，麻痹大意。

（4）归还所借物品。会议结束后，要及时归还从其他部门或其他单位借来的物品，借与还最好同一人经手，归还时要履行一定的手续，并请对方检查一下物品是否完好，交代清楚后方完成此项工作。

（5）归还会场钥匙或结算租借会场费用。在单位内部召开的会议，在清理会场之后，确定清场完毕，可将钥匙交予管理会议室的工作人员；如属于租借会场，在确定清场完毕后，及时与会场出租方结清会场租借费和设备使用费，避免拖延引出其他事端。

第二节　会议文件的清退与立卷归档

一、会议文件清退工作

（一）会议文件清退的含义

文件清退是指将办毕的文件经过清理，退还给发文机关或指定部门的一系列工作。会议结束后，要及时做好文件清退工作。一场大中型会议，由会务组带到会场发放的文件和会议期间产生的文件很多，要求会务工作人员按“文件领用表”登记的情况，点清剩余份数，做到剩余份数与登记表统计数相符。对于机密文件以及事先讲明收回的文件，要及时清退收回，逐份核对，经过清点、装袋、捆扎、装车等程序，将文件运回单位。

（二）会议文件清退的范围与时机

（1）根据会议文件清单清退。有些文件需要与会者所在单位文书部门保管，这种情况需要会议主办单位向参加会议的单位发出一份《会议文件清单》，详细列出会议所发放的文件目录，通知与会者所在单位文书部门及时收缴登记，统一管理。与会者应当主动将文件交给文书部门登记。

（2）小型内部会议，人数少，人员熟悉，会议主持人可以在宣布会议结束时提出将会议文件退回的要求，也可安排秘书在会场门口收集，及时清点，保证如数清退。

（3）大中型会议清退文件，应事先制定文件清退目录发放到与会者手中，可先按小组收集，再交大会会务组。

（4）工作人员手中的文件，可采取按目录清退或工作组限时缴交的办法。

（5）机密文件应在会议结束前清退。发放机密文件时，应当在文件上标明“会后收回”的字样。

二、会议文件的立卷归档

（一）收集归纳会议文件

会议结束后，需要对会场发放的文件和会议期间形成的文件进行整理、归纳，立卷归档。需要收集的会议文件有以下几种：

（1）关于召开会议的请示与上级批示。

（2）提交会议审议批准的文件，比如发展规划、报告、预算方案、行政法规、决议草案、章程修改案等。

（3）召开会议时使用的文件，比如开幕词、闭幕词、领导讲话稿、大会发言材料等。

（4）会议参考性文件，比如调查报告、统计报表、研究报告等。

（5）会议管理性文件，比如会议通知、日程安排、议程安排、会议须知、与会者名单、保密规定、票证、签到簿等。

（6）会议宣传文件，比如会议纪要、新闻报道、广告等。

（7）会议记录与交流性文件，比如会议记录、会议简报。

（8）会议照片、录音、录像等记录性文件。

（二）会议文件立卷归档

1. 立卷归档的含义与意义

立卷，是按照一定原则和方法，将已处理完毕的、有保存价值的零散文件进行系统整理并组成案卷的一项专项业务工作。它是会议文书处理程序的终点与归宿。

归档，是指文书部门将办理完毕且有保存价值的文件，经系统整理交档案室或档案馆保存的过程。

会议文件的立卷归档就是按文件的各类特征，将已经处理完毕的、有保存价值的零散文件进行系统整理并组成案卷，交档案室保存的工作过程。

会议文件立卷归档的意义在于：第一，可以保持会议文件之间的历史联系，便于今后查找和利用。第二，可以保持会议的真实面貌，反映会议的客观进程。第三，可以保护会议文件的完整与安全，便于保存和保管。第四，保证了会议秘书工作的专业性和连续性，为进一步规范文书档案工作奠定了基础。

2. 立卷方法

立卷时一般按文件的作者、名称、所涉及的问题、时间、地点、人物等特征归纳组卷，可按其中一种特征组卷，也可同时将几种特征结合使用，不同类型的文件采用不同的立卷方法。

会议文件基本上按文件的作者特征立卷。大型会议的文件可一会数卷，一般会议的文件可一会一卷，同一内容的几个会议文件也可合立一卷。

3. 立卷归档的工作程序

（1）收集资料。这是立卷工作的第一步，要按照会议文件立卷范围将会议中形成的所有文件、资料及时完整地收集起来。

（2）鉴别整理。检查收集的文件资料是否齐全，未收集的找出原因和渠道尽快收集，对已经收集来的文件则要鉴别其价值，决定去留。

（3）分类归卷。对有价值的会议文件进行大体分类，如可按会议请批类、会议决议类、会议程序类、会议管理类、会议宣传类、会议交流类、会议记录类进行分类。

（4）组卷。将同一类问题的会议文件集中组织立卷。

（5）卷内文件编目。组卷完成后，在卷内会议文件上加盖编目章，编目包括卷号、顺序号，以卷为单位标注页码，把每份文件在卷内的位置固定下来。然后按顺序填写卷内目录，对没有标题的会议文件要补拟标题。

（6）填写卷内文件备考表，对卷内会议文件做必要说明。如对会议文件的来龙去脉、形成过程、文件的重要程度、卷内文件变动情况等做说明。立卷人员、审核人员要签注姓名和立卷时间。

（7）拟定案卷标题。即对本卷宗命名，拟定一个能反映会议名称和主要内容的标题，以便日后查找和利用。卷宗标题语言要精练、概括性强。标题通常由作者、问题、名称三部分组成。

（8）填写案卷封面。按案卷封面内容认真填写，字迹要清晰，项目填写要齐全，卷面起止日期以卷内文件的最早和最晚日期为准。

（9）案卷排列。大型会议的文件一会数卷，案卷可按问题特征或保管期限、重要程度等先后排列。

（10）案卷目录。案卷目录是登记案卷和提供查阅的基本工具。由立卷者按顺序逐项填写案卷目录，正式移交档案部门。案卷目录一般一式三份，两份随案卷移交档案部门，一份留存备查。

第三节　会议经费结算

一、会议经费的来源

会议经费的来源主要有以下几种：

(1) 主办单位行政资助。
(2) 会员缴纳的会费。
(3) 会议收取的会务费、培训费、资料费等费用。
(4) 企业赞助。
(5) 其他收入。

二、收取会务费的方法

会议如需收取会务费，应事先在会议通知中明确收费项目、收费标准和缴交方式，以便与会者参会前做好准备。

如现场收取会务费，会务工作人员要事先准备好收费票据，做好收费登记；如会前通过网银支付会务费，要事先在会议通知中写明转款银行与账号、收费截止时间；如现场微信、支付宝扫码支付，会务工作人员要做好前期准备工作，收费处多设几处扫码点以避免人多拥挤，并及时查看到账信息。收款票据有税务部门专用发票，也有财政部门专门用于社团收缴会员费的专用收据，均有纸质和电子的发票和专用收据。会务工作人员要严格按有关规定收取会务费，并认真开具收款凭证，不能有任何差错。

三、会议支出项目

(1) 租用会议场地费。一般以租用的时间和次数乘以每小时的租金数计算。

(2) 住宿费。一般以与会者住宿天数乘以每天的住房租金计算。会议住房结算方式有两种：会务组统一与酒店协商好住房标准，与会者直接与酒店结算；会务组统一与酒店协商好住房标准，由会务组在收取会务费时同时收取住宿费，最后统一与酒店结算。

(3) 餐饮费。根据会议的规格和参照有关规定制定餐饮标准。一般以每天早、中、晚三餐计算，三餐的餐费标准可以按 2∶4∶4 或 2∶3∶5 的比例安排。早餐通常是自助餐，也可以采取围餐，费用按人数计算（按实际就餐人数结算还是按预定人数结算，事先要与酒店约定好）。中餐及晚餐属于正餐，可以采取按人数结算的自助餐形式，也可采取按桌结算的围餐形式。如果主办方希望酒水消费自行采购而非由酒店提供，酒店会收取一定数量的服务费。

(4) 交通费。交通费主要包括三个部分：一是出发地至会议举办地的往返交通费用。包括航空、铁路、公路、客轮以及目的地车站、机场、码头至住宿地的交通。二是开会期间的交通费用。包括住宿地至会场的交通、会场到餐饮地点的交通、会场到参观游览地的交通以及其他与会者可能使用的预定交通。三是未享受会务派车而有一定交通支出的与会者和工作人员的交通补贴。

(5) 宣传资料费。主要包括会议文件的打印制作，会场布置用的横幅、会标、标语的制作和鲜花等装饰物的采购或租赁产生的费用。

(6) 摄影及制作费。主要用于聘请专业摄影师和制作照片，或可事先约定谈妥，提前支付专业摄影公司全部摄影及制作费用。

（7）礼品费。是指会议制作或购买礼品产生的费用。

（8）聘请专家劳务费。向会议聘请的专家、学者、社会名流，参照相应标准支付劳务费或出场费。

（9）会议杂用。杂用是指会议过程中一些临时性安排产生的费用，包括打印、临时运输及装卸、纪念品、模特与礼仪服务、临时道具、传真及其他通信、快递服务、临时保健、翻译与向导、临时商务用车、汇兑，等等。杂用的预算很难计划，通常可以在会务预算费用中增列不可预见费用项，机动处理。

四、会议经费结算

会议结束后，会务组要及时做好财务清算工作。及时支付会场及设备租用部门、酒店、餐厅、供货商的全部费用，清点所有支出项目和原始凭据，做出结算报告，请有关审计部门审计。通过审计后，会议经费结算工作方可了结。

会议经费结算依据三条原则：

一是经费结算按预算时列出的具体项目、数量、规格、单价以及审批手续执行；

二是经费结算须按项目、责任人签名和国家有关财务制度执行；

三是对变动预算支出内容和标准的项目，要凭会议主要负责人审批过的预算调整报告结算。

第四节　会议评估

一、会议评估的含义

会议评估是指根据一定的目的和标准，遵循一定的原则，运用科学的方法，对会议各项要素及其社会效益以及经济效益等进行质和量的综合评价。一次会议议程的结束并不意味着会议管理工作的结束，会议的评估与总结是会务管理的重要环节，是关系会议组织者会议管理水平能否不断提高的大问题。没有一个会议的组织是十全十美的，只有不断总结，才能不断提高。

二、会议评估的意义

会议评估的意义在于：

（1）可以全面评价会议筹备方案的执行情况。会议筹备方案包括会议策划阶段制定的总体方案、专项计划、财务预算等，是会议目标的具体体现，也是举办会议的指导性文件，必须严格执行。但由于影响会议筹备方案执行的因素错综复杂，实际执行的结果往往会与原方案的目标有所偏移。会议主办者通过会后的评估和总结，可以全面评价筹备方案的优点与不足，了解方案的执行情况，找出影响方案执行的不利因素，为更好地制定下一次会议筹备方案和开好会议提供依据。

（2）通过运用科学的评估标准和评估方法，对会议的整体成效、宣传效果、公关接待、社会效益、经济效益等各个方面进行全面评估和总结，在此过程中可以发现存在的每一个问题，分析问题产生的原因，以便有针对性地、更有效地加强和提高会议管理水平，提高办会的质量和整体竞争力，创建办会品牌，扩大办会的影响力。

（3）为完成会议的总结报告准备材料。会议评估的结果是会议总结报告的重要内容，会议评估为写好会议总结报告打下了基础。如果是对外承包会议，那么在会议结束后，会议组织者必须写一个会议总结报告交给会议客户；如果是国际会议，会议组织者必须按我国有关主管部门规定，提交国际会议的总结报告；如果是自己举办会议，会议结束后也需要进行会议总结，完成一份会议总结报告，以总结会议的得与失。

知识链接 微软、英特尔的会议怎样开

微软、英特尔的会议是怎样开的，又有哪些值得参考的东西呢？中西方的会议文化间存在非常大的差异。

微软的会议，特别是微软美国公司的会议，具有典型的西方特色。

（1）微软的会议有固定的会议流程，而且坚持一个重要原则：限时开会，所有的会议都不能超过一个小时。

（2）微软开会，一定要在会议上做出决定或形成决议，而且是由懂行的人（专家或技术人员）来决定或提议，老板再听一下员工和管理层的意见。如果没有反对意见，老板就可以一锤定音了。

（3）微软从不开“一言堂会议”，会议召集者总是设法鼓励员工在会议上发言。

（4）微软开会，要求与会者不仅要带笔记，还要带着耳朵以及可靠的数据资料参会。开会发言时，既要靠嘴巴说话，又要靠数据说话。每个人在讲自己的想法时，都要用确凿的数据来做论证。

（5）微软开会，虽然没有专设协调人，但如果有人提出议案，就由他充当协调人的角色。别小看了这个默默无闻的协调人，他虽然不是公司的秘书或副总，但权力大着呢，他有权决定通知哪些人来参与会议，比如要不要通知总裁，要不要通知人事部、生产部。协调人在主持会议时，既要把会议的背景、要做的事情讲明白，又要在会场上征询大家意见，并要求各个部门就讨论的议题发表建议。

(6) 很多公司的会议都容易无果而终，但在微软，会议主持人的最后一页 PPT 上都会讲接下来应该怎么做，提高了会议效率。

无独有偶，英特尔开会亦是中规中矩。英特尔创办人暨前 CEO 安迪·葛洛夫曾说：你绝对无法避免开会，但你可以让会议更有效率。而让英特尔的会议十分高效的，正是葛洛夫亲自为所有新进员工所上的、至今依然被传承的“有效会议 101 课程”。

葛洛夫会议课程的步骤为：

(1) 要对会议有充分的了解。在英特尔，与会者在开会前必须了解会议主题，理解会议目的，清晰会议日程，了解个人任务，做好充分准备。

(2) 开会的时候，要关注问题的解决，或者制订下一步计划。

(3) 会后，会议管理者会及时检查决议的执行情况。

葛洛夫的“有效会议 101 课程”通过有效的会议，从内部推动了改变，这也让“效率会议”成为英特尔独具特色的会议文化。

三、会议评估的特点

(一) 目的性

会议评估是会议管理的重要环节，是一项有目的、有计划的自觉活动。无论是会议的主办者还是管理部门、与会者，进行会议评估，都是为了实现既定的会议管理目标。

(二) 专业性

会议评估是围绕会议内容、与会者、时间、地点、方式、服务、成本等项目展开的，涉及会议管理的各项业务，因此评估内容具有很强的专业性。

(三) 系统性

会议评估是运用科学的方法进行的，设置的评估指标是反映会议的基本要素和本质特征的数量体系。任何一个评估者在进行某项会议评估前，都要根据评估的目标制定切实可行的评估指标体系，包括完整的指标系统、权重系统和评估标准系统，以使评估结果能够全面真实地反映会议实际，体现会议评估的目的。

(四) 科学性

会议评估不同于一般的回顾总结，它必须运用一系列科学的方法对各项指标进行分析和评价。比如，会议评估时，先要收集数据，然后对收集到的数据进行整理、归类，再按统一标准对各项数据进行比较分析和因素分析，也即采用统计分析的方法进行分析和评价。又如，会议评估还需要收集大量的技术数据进行定量分析，并在此基础上对会议的各项指标做出性质判断和描述，也即采用定量分析和定性分析相结合的方法进行分析和评价。只有采用科学的方法，才能保证会议评估结果的科学性。

四、会议评估的原则[1]

（一）客观性原则

会议评估的根本目的是提高办会的水平，这就要求会议评估能够客观地反映会议管理的实际，并通过评估肯定成绩、发现问题、改善管理，这是会议评估的首要原则。

（二）动态性原则

由于每次会议所处的社会环境和自然环境存在一定差异，或受到一些不可抗力或突发事件的影响，会议的指标起伏变化是难免的。如果仅以一次会议的数据作为会议评估的依据，就可能会以偏概全，有失公允。因此，会议评估要坚持动态性原则，对被评估项目进行动态评价。

（三）同一性原则

同一性原则是指同一评估主体在对同一性质和类型的会议进行评估时，评估的指标体系、方法和程序应当一致。只有这样，评估的结果才会客观、公平、合理。

（四）定量与定性相结合的原则

定量评估是一种采用量化方法的评估类型，其目的是对会议项目的过程和结果进行数量描述、分析和评价，做出定量的评估结论。定性评估是一种采用非数量化方法的评估类型，其目的是对会议项目的过程和结果进行性质描述、分析和评价，做出定性的评估结论。两种方法有其各自的优势和局限，在会议评估中，应当相互结合，相互补充。

五、会议评估的内容

（一）会前评估内容

会前评估是对会前筹备情况的评估，应考虑以下因素：

（1）会议目标是否明确；

（2）会议议题的数量是否得当；

（3）会议议程安排是否合理、完备；

（4）每一项议题的时间分配是否准确、合理；

（5）与会者人选、与会者人数是否得当；

（6）会议时间、地点是否选择得当；

（7）会场指引标志是否明确；

（8）开会通知的时间是否明确；

（9）开会通知的内容是否周详；

---

① http：//wiki. mbalib. com/wiki/.

（10）会议场地以及座次安排是否得当；
（11）会议设备是否完备；
（12）与会者是否做了充分准备；
（13）与会者的会前情绪如何；
（14）会议的住宿、餐饮是否安排妥当；
（15）会议文件是否准备齐全。

（二）会中评估内容

会中评估是对会议进行中各环节的评估，应考虑以下因素：
（1）会议接待工作如何；
（2）会议是否准时开始；
（3）会议人员是否准时到会；
（4）是否安排秘书做会议记录；
（5）会场是否存在外界干扰；
（6）会场内听讲情绪如何，是否有玩手机、交头接耳现象；
（7）主持人是否紧扣议题主持会议；
（8）与会者发言及讨论是否紧扣议题；
（9）与会者是否能畅所欲言；
（10）与会者是否与会议主席有争论；
（11）会议议程是否按预定时间完成；
（12）会议决议是否同预期；
（13）视听设备是否正常；
（14）会场气氛是否热烈；
（15）主持人是否总结会议并紧扣会议主题；
（16）参观、访问、观摩等项会议主题活动安排得是否合适，安全性如何。

知识链接　两会海南团会务工作人员周红艳，手机24小时待命

一年一度的两会是中国政治生活的巨大舞台。这个舞台上，除了备受关注的台前的代表、委员，还有会务、安保、记者等幕后人物，他们都是“两会人”，他们一起织就了全国两会这一大图景。我们将用文字和镜头记录他们在两会中的一天，从不同的维度向网友展示全面的两会。

周红艳，海南省人大常委会内务司法工作委员会内务处副处长，一位14岁孩子的母亲。这已经是她第5次跟随海南团赴京参与会务工作。早上6点起床开始工作，手机24小时待命，接待、会务、报账、送文件……看似重复、简单的工作却容不得半点差错。从事会务工作的她对会风的转变有着深切的体会：“鲜花没了、桌签小了，领导的发言也更加简洁明了了。”

哪里需要人帮忙，哪里就有她的身影

7点刚过，周红艳简单吃了早餐便来到会场，与同事们一起对会场进行最后的布置，这一天是代表团的全体会议，审议最高人民法院工作报告和最高人民检察院工作报告。

9点多，忙了一早上的周红艳终于有时间坐下来休息调整，也可以顺便听听各位代表的审议发言，她还不忘录音，做好笔记。周红艳一边听代表发言一边注视着会场，如果有紧急的情况发生，她肯定会第一个出现。可以毫不夸张地说：哪里需要人帮忙，哪里就有她的身影。

将40期简报分成25份，每次至少花费40分钟

10点45分，听了几位代表的发言之后，周红艳回到值班室，继续坚守在工作岗位。临近11点，工作人员将一大摞简报送到了值班室，一共40期的简报需要分成25份，看似简单的工作却容不得一丝马虎。在记者的帮助下，两个人共花费了将近40分钟的时间才将简报分完，周红艳还需在25份简报上分别标注房间号，最后由宾馆的服务人员进行分发。

每天往返于驻地大门和值班室十几次

吃过午饭，周红艳刚刚在值班室的床上休息几分钟就接到了任务电话，有相关部委的同事到海南代表团沟通工作，她说："这是今天的第六位访客。"每次接待，周红艳都会从所在的12楼下到1楼，再步行将近120米到驻地的大门口，将访客领进驻地。

她说，最多的一天曾经接待了13名访客，刚回到值班室，也许就会马上接待下一位。如果按照距离统计，仅是接待一项任务的步行距离就将近2千米。

午休刚过，周红艳就拿着几份材料向领导汇报上午的工作情况，并递交了下午的会务值班安排表，然后接到了新的工作任务。工作交接完毕后，她仍然不忘叮嘱下午接班的同事做好各项工作安排。

前往人民大会堂宾馆进行报账，整个过程仅耗时4分钟

没有休息，周红艳便乘车前往人民大会堂宾馆。按规定，海南代表团的两位村党支部书记每天有50元的困难补助金，这是她第3次来到大会堂宾馆进行报账，里面的工作人员也都报以熟络的微笑，由于驾轻就熟，整个过程仅耗时4分钟。

周红艳对记者说："这就是行政审批制度改革带来的益处，简化程序，让民众感到审批更加容易。"在人民大会堂宾馆仅仅停留不到10分钟，她马上折返回驻地，还是那条拥堵的路，又是一个小时的路程。她说："我已经习惯了。"

为第二天的全体会议做好准备工作

接近晚上9点钟，重复、忙碌的一天即将过去，周红艳的最后一项工作就是与同事们为第二天的会议做准备。她说："自从八项规定等中央禁令实施以来，会务组的工作要比以往简单一些。"周红艳回忆，以往会务组会订花，与会代表的桌签制作也有一定的规格。

"反观今年的两会，鲜花没有了、桌签变小了，就连领导的发言也变得简洁明了。"周红艳慨叹道。与记者临分别前，她还依依不舍地说："明年我还会来。"

记者手记：

"严、细、深、实"，这是对两会幕后工作者确切的概括。在最平凡的岗位上展现出最不平凡的作用，两会的背后有着一群默默无闻的会务工作者，值得我们尊敬。

严，严谨。两会组织会务工作，不仅很具体，而且要求严谨。分发简报、传阅文件、来访接待，每项工作都不能出现一丝的疏忽，5年来周红艳也一直在保持着"零失误"。她对业务精益求精，对工作一丝不苟，忙而有序、沉着应对。

细，细致。老子曾说："天下难事，必作于易；天下大事，必作于细。"对于两会的幕后工作者来说，他们一直在"立足本职干工作，心无旁骛谋事情"，以"要做就做最好"的态度对待所负责的每一项工作。细致入微，精益求精，将每一件工作做到完美，是周红艳对工作的一个标准化定义。

深，深度。工作不仅仅是完成任务，而且要形成规律，周红艳在完成每一次工作任务后都会把感悟记在自己的笔记本上，哪些做得好，哪些做得不好，一目了然。她说，这会为明年的两会会务工作提供宝贵的经验。

实，踏实。周红艳一直秉承"认真做人，踏实做事"的态度，面对重复、琐碎的会务工作，她不抱怨不怠慢，任劳任怨，尽职尽责。白天工作，晚上还要学习代表的发言讲话，筹备第二天的会务工作等。周红艳每天的工作就像接力跑一样，一棒一棒接个不停。

资料来源：http：//lianghui. people. com. cn/2014npc/n/2014/0314/c376088 - 24639204 - 3. html.

（三）会后评估内容

会议议程结束后，还有一系列工作要做，也需要评估。会后评估应考虑以下因素：

（1）会议记录是否记录完整并请有关负责人过目、签署；

（2）是否需要印发会议纪要；

（3）会议决议是否落实；

（4）是否对与会者的满意程度进行了调查；

（5）是否完成了会议经费结算工作；

（6）是否做好了会议文件的清退与立卷归档工作；

（7）是否完全做好了会议的善后工作；

（8）是否对会议的成败进行了总结。

六、会议评估的常用方法

（一）定量和定性评估

定量评估是采用量化方法对各种数字进行运算和统计分析的评估类型。定性评估是对会议项目的过程和结果进行性质描述、分析和评价的评估类型。

二者皆有所长也皆有所短，从使用和操作上看，定量评估比定性评估更容易设计、操作和分析。

（二）调查问卷[①]

调查问卷也是一种常用的会议评估方法。用调查问卷进行评估，关键在于问卷设计，问题既要清楚，又要方便回答，还要方便计算和统计。

调查问卷有两种类型：

1. 开放型问卷

开放型问卷是指由自由回答的问题组成的问卷。问卷所问问题不对被调查者做任何限制，即不设任何备选答案。开放型问卷通常采取问答题或填空题的形式，可由被调查者决定答什么和怎么答。

开放型问卷的优势是：可以收集到范围比较广泛的资料，可以比较深入地发现和探究一些特殊问题，探询到特殊群体的意见和观点。

开放型问卷的劣势是：收集到的资料很难量化，难以进行统计分析，需要对各种答案做进一步归纳整理，因此要求评估者有较强的资料分析能力。

2. 封闭型问卷

封闭型问卷是指事先编制了若干个备选答案，被调查者只能根据自己的意愿，在选项中选择自己认为恰当的一个答案，而不能自由回答的问卷。封闭型问卷形式多种多样，可根据不同的调查目的和内容拟定。通常有下列几种形式：

（1）二项选择法，又称作二分法问卷。其特点是选项限制在两个答案中，只容许选择一个。比如："你认为这次会议时间安排是否合理?"回答选项为"是"或者"否"。

（2）三项选择法，又称作三分法问卷。是在上述两个备选答案中加一个观点尚未明确或介于是非之间的答案，比如："你认为会议内容符合会议预期目标吗?"回答选项为"A. 是；B. 不是；C. 尚未确定"。

（3）多项选择法。这种问卷超过三个备选答案，因此又称作多分法问卷。比如："你对会议的总体效果的评价是?"，回答选项为"A. 非常满意；B. 满意；C. 不满意；D. 很不满意；E. 无所谓"。

（4）排序选择法。是指在问卷上设计出多项备选答案，要求被调查者按照自己的看法排列各答案的先后顺序。比如："你对下列会务工作部门服务质量的评价顺序是（将1、2……序号填在括号内）"，回答选项为"A. 组织组（　）；B. 秘书组（　）；C. 宣传组（　）；D. 后勤组（　）；E. 保卫组（　）"。

（5）意见程度选择法。是指为所提出的问题设定几种程度不同的态度，要求被调查者选择一种，以探测其意见程度。比如："你对会议议题的重视程度如何?"回答选项为"A. 毫不重视（　）；B. 不太重视（　）；C. 一般留意（　）；D. 比较重视（　）；E. 非常重视（　）"。

封闭型问卷的优势在于：被调查者回答的问题标准化程度高，其资料有利于统计，对不同的研究对象可做出对比分析；由于有目的地列出了备选答案，为被调查者提供了思考

---

① http：//wenwen. soso. com/z/q187281316. htm.

依据，容易回答。

封闭型问卷的劣势是：由于对问题的答案进行了限定，没有给回答者留有发挥其创造性或自我表达的机会，难于深入地发现和探究一些特殊问题和探询到特殊群体的意见和观点。

因此，采用调查问卷方法进行会议评估，需要两种问卷方法结合使用。

调查问卷完成的方式：

（1）事先制好问卷，现场手工填写。可在会议宣布散会前发放给与会者或评估者，请他们现场填写，完成后方可离场。

（2）事先制好问卷，会后派发给评估者，请他们填好后原件送回或寄回。

（3）事先制好电子版问卷，会议结束后，将电子版问卷通过互联网发给评估者，请他们在规定时间内填好发回。

（三）访谈

要了解与会者和会议有关人员对会议举办情况的看法，还可以采用访谈和召开座谈会的形式。可以访谈会议的主要策划者、主持人、邀请嘉宾、主要发言人、会务工作主要负责人等，从不同角度了解他们对会议的评价，以及会议的成功之处和问题所在。有些被访者比较欢迎这种评估方式，因为访谈体现了对他们的重视，他们可以更充分地表达自己的看法。访谈需要大量时间，评估者要选好访谈对象，保证得到足够的样本和具有权威性的样本。

（四）召开总结会

会议结束后，为总结会议肯定成绩和发现问题，对会议效果做客观的评价，可召开以主办方领导者、会务工作人员为主要与会者的总结会，要求每个会务工作人员对自己在会议过程中所做的工作进行评价，对会议举办中的问题进行分析。会议评估者要做好总结会记录，作为拟写会议总结的资料。

七、会议评估表的设计

会议评估表要根据评估的目的和评估内容设计。由于会议评估的成本较高，所以，一般的工作会议不进行评估，只就承办情况做简单总结，便于以后改进。对于大型会议、特别重要的会议以及请会议公司承办的会议，则需要做会议的评估工作。选定好评估项目，选取适应的评估方法，设计科学的评估表格。

评估表格有两种：一种是会议整体评估表，一种是会务工作人员个人或单项工作环节的评估表。会议整体评估表主要有会议情况反馈表（见表 7－1）、会议效果分析表（见表 7－2）、会议管理评估表（见表 7－3）、会议服务质量抽样评估表（见表 7－4）等，会务工作人员个人或单项工作环节的评估表主要有主持人的行为表现评估表（见表 7－5）、工作人员的表现评估表等。

评估表格的内容要根据调查目的、调查对象、会议特征进行设计。下面列举几种评估表样式：

表 7-1　　会议情况反馈表

姓名： 性别： 工作单位： 联系地址： 职务： 电话： 电子邮箱： 单位性质：	您对本次会议的评价： □很好　□较好　□一般　□较差　□很差 您认为本次会议的节奏安排： □很好　□较好　□一般　□较差　□很差 您对会议的整体满意度： □不满意　□满意　□比较满意　□非常满意 您认为本次会议的亮点是什么？ 您认为会议还有哪些需要改进的地方：

表 7-2　　会议效果分析表

一、会议目标 1. 此次会议的目标是什么，是否明确？ 2. 会议目标是否得到了实现？哪些目标没有完全达成，说明理由。 二、会议时间 1. 会议目标是否在最短时间内实现？ 2. 倘若目标并非在最短时间内实现，说明确切理由。 三、与会者 1. 列出每位与会者的姓名并评估会议结束后他们的满意度。 2. 分析与会者“不满意”或“极不满意”的原因。 四、假如再组织同样的会议，哪些做法将继续保持？哪些做法须有新的举措？

表 7-3　　会议管理评估表

一、整体安排					
会议计划	□很好	□较好	□一般	□较差	□很差
设施配备	□很好	□较好	□一般	□较差	□很差
会议费用	□很合理	□较好	□一般	□不合理	□很不合理
预订安排	□很好	□较好	□一般	□较差	□很差
二、会议地点					
交通	□很好	□较好	□一般	□较差	□很差
会议室布置	□很好	□较好	□一般	□较差	□很差
住宿条件	□很好	□较好	□一般	□较差	□很差
休闲设施	□很好	□较好	□一般	□较差	□很差
商务中心条件	□很好	□较好	□一般	□较差	□很差
三、会议内容					
内容是否实现目标：□是　□否　原因是：					
演讲内容与计划主题的符合度：□完全符合　□部分符合　□完全不符					
研讨会的价值：					
四、建议改进措施：					

表 7-4　　会议服务质量抽样评估表

为了提高酒店的服务质量，使您下次举办会议时享受到更好的服务，请您为我们的服务留下宝贵意见，非常感谢您的支持和合作！

评估内容	满意	一般	不满意
一、入住登记			
1. 登记入住的效率			

续表

评估内容	满意	一般	不满意
2. 根据要求安排房间			
3. 满足入住时的临时要求			
二、客房服务			
4. 房间清洁卫生			
5. 房间的舒适程度			
6. 房间用品供应情况			
7. 设备完好程度			
8. 客房服务员的服务			
三、餐饮服务			
9. 茶歇的质量、分量和摆放			
10. 菜肴的质量或分量			
11. 菜肴的温度			
12. 服务员的态度			
13. 服务员的灵活性			
14. 服务员的快速反应能力			
四、会议服务			
15. 签到台的摆放			
16. 会场的卫生状况			
17. 会场鲜花摆放			
18. 会场环境布置			
19. 摆台及台面整理			
20. 服务意识和态度			
21. 及时性和高效性			
22. 临时要求快速反应			
五、会议设备保障服务			
23. 音响效果			
24. 电脑、投影等设备			
25. 灯光控制			
26. 空调温度			
六、停车服务			
27. 车位的预留			
28. 停车场员工的服务态度			

会议名称：　　　　会议日期：　　　　会议地点：　　　　评估者姓名：　　　　联系电话：

资料来源：http：//wenku. baidu. com/.

表 7－5　　主持人行为表现评估表

行为	具体表现	评价
组织、安排会议		
确定、检查目标		

续表

行为	具体表现	评价
遵守时间		
主持语言		
引入正题还是离题太远		
使人们对决策有责任感		
会议速度的控制		
处理冲突的能力		
检查进程或做出总结		
结束会议		

第五节　会议总结

一、会议总结的意义

会议评估的过程实际上也是对会议进行总结的过程，评估工作完毕之后，会议组织者要根据评估情况写出会议总结。会议总结的目的是分析会议组织过程中的经验和教训，表彰先进，激励会务工作人员以利再战，为今后更高质量办会奠定基础。会议总结要根据会议筹备方案和工作任务书的内容，逐条对照检查，既要概括通过定量分析反映的问题，又要概括通过进行性质描述、分析和评价反映的问题。

会议工作总结是对会议召开的目的、会议的策划与筹备、会议的组织与宣传、经费筹措与使用、会议餐饮与住宿服务、主持人的表现、会务工作等做的全面系统的总结。

二、会议总结的内容与写法

（一）会议总结的内容

会议总结的内容主要包括：

（1）会议简介。包括会议名称、会议召开的地点、主办单位、参加人员、会议议题、议程安排、召开的背景、会议预期效果等。

（2）会议的召开是否必要，目的是否明确，所提出的各项议案是否解决。

（3）会议的策划与筹备是否科学合理。

（4）会议组织工作和会务工作是否完善，有无明显疏漏或失误，与会者对会务工作的满意程度如何。

（5）会议人数是否控制严格，有无超出预期规模。

（6）会议的时间安排和地点选择是否符合会议实际要求。

（7）会议的组织与宣传工作是否到位。

（8）会务工作机构设置是否符合会议需要，会务工作人员的分工和责任是否明确。

（9）会议经费的使用是否合理，使用情况如何。

（10）会议餐饮与住宿服务是否让与会者满意。

（11）会议决议是否得到了有效贯彻实施。

（12）经验总结。即本次会议的成功之处以及可以推广或供他人借鉴的地方。

（13）问题分析。参考会议满意度调查结果分析整个会议过程，归纳出本次会议存在的问题，以及从此次会议中得到的教训、相关改进意见等。

（二）会议总结的写法

会议总结的写法没有固定格式，可先简述会议的组织实施过程，再详细地总结为办好本次会议所采取的行动、措施、办法，以及从本次办会中获得的经验、教训，最后提出今后办会的努力方向。拟写时要抓住中心和要点，善于总结经验，对存在的问题要看得清，措施得力，以利于今后会议工作的不断改进和完善。

会议总结的结构：

××××××会议总结

一、介绍会议的基本情况

会议的基本情况包括会议名称、会议召开的地点、主办单位、主要参加人员与邀请领导和嘉宾、会议的主题和议题、主要议程安排、会议召开的背景与意义以及会议的预期效果。

二、对照会议筹备方案和工作任务书，结合会议评估报告逐项总结

对会议召开的目的、会议的策划与筹备、会议的组织与宣传、经费筹措与使用、会议餐饮与住宿服务、主持人的表现、会务工作情况等做全面系统的总结。这部分是会议总结的主体，内容多，可归纳问题若干，分章节进行总结。

三、会议满意度调查

（一）会议现场与会者的反应。

（二）会后社会舆论的反应（问卷调查、报纸等刊物宣传的情况、网络媒体报道的情况等）。

四、经验总结

通过以上回顾与信息反馈，找出本次会议的成功之处，以发扬光大，供他人学习和借鉴。

五、存在的主要问题

通过以上回顾与信息反馈，发现此次会议存在的问题，并认真分析问题产生的原因，以便吸取教训，改进工作。

××××××会议秘书处

年　　月　　日

【思考与练习】

一、会后落实工作有哪些内容，其工作程序怎样安排？

二、会场善后工作比较琐碎，你能否先列出清单，按事项间的联系分别去完成？这样做工作效率是否会更高一些？

三、会后文书怎样立卷归档，你把这项工作安排在什么时间完成？

四、结合所学知识，说说会后怎样做好会议催办、反馈与落实工作。

五、自行设计一种调查问卷，对会务工作人员的工作情况、服务态度和质量、仪容仪表等进行问卷调查，然后综合分析，写出评估报告。

六、下面是一份会议经费预算方案，请模拟会议，联系会议实际做会议经费结算。

××××××会议经费预算表

序号	项目	金额	备注	小计
1	境外代表往返机票（欧美地区）	×元×人数=×元	×名欧美代表往返机票×元/人，经济舱	
2	境外代表往返机票（亚洲地区）	×元×人数=×元	×名亚洲地区代表往返机票×元/人，经济舱	
3	国内代表往返机票	×元×人数=×元	×名国内代表往返机票×元/人，经济舱	
4	接机及交通费	×元×人数=×元	×名代表机场接机费，×元/人	
5	住宿费	×元×天数=×元	×名代表住宿费，×元/人/×天	
6	会场布置设计费	××××	海报、易拉宝、会标、背板、横幅、指路牌、代表证、工作证	
7	国内代表发言及点评费	×元×人数=×元	发言人×元/人	
		×元×人数=×元	点评人×元/人	
8	京内嘉宾车马费	×元×人数=×元	×人，×元/人	
9	会刊及宣传手册制作费	×元×本数=×元	宣传册的设计和制作×元/本，会刊的设计和制作×元/本	
		×元×本数=×元		
10	论文集及资料册制作	×元×本数=×元	论文集制作和印刷×元/本	
11	礼品费	×元×份数=×元	赠与会代表、嘉宾礼品×元/份	
		×元×份数=×元	赠×份礼品，×元/份	
12	招待费	×元×人数=×元	开幕晚宴（与会代表、嘉宾）	
13	宣传推广费	×元×人数=×元	×元/人	
14	会务工作人员劳务费及误餐补助	×元×人数=×元	×名工作人员，×元/人	
15	与会代表会务用品费	×元×人数=×元	×套，×元/套	
16	办公用品费	×元×人数=×元	文具（笔、纸张、文件夹、碳粉），计算器、U盘，共计×元	
17	通信费	×元×人数=×元	邮寄及快递，×元/份	
18	设备维修费	×元×人数=×元	笔记本电脑、打印机及其他设备的维修维护及保养	

续表

序号	项目	金额	备注	小计
19	光盘制作费	×元×人数=×元	光盘制作×元/张，拍摄劳务费×元	
20	文化考察费用	×元×人数=×元	×人，×元/人	
合计	××× ×××元			
21	不可预测开支	×元	占总额的×%	
总预算	××× ×××元			

资料来源：文春英，刘新鑫．国际会议策划与筹办：流程·执行·指南．北京：中国传媒大学出版社，2012：48.

第八章
会议文书

【内容提要】

会议文书工作是会务工作的重要内容。本章主要介绍部分会议文书的拟写和办理要求，包括会议通知、会议请柬、会议邀请函、会议纪要、会议简报、会务工作总结等文书的拟写与办理要求。

第一节 会议通知

一、会议通知的含义

会议通知是向与会者传递召开会议信息的文书，是会前会议组织者同与会者之间沟通的重要媒介。规范而准确地拟写会议通知，并及时有效地传递会议通知是会前文书工作的重要环节，是保障会议顺利召开的前提和基础。

这一过程，包含两部分工作：

一是会议召开之前，首先要规范、准确地拟写好会议通知，把会议召开的目的、时间、地点、议题等信息详尽、准确地告诉给与会者，让与会者明白为什么开会、开什么会、什么时间开会、在哪儿开会，以便与会者做出是否参会的决定，或做好参会前的各项准备。

二是考虑以什么时间、什么方式发送这份会议通知，并确保发送到与会者手中，不延误时间。

二、会议通知拟写

会议通知的基本内容包括：称谓、会议名称、会议时间、会议地点、出席人员范围、会议议程、主办与承办单位、注意事项、发文单位署名、日期等。以下分别介绍几种常用会议通知的写法。

（一）公文式会议通知

公文式会议通知通常作为召集大型、重要的会议或活动的通知。这类通知内容详尽、条项清晰，格式严格规范，发送须按正式文件传递渠道和行文程序进行。

公文式会议通知的结构要素与要求如下。

1. 版头

公文式会议通知的版头同公文版头相同，一般由份号、密级和保密期限、紧急程度、发文机关标志、发文字号、分隔线组成。

2. 主体

公文式会议通知的主体包括：标题、主送机关、正文、发文机关署名、成文时间和印章。

（1）标题。一般由会议主办者、会议事由和“通知”组成，按公文标题的写作和要求拟写，比如“中国高等教育学会秘书学专业委员会关于召开 2024 年学术年会的通知”；有时可省略主办单位，比如“关于召开第 61 届中国高等教育博览会的通知”。

（2）主送机关。即会议通知的受文单位，应使用单位全称和规范简称。

（3）正文。正文是会议通知的主要内容，一般分为三个部分：一是开头。主要交代开会的目的、意义等。二是主体。内容包括会议主题、议题、会议召开的时间与地点、报道时间与地点、参会的条件与要求、食宿与交通等有关情况。三是结尾。通常以“特此通知”结尾，也可自然结尾。

（4）发文机关署名、成文时间和印章。通知正文完成后，主办单位要署名盖章。署名时要求发文机关的名称用全称。联合发文时，一般所有会议主办单位都要盖章，如有特殊情况需要由会议承办单位代盖章时，应当在会议通知中说明。最后注明时间，公文式会议的时间应当以领导者签发的日期为准。

例文

关于召开第 61 届中国高等教育博览会的通知

各省、自治区、直辖市高等教育学会，行业高等教育学会，各分支机构，各高等学校，有关企业和单位：

为深入学习贯彻习近平新时代中国特色社会主义思想和党的二十大精神，贯彻落实2024年全国教育工作会议精神，发挥高等教育龙头作用，落实立德树人根本任务，推进教育、科技、人才“三位一体”协同发展，服务高等教育改革创新，推动高等教育装备现代化，经教育部批准，中国高等教育学会决定在福建省福州市举办第61届中国高等教育博览会（以下简称高博会），有关事项通知如下：

一、主题

职普融通·产教融合·科教融汇

二、时间地点

时间：2024年4月15—17日（4月14日全天报到）

地点：福州海峡国际会展中心（福建省福州市仓山区南江滨西大道198号）

三、主要内容

拟开展展览展示、学术活动、特色活动等（具体安排以实际为准）：

…………

四、组织机构

（一）主办单位

中国高等教育学会。

（二）承办单位

福建省教育厅、福州市人民政府、厦门大学、国药励展展览有限责任公司。

（三）协办单位

福州市教育局，福建省高等教育学会，中国高等教育学会科技服务专家指导委员会，中国高等教育学会实验室管理工作分会、产教融合研究分会、思想政治教育分会、大学素质教育研究分会、秘书学专业委员会、北京广慧金通教育科技有限公司，中国教育在线等56个单位。

（四）福建省协办高校

华侨大学、福州大学、福建师范大学、福建农林大学、福建医科大学、福建中医药大学、集美大学、福建理工大学、闽江学院、福建船政交通职业学院。

（五）媒体支持

人民网、新华网、光明网、中国青年报、中国教育报、中国教育电视台以及福建省相关媒体等。

五、报名及缴费

高博会展览免费参观，学术活动收取会务费，原则上缴费后可以参加其他同期学术活动，具体以实际为准。

（一）报名缴费

1. 线上报名缴费

线上报名系统将于3月1日开启，参会代表可选择以下方式之一报名：

（1）方式一：

登录中国高等教育学会官网（www.cahe.edu.cn）或中国高等教育博览会官网（heec.cahe.edu.cn/heexpochina），在线注册报名参会。

（2）方式二：扫描下方二维码在线注册报名参会。

…………

注册成功后将自动生成注册号，注册号是缴纳会务费唯一凭据（注册号将通过短信及邮件形式下发，请妥善保管）。

2. 现场报名缴费

参会代表如在现场报名缴费，请于4月14—15日9：00—17：00，4月16日9：00—13：00在福州海峡国际会展中心参会代表报到处现场缴费。

3. 其他事宜

…………

（二）培训证书

部分学术活动由协办单位中国高等教育培训中心颁发培训证书，具体详见各学术活动通知。

六、报到和会务安排

（一）报到时间地点

1. 通过高博会组委会线上注册系统预订酒店的参会代表于4月14—15日9：00—22：00在住宿酒店报到并领取资料。

2. 自行预订酒店和现场报名缴费的参会代表于4月14—15日9：00—17：00，4月16日9：00—13：00在福州海峡国际会展中心会议代表报到处报到并领取资料。

（二）其他

…………

七、云上高博会

云上高博会是中国高等教育学会打造的高等教育领域数字化综合服务平台，为高校、政府、企业提供线上展示、高校采购、科技成果转化、大学生创新创业四大服务。为企业提供产品展示与交易平台，打造永不落幕的中国高等教育博览会；为高校提供数字化采购、成果转化、产教融合和创新创业服务，引导高校创新要素流向企业、地方和生产一线；为政府提供产学研合作、技术交易、招才引智、人才地图、智库咨询等综合性定制化专属服务，让科技更好地服务区域经济社会发展。平台网址：heec. cahe. edu. cn。

八、特别提示

为配合做好大型活动安全、应急等工作，保障广大展商、观众的身体健康和生命安全，本届展会将严格按照国家及地方政府最新政策和要求，与相关部门保持密切沟通，制定展会安保和应急预案，请您予以配合，并保持关注，最新政策将通过组委会官方渠道发布。

九、联系方式

（一）参会代表和会务发票事宜

联系单位及人员：　　　　　　　　电话：

（二）酒店预订和酒店发票事宜

联系单位：　　　　　　　　　　　电话：

（三）线上展览及宣传推广服务

联系单位及人员：　　　　　　　　电话：

（四）中国高等教育学会

联系人：　　　　　　　　　　　　电话：

附件：

1. 观众服务工作组联系方式

2. 中国高等教育博览会简介

3. 中国高等教育学会关于发展个人会员的公告

中国高等教育学会

2024 年 2 月 23 日

（二）书信式会议通知

书信式会议通知即以书信格式、要求拟写的会议通知。结构要素与要求如下。

（1）信头。书信式会议通知使用便函式格式，可直接用单位的信笺纸制作，信头标有红色醒目的单位名称。

（2）标题。一般由会议名称加会议通知组成，比如“知识经济与可持续发展学术研讨会通知”“××秘书学研究会 2014 年会通知”。

（3）称谓。书信式会议通知的受文单位如果是单位，就写明单位名称；如果是个人，应写明个人姓名，并冠以“尊敬的×××先生”“尊敬的×××女士”“尊敬的××理事”等。也可冠以统称，如“各位会员”“集团公司下属各单位”等。

（4）正文。正文的内容主要有：开会的目的和意义、会议主题、会议议题、会议召开的时间与地点、报到时间与地点、食宿与交通等有关情况。通常以“特此通知”结尾。

（5）发文机关署名。署名要求发文机关的名称用全称，联合发文时一般所有主办单位要盖章，也可由会议承办单位代盖章。

（6）成文时间。注明发文的年月日。

（7）尾部。如有需要，可在通知尾部注明联系人与联系方式、交通线路和回执。

（三）备忘录式会议通知

备忘录式会议通知通常在单位内部召开事务性会议以及例会时使用。备忘录式会议通知内容简单，格式单一，结构要素包括：标题、称谓和正文。备忘录式会议通知一般以“会议通知”直接作为标题，称谓直接写受文单位或人员名称，正文部分交代清楚会议名称、哪些人参会、开会的时间和地点即可。

例文

会议通知

各部门经理：

兹定于××月×日上午 8：30—10：30 在公司六楼会议室召开周例会，汇报各部门二季度工作情况，研究销售团队组建等问题，请做好准备，并准时出席会议。

行政部

××年××月×日

(四) 公告式会议通知

公告式会议通知是指与会者不确定或与会者较分散的会议常使用的通知形式。这种会议通知一般刊登在相关的报刊上或固定的网站上，以便使更大范围的公众知晓，具有广而告之的作用，比如一些股份制公司召开的股东大会、行业协会举办的论坛等。

公告式会议通知的结构要素除不需主送机关或称谓外，其他与信函式会议通知相同。

例文 1

第六届“一带一路”中部康复高峰论坛暨第八届国际康复设备博览会通知

为响应国家“一带一路”号召，发展中部地区公共卫生康复体系，推动中部康复医疗事业高效发展，提升康复医疗行业服务水平，推进中部地区康复事业共同进步。根据中国康复医学会2023年度学术活动计划，定于2023年12月22—24日在河南安阳举办第六届“一带一路”中部康复高峰论坛［国家继续医学教育项目编号：2023-16-01-489（国）］暨第八届国际康复设备博览会（会议编码：XSHY2023-095）。

“一带一路”中部康复高峰论坛暨国际康复设备博览会一年一届，每年都会吸引国内外上万名业内人士参会参展，对上下游康复医疗产业链产生全方位、深层次的带动作用。本次会议由中国康复医学会、安阳市人民政府共同主办，现将会议有关事宜通知如下：

1. 组织机构

主办单位：中国康复医学会、安阳市人民政府

支持单位：中国医学装备协会、中国康复辅助器具协会

承办单位：河南省康复医学会、安阳市康复医学会、内黄县人民政府、祥和康复技术研究院

协办单位：山西省康复医学会、安徽省康复医学会、湖北省康复医学会、江西省康复医学会、湖南省康复医学会

2. 会议信息

(1) 会议时间：12月20日布展；12月21日报到；12月22—25日举行培训班、学术会议。

(2) 会议地点：安阳君澜大酒店（地址：河南省安阳市内黄县帝喾大道中段）。

3. 与会者

全国各地各级医院院长，康复科、临床专科主任，康复医疗相关领域科技工作者及康复医疗相关领域企业及专业人员。

4. 会议内容

本次大会邀请院士、知名专家及全国知名三甲综合医院、康复相关科研院所领导，就医疗机构建设发展、康复科室管理、康复人才培养、康复治疗技术、前沿康复及品牌战略等议题做主题演讲，开展深层次交流。

大会设立会前培训班、加速外科康复论坛、神经康复论坛、疼痛康复论坛、老年康复论坛、儿童康复论坛、作业康复论坛、医疗器械行业高峰论坛、红旗渠康复论坛、中医康复论坛、盆底康复论坛、重症康复论坛、睡眠障碍康复论坛等多个分论坛及第八届国际康复设备博览会。

第八届国际康复设备博览会是康复医疗器械展览会中规模大、影响广、品牌强的盛会，为医疗行业“政、产、学、研、用”各方打造了一个多元融合、多级共享的全产业链交流合作平台。现面向全国医疗健康企业及相关单位进行招商，参展商及产品信息将编入企业名录提供给参会代表，并在中国康复医学会门户网站公布。

了解更多会议信息，请关注××医疗公众号。

例文 2

人文学院 2023—2024 学年第二学期转专业面试通知

各位同学：

经人文学院 2023—2024 学年第二学期转专业笔试考核，现将进入面试者名单公布如下，具体面试时间和流程会通知到本人。公示时间为 2024 年 5 月 17 日—2024 年 5 月 21 日。公示期间，如有任何意见，请实名书面向学院转专业工作小组反映。

联系人：

联系电话：

联系地址：

人文学院

2024 年 5 月 17 日

三、会议通知的传递

（一）会议通知的传递方式

1. 书面传递

一般正式会议的通知都要求采用书面传递。书面传递的类型有墙报、公告、信函、电子邮件、传真、电报等。随着现代社会办公自动化的普及，越来越多的单位和组织借助网络，采用电子邮件、传真、OA 系统、企业微信等方式发送会议通知。

2. 口头传递

口头传递适用于人数少的一般性会议或人数少的紧急会议。口头传递的类型有当面告知、电话通知、他人转达、微信留言等。

（二）会议通知传递的时间

会议通知发出的时间不能太早，也不能太晚。太早，与会者较难做出参会安排，通知容易被搁置，导致与会者错过开会时间；太晚，与会者则准备不足，或仓促赴会，或不得已取消参会的决定。一般而言，小型会议的正式会议通知应在会前一周到两周时间发出；

大中型会议有时需要发两次通知，一次预通知，一次正式通知，预通知有些提前半年就发出了，正式会议通知则应在会前四周到六周左右发出。

（三）会议通知传递的注意事项

（1）要做好传递记录。为了避免漏发、错发和重发，发送会议通知时，一定要做好记录，并认真检查收信人姓名、地址等信息，逐一核对，以防出错。

（2）重要会议通知发出后，一定要通过电话、微信、电子邮件等形式，逐一落实参会情况。

（3）中大型会议须发会议预通知与会议正式通知两种通知。会议预通知预告会议的大致情况，以便与会者提前做准备，安排自己的工作和时间。正式会议通知则详细具体通知会议的有关事项。

（4）要通过收取回执、电话落实、电子邮件跟踪等多种途径和方式获取与会者的赴会信息，以确保会议通知及时有效地发送到与会者手中。

第二节　会议请柬

一、会议请柬的含义

会议请柬主要用于不相隶属的单位或个人之间，是为通知会议而专门制作的一种具有礼仪性质的文书。通过制发请柬，一方面表示对受邀方的尊重，另一方面也显示出活动主办者对活动的重视程度。一般开幕典礼、庆典活动、签字仪式、新产品发布会等仪式类会议均会使用请柬。受邀的与会者一般也多为上级领导、行业专家、兄弟单位、社会名流等。

请柬内容要求简洁明了，一般把受邀人、会议内容、具体时间和地点等要素写清楚即可。请柬可自行设计制作，也可选用市场上出售的制式请柬。无论选用哪种，都应当注意措辞儒雅、语气谦恭、格式符合规范。随着现代社会交际活动的日益多样化，请柬的类型、样式和功能也越来越多样。有的请柬附带入场券，有的请柬本身就具有入场券或入会凭证的作用。

二、会议请柬的结构与写法

会议请柬一般由封面和封里两个部分组成。

（一）封面

会议请柬的封面可直接写“请柬”或“请帖”。必要时，还可在“请柬”前注明会议名称。请柬的封面要特别注重美观，文字多用彩色的艺术字，并配以相应的图案。有些请柬是为本次会议专门设计的，封面印有会议的会徽或相关图案，非常讲究艺术性。

（二）封里

封里部分由称谓、正文、结尾、落款、附言几部分组成。

1. 称谓

封里部分的第一项内容就是称谓。可顶格写受邀方的单位名称或个人名称。个人名称后要配以职务、职称，比如“×××董事长”“×××博士”；或写上“先生”“女士”等称谓，如“张××先生”“王××女士”等。

2. 正文

正文部分主要交代活动的内容、具体时间和地点。一般以“兹定于”“谨定于”开头。

3. 结尾

正文后，紧接着以“敬请届时参加”“请届时光临”“恭候光临”作为结语。文尾还要写上“此致”“敬礼”等祝颂词。

4. 落款

结尾后，在右下方写明邀请单位的名称并加盖公章，或签署会议名称，或签署个人名称。另起一行注明请柬发出的日期。

5. 附言

除了上述主要内容外，还有一些其他信息需要传递时，就需要增加“附言”。比如，一些会议在发出请柬之后需要对方确认是否可参加会议，则需要在附言中注明“能否前往请早日回复”“能否应邀希回复”等；有的会议是在礼堂举行，须对号入座，或会后有演出等活动，则需要在附言中注明随请柬赠送的票券名称和数量，如“附×××会议入场券×张”等。

例文 1

（封面）	（封里）
1896—2023 纪念××××大学建校 127 周年 暨西迁 67 周年大会 请　柬	×××先生（女士）： 为庆祝我校建校 127 周年暨迁校 67 周年，兹定于 2023 年 4 月 8 日上午 9 点，在本校学术报告厅召开“纪念××××大学建校 127 周年暨西迁 67 周年大会”。届时敬请光临。 此致 敬礼 ××××大学 2023 年 3 月 23 日

例文 2

请　柬

×××先生：

兹定于×年×月×日至×月×日，在××省××市××假日酒店举行本公司年度客户联谊会暨新产品发布会，敬请届时光临。

此致

敬礼

签到时间：×年×月×日
签到地点：××市××路×××号××假日酒店一楼大厅
联系人与联系电话：×××，××××××××

××集团公司敬邀（公章）
×年×月×日

第三节　会议邀请函

一、会议邀请函的概念

会议邀请函是邀请对方前来参加会议、聘请对方担任会议的某项职务或需要对方在会上完成某项工作时发出的具有一定礼仪性质的会议文书。

会议邀请函一般都有确定的邀请对象，但也有一些会议邀请函以招商为目的或是邀约范围很广，因而采用以媒体广为发布的形式来传递信息，这样的邀请函一般没有确定的邀请对象。

邀请函与请柬的不同：一是内容有区别。请柬内容简要精当；邀请函的内容要丰富一些，除了“邀请对方参加活动”、说明会议召开的意义这些主体信息外，还有向被邀请者交代邀请他（她）所做的相关事宜的内容。二是使用场合有区别。请柬一般用于庆典活动、签字仪式、新产品发布会、文化娱乐等仪式特点突出的会议；邀请函的使用范围广泛，一般为实质性的工作、任务或有具体事项的会议。三是形式有区别。请柬的内容与格式简单，非常讲究印制的精美、庄重和典雅，以表达更加浓厚的情感；邀请函的书写格式同于信函体会议通知。

例文

“传统资源、民间活力与中国文学的现代化道路”学术讨论会邀请函

________先生/女士大鉴：

中国文学的现代化，是建设中华民族现代文明不可或缺的重要组成部分。历史经验表明，中国文学的现代化，必须扎根中国传统文学与文化的土壤，化用传统资源，汲取民间活力，在古今贯通、雅俗兼容、中外互动中凸显中国文学的本土性、民族性和现代性。有鉴于此，《××大学学报（社科版）》编辑部、××大学人文学院，定于2024年5月10日线上举办“传统资源、民间活力与中国文学的现代化道路”学术讨论会，旨在探索如何重新审视及活化、利用传统文学和民间文化资源，促进文学实践繁荣进步，推动中国文学现代化的健康发展。素仰先生在中国文学研究领域学殖深厚，成果卓著，特此诚邀拨冗莅会，并发表宏论，共襄盛举。

一、会议议题

（一）近代以来中国文学本土化、现代化道路研究

（二）传统资源在中国当代文学中的创造性转化研究

（三）作家文学与民间文学交互影响研究

（四）中国古代文学转化与创新路径探索

（五）中国现当代文学民间化、大众化研究

（六）中国现当代文学中的古代文学

二、主办单位

《××大学学报（社科版）》编辑部、××大学人文学院

三、举办时间

2024年5月10日

四、举办地点

线上会议

五、其他事项

（一）本次会议不收取会务费，与会专家规模在20～25人。

（二）请有意参加会议的学者在4月30日前将参会论文或提要发给会务联系人。

（三）优秀稿件将在《××大学学报（社科版）》（CSSCI来源期刊）、《文化研究》（CSSCI集刊）发表。

专此　即颂文祺。

会务联系人：×××　　电话：　　电子邮箱：

《××大学学报（社科版）》编辑部

××大学人文学院

2024年4月9日

资料来源：https：//rw. gzhu. edu. cn/info/1341/7588. htm.

二、会议邀请函的格式和写法

会议邀请函一般由标题、称谓、正文、结尾和落款五个部分组成。

（一）标题

会议邀请函的标题可直书“邀请书”“邀请函”或“×××（单位）邀请函”等字样。标题可直接写在邀请函的信封上或以较大的字号写在内页的第一行正中位置。

（二）称谓

称谓即被邀请方的名称，包括单位、团体或个人。如果邀请函有明确的邀约对象，称呼一栏必须详细写明。如果邀请函邀请的是单位和团体，在称呼中要用单位和团体的全称，如“×××××文化艺术有限公司”“××市×××协会”等，以示尊重；如果被邀请方是个人，则在姓名之后加上职务或职称，如“×××总经理”“×××会长”等，或写上“先生”“女士”等称谓，如“张××先生”“王××女士”。

（三）正文

会议邀请函的正文部分一般采用直陈式的写法，写明邀请何人于何时、何地参加何种会议。有的邀请函内容详细，除了具体介绍什么时间参加什么会议外，还非常详细地列出会议的内容、意义、目的和细则，以及被邀请方应该注意的相关事项、联系地址、电话和联络人等。

（四）结尾

会议邀请函的结尾一般以“敬请届时光临”“欢迎光临指导”等作为结语。文尾还要写上“此致”“敬礼”等祝颂词。

（五）落款

结束全文后，在会议邀请函右下方标注邀请单位的全称，换行注明邀请书的发出时间。

例文

邀请函（单位）

____________________：

“博鳌乡村振兴产业发展大会2023年会”将于12月13日—16日在博鳌亚洲论坛国际会议中心召开。由博鳌乡村振兴产业发展大会组委会与中经总网·中经在线等单位联合主办。

博鳌乡村振兴产业发展大会以“构建合作平台，汇聚社会资源；聚焦产业发展，推动乡村振兴”为宗旨，每年在博鳌亚洲论坛国际会议中心召开年会，在乡村振兴先进市县中选择性地落户举办城市峰会。在各省设立代表处，携手知名企业、科研院所及相关机构组建产业联盟、乡村振兴研究院、产业发展基金，推动实施“乡村振兴三千集工程”，赋能政府企业。为全国乡村振兴提供智力支撑、人才培训、规划设计、资源匹配、项目对接、投资运营等多方面服务。

我们坚持“长期主义，以实助实”的方针，以推动项目落地、产业发展为导向，充分发挥平台、智库、基金的优势，因地制宜，精准施策，为地方乡村振兴提供一站式整体解决方案和可供选择的项目合作菜单，扎实推动以产业振兴为引领的五大振兴，促进农业高质高效，乡村宜居宜业，农民富裕富足，进而为实现中华民族伟大复兴贡献力量。

2023 年 9 月 8 日，博鳌乡村振兴产业发展大会 2023 年会新闻发布会在北京国家会议中心隆重召开。会上公布，“博鳌乡村振兴产业发展大会 2023 年会”将于 12 月 13 日—16 日在博鳌亚洲论坛国际会议中心召开。

全国工商联原副主席、中华环保联合会主席孙晓华，农业部原副部长宋树友，文化部原副部长、国家博物馆首任馆长潘震宙，中国社会科学院首届学部委员田雪原，中国乡村发展协会第五届会长袁文先，中国航空学会理事长、原中国航空工业集团董事长林左鸣，中国渔业协会会长赵兴武，中国城镇化促进会副理事长唐元等领导嘉宾，人民网、新华网、中经总网·中经在线、中外新闻社、中国网、中国报道网等 30 家媒体代表，以及来自全国 20 多个省区的代表共 200 余人出席了本次新闻发布会。

本届年会以“投资落地项目 聚焦产业发展 推动乡村振兴”为主题，采取主论坛十分论坛、会议十会展、线上十线下的形式，设立主旨演讲、政策解读、名家对话、部长圆桌会议、城市名片推介、一县一品展播、项目对接、游学参访、颁奖典礼等环节，数十家主流媒体将进行跟踪报道。是政府及相关企事业单位展示自己、宣传品牌、拓展渠道、推广项目、寻求合作/投资的绝佳机会。

特邀请贵单位组团参加共襄盛举，并在年会上开展如下活动：

- ☐ 整体打包服务项目
- ☐ 城市名片推介
- ☐ 项目路演
- ☐ 新产品发布会
- ☐ 招商引资洽谈会
- ☐ 举办分论坛
- ☐ 赞助/参展
- ☐ 项目合作签约仪式
- ☐ 城市峰会启动仪式
- ☐ 申报表彰授牌

博鳌乡村振兴产业发展大会组委会

2023 年 10 月

资料来源：www. cctvjingji. com.

以上例文是一则通过媒体发布的没有确定邀约者的邀请函，因而没有“称谓”项，而只以“贵单位”来指符合邀请条件又可以来参加活动的单位和个人。这一邀请函重在介绍本次活动的各项细则，因而在正文部分对活动的主办者、活动的具体内容、详细的行程安排、具体的联系方式都做了十分明确的介绍，文后还附有相关的附件表格，方便有关单位、个人与主办方联系。

三、写作会议邀请函时应注意的问题

（一）要礼貌

会议邀请函是发给被邀请方的礼仪性文书，为了表示邀请单位对被邀请方的重视，在文章用语方面一定要注意礼貌、得体，以表现邀请单位的诚意。有些发给特别邀请对象的邀请函，还应在正文开头解释不能亲自面邀的原因，以免引起不必要的误会。

（二）要严谨、准确

会议邀请函的内容涉及会议的主题、地点和具体时间等，应该表述清楚，不得有误；

报到地点、时间、具体行程安排等，也应一一列清。因为邀请函是被邀请方进行必要准备的依据，所以各种事宜一定要准确表述清楚，以便被邀请方做到有备而来，也使会议主办者减少意想不到的麻烦。

（三）要注意时机

会议邀请函应尽量早一点发出，使被邀请方尽早知道相关的安排，以便提前做统筹安排，不会因为来不及准备或时间安排有冲突而无法参加会议。

第四节　会议纪要

一、会议纪要的含义与特点

会议纪要是简明扼要地记载和传达会议主要精神、会议事项和决定的文书。会议纪要中的“纪”是综合整理、概括提炼的意思；“要”是要点的意思。就是说，会议纪要是综合整理和概括提炼会议要点的文书。

会议纪要的特点：

一是纪实性。会议纪要是会务工作人员根据会议宗旨，在会议记录及其他会议材料的基础上进一步分析、概括、提炼形成的。必须如实反映会议情况，忠实会议的内容。纪实性是撰写会议纪要的基本原则。

二是提要性。会议纪要是对会议记录、会议相关文件以及会议简报进行综合整理和概括提炼形成的要点，具有鲜明的提要性。

三是逻辑性。会议纪要要点的提炼和编排要合乎逻辑，重点突出，条理清晰，还要有整体感。

四是格式的独特性。会议纪要有规定的版式，虽被列入公文文种之列，但版式不同于任何一种公文，主要表现在：会议纪要的行文方向多向，不受任何行文方向限制；文体格式独具，发文机关标识由“会议名称＋会议纪要”组成，不同于任何一种公文格式。

五是表述主体的独特性。由于会议反映的是与会者的集体意志，常以“会议”作为表述主体，比如“会议认为”“会议指出”“会议决定”“会议要求”“会议号召”“会议强调”“会议希望”等，这对反映与会者的集体意志起着很好的概括作用。

二、会议纪要与会议记录的区别

会议纪要是在会议记录及其他会议材料的基础上概括而成的，会议纪要和会议记录都应是对会议的真实反映。但二者又有明显不同，主要表现在以下几方面。

(1) 会议纪要突出了会议成果，概括了会议主要精神。会议纪要记载会议的全部情况和全面精神，议而不决的事项、与会议主要精神关系不大的讨论发言以及会议的详细过程等，均不作为会议纪要的内容。会议记录则不同，它必须尽可能地记录会议所有情况和全部议题、议程，不能错记、漏记会议的任何情况。

(2) 会议纪要是法定公文，会议记录则是会议的原始材料；会议纪要一般要行文或在报刊、网络发表，而会议记录一般是不公开的内部资料。

(3) 会议纪要内容具有选择性，结构具有完整性、逻辑性和条理性，语言要准确、简洁、平实、庄重、得体；而会议记录则没有这些讲究，只要记清楚记全面即可。

(4) 会议纪要虽然是在会议记录和其他会议材料的基础上综合而成的，但执笔人要写好会议纪要，还应做到：了解领导召开会议的意图、会议的宗旨、要解决的主要问题以及会议的议定事项和未议定事项等。要熟悉会议的全过程，认真阅读、分析材料，经过思考、归纳，提炼出要写的主要精神和主要内容，然后按照轻重、主次、点面的顺序开始写作。只有如此，才能写出好的会议纪要。会议记录则没有太多要求。

知识链接 努力克服不良文风，积极倡导优良文风：习近平同志2010年5月12日在中央党校2010年春季学期第二批入学学员开学典礼上的讲话（节选）

党的十七届四中全会明确提出：“从领导机关做起，大力整治文风会风，提倡开短会、讲短话、讲管用的话，力戒空话套话。”中央党校作为学习、研究和宣传马克思主义的重要阵地，在贯彻落实四中全会精神、树立和倡导马克思主义文风方面负有重要责任……

…………

提倡什么，反对什么，是改进文风的首要问题。针对上面所说的不良文风的三个字，我想另外提出三个字，就是短、实、新。

一是短。就是要力求简短精练、直截了当，要言不烦、意尽言止，观点鲜明、重点突出。能够三言两语说清楚的事绝不拖泥带水，能够用短小篇幅阐明的道理绝不绕弯子。古人说“删繁就简三秋树”，讲的就是这个意思。毛泽东同志为人民英雄纪念碑起草的碑文，只有114个字，却反映了一部中国近代史。1975年，邓小平同志负责起草周恩来总理在四届全国人大一次会议上的报告，只用了五千字。后来谈到这件事的时候，邓小平同志说：“毛主席指定我负责起草，要求不得超过五千字，我完成了任务。五千字，不是也很管用吗？”江泽民同志和胡锦涛同志也有许多短小精干、言简意赅、思想深刻的文章、讲话。鲁迅先生说过，文章写完至少看两遍，竭力将可有可无的字、句、段删去，毫不可惜。现在，不少地方和部门按照中央改进文风会风的要求，提出以“能少则少、能短则短、能精则精、能简则简”为原则，尽可能开短会、讲短话、发短文。这“三短”，就是我们应当大力倡导的风气。

…………

二是实。就是要讲符合实际的话不讲脱离实际的话，讲管用的话不讲虚话，讲有感而发的话不讲无病呻吟的话，讲反映自己判断的话不讲照本宣科的话，讲明白通俗的话不讲故作高深的话。这就要求我们的文件、讲话和文章，力求反映事物的本来面目，分析问题要客观、全面，既要指出现象，更要弄清本质；阐述对策要具体、实在，要有针对性和可操作性。要实事求是，有一说一、有二说二，是则是、非则非，不夸大成绩，不掩饰问题。要深入浅出，用朴实的语言阐述深刻的理论。要有感而发，情真意切。毛泽东同志笔下的愚公、白求恩、张思德，我们今天记忆犹新，就是因为这些人在他的心灵深处产生过激烈震荡，所以讲出的话饱含深情、富于哲理，能深深植入人民心里，引起共鸣。

…………

三是新。就是力求思想深刻、富有新意，正所谓“领异标新二月花”。如果一个文件、一篇讲话毫无新意，那么制定这样的文件、作这样的讲话还有多少意义呢？可以说，能不能讲出新意，反映一个领导干部的思想水平、理论水平、经验水平以及语言表达能力。这里所说的新意，既包括在探索规律、认识真理上有新发现、前人没有讲过的话，又包括把中央精神和上级要求与本地区本部门本单位实际结合起来，在解决问题上有新理念、新思路、新举措的话；既包括角度新、材料新、语言表达新的话，又包括富有个性、特色鲜明、生动活泼的话。需要指出的是，讲出新意，并不是要去刻意求新，甚至搞文字游戏。更不能背离马克思主义立场观点方法，背离党的路线方针政策去标新立异。

资料来源：http：//www.china.com.cn/policy/txt/2010-05/18/content.20061426.htm.

三、会议纪要拟写

（一）标题

会议纪要的标题一般由会议名称和文种组成，如“××通信设备有限公司董事会纪要”等。也有用正标题加副标题的复合式标题，如“实施全面质量管理提升产品竞争优势——××通信设备有限公司股东大会纪要”。

（二）正文

1. 前言

正文的前言部分通常采用概述的方式简明扼要地介绍会议的基本情况，包括召开会议的时间、地点、召集单位、会议名称、主持人、参加会议的单位和人员、人数、会议主要议题、成果收获等，然后用过渡句“现将会议主要事项纪要如下”引出下文。

2. 主体

主体是会议纪要的核心部分。一般按主次排列内容，内容包括会议的主要精神、会议的议定事项、会议达成的共识、主要观点和争论情况以及会后对贯彻落实会议精神的要求等。其结构有三种：

（1）摘要法。就是按照会上发言的顺序，摘录主要发言人的主要观点和内容。引述发言时，要具体写出发言人的姓名、单位和职务，以反映会议的真实性。这类会议纪要主体写法适用于座谈会、学术研讨会等会议。

（2）分项法。就是将会议主要内容分项撰写，以体现会议内容的层次感和条理性。这类主体写法通常在每段开头采用“会议认为”“会议强调”“会议要求”“会议提出”“会议决定”“会议希望”“会议号召”等表述，使文章层次分明，要点突出，同时也充分体现会议纪要反映与会者集体意志的特点。这种写法适用于办公会纪要、常务会议纪要、董事会纪要等。

（3）归纳法。就是运用归纳法将会议上研究讨论的内容分条列项或以小标题把归纳的问题分成若干部分，综合反映会议内容。这种写法适合规模较大、内容复杂的会议，需要执笔人具有较强的综合能力。

3. 结尾

会议纪要的结尾通常强调会议召开的意义，号召或希望大家认真贯彻执行会议精神。

（三）标注会议出席、请假和列席人员名单

《党政机关公文处理工作条例》（中办发〔2012〕14 号）规定，党政会议纪要须在尾部标注会议出席、请假和列席人员名单。

（四）署名、成文时间与印章

纪要尾部，要求署发文机关的规范名称。用阿拉伯数字标注成文时间。盖印时须上不压正文，下骑年盖月。

例文

2023 年校长办公会议纪要

1 月 5 日，×××校长在学校玉兰苑会议室主持召开今年第一次校长办公会议，现纪要如下：

一、开展 2023 年重点工作专题研讨

会议重点围绕教学工作、科学研究、实验实训、教育信息化、招生就业、学生管理、行政管理等方面提出工作设想。校领导就 2022 年分管工作取得的成绩及存在的问题进行交流，结合 2023 年学校重点工作进行讨论并提出意见建议。

在 2023 年，教学工作方面，坚持思政课程和课程思政育人相结合，落实五育并举行动计划，注重新工科、新文科、新医科专业内涵建设，加强五类金课建设、重点推进线上课程与教学资源建设，夯实实践教学创新和创新创业教育实践，不断提升教学质量管理水平；加强校园信息化建设，落实专业实验室建设年度计划。

在科学研究方面，加强科研平台建设，优化科研项目组织管理，推进有组织科研持续开展。

在学生工作方面，研究规模、育人、影响、建设、队伍、品牌六项。一是探索“高职分类招生、专升本招生、高考招生”相结合的招生方式，扩大在校生规模。二是深化落实“五育创五 A，三全育全人”的“551”育人体系，形成育人品牌和特色。学生拥有“一个内功十七种武器”，管理措施强调“十四个方面”，强调育人方法论建设，育人措施要接天接地接空气，学生入脑入心入行动。三是加强大学生五个综合管理数字平台建设，促进第一、二、三课堂资源融通；加强教育资源建设、理论建设和工作流程标准化建设。四是在队伍建设方面，对学生教育实现管理网格化、成长数字化和教育平台化；对学工管理队伍实行“1制4化”即队伍三三制、工作项目化、管理扁平化、特长资源化、成长统筹化管理机制。五是扩大社会影响，以就业三个报告为抓手，扩大社会影响力，包括国际交流影响力。六是探索五个五A级品牌塑造，包括五A级育人、五A级文化、五A级环境、五A级服务、五A级安全，形成我院的品牌特色。

在行政管理及人事、财务服务保障方面，以流程化建设为抓手，进一步构建完善“大行政”管理体系；以外引内培为抓手，打造专兼结合师资团队；以人事制度改革为抓手，激发二级单位工作活力；以财务监管为抓手，建设节约型校园；以专项建设为抓手，提升后勤服务保障质量；以凝心聚力为抓手，打造团结员工文化。

二、强化寒假期间校园安全与疫情防控工作

寒假将至，各部门、各二级学院要认真做好假期师生安全教育工作，提醒广大师生员工珍爱生命、遵守法律法规、提高安全意识和自我保护意识。要对师生员工普遍进行一次安全防范教育，包括出行交通安全、消防安全、治安防范、安全生产等，充分利用各种资源和形式，增强师生员工的反恐、防火、防疫、防盗、防诈骗、防寒防冻、防交通事故等安全防范意识。

寒假期间，校区实行校领导带班和行政值班制度，各类当班人员要严格落实值班制度，加强校园安全巡查，遇到重要事项和紧急情况，应按规定及时报告。在寒假前和开学前，行政后勤处、保卫处要对学生宿舍、餐厅、教室、图书馆、实验室、配电室、施工现场和其他人员密集场所的安全隐患进行全面排查整治。

组织开展消防安全检查，认真做好食品监管、卫生防疫、传染病防控工作，保障师生在校饮食、饮水安全，确保校园食品安全。要继续做好疫情防控期间师生教育工作，当好自身健康第一责任人，做好自我健康监测，继续保持良好的个人防护习惯，科学佩戴口罩、保持安全社交距离，坚持良好卫生习惯和个人健康生活方式。同时主动了解和掌握网络舆情，及时回应师生关切。确保师生生命安全，维护校园安全稳定。

三、推动学校健康驿站建设

根据《教育部办公厅关于开展高校健康驿站建设自查工作的通知》（教体艺厅函〔2022〕49号）精神及要求，以“保健康、防重症”为基本出发点，切实维护师生健康、保障校园秩序，拟定印发《××××学院健康驿站建设方案》。该方案主要包括总则、基础条件、人员配置、物资储备、组织管理、运行流程、应急处置、服务保障等方面，要求各部门协同配合推动健康驿站建设，切实发挥医务室与心理健康部门作用，行使综合协调管理职能，合理分工，明确职责，确保具体措施落细落实。

出席人员：

记录人：

资料来源：http：//oaa.fit.edu.cn/2023/1/10.

第五节　会议简报

一、会议简报的含义

会议简报是反映会议有关重要内容、筹备和进展情况及与会者意见和建议的一种简短的、有一定新闻性质的会议文书。如全国人民代表大会、全国政协会议、中央各种重要会议、地方上的“两代会”、各种重要的专门会议都要编发会议简报。会议简报作为迅速反映会议动态的信息载体，也是会议主办者了解会议情况、掌握会议动态的重要渠道。

会议简报可以使用多种名称，如“简报”“动态”“简讯”“内部参考”等。

会议简报分为综合简报和进程简报两种。综合简报是在会议后期发送，整个会议编一期的简报。进程简报是编发多期简报。一般重大的、时间较长的会议都编发进程简报，即每个会议小阶段编发一期，有时天天编发，以供与会者阅读、互通情报、交流思想和经验，使与会者能够获取更多信息，把会开好。

二、会议简报的特点

（一）新闻性

会议简报的新闻性体现在真、新、快、简四个方面。

“真”是内容真实。会议简报所反映的内容、涉及的情况，必须严格遵循真实性原则，时间、地点、人物、事件、原因、结果，所有要素都要真实，所有数据都要确凿。不能移花接木、添枝加叶。

“新”指内容的新鲜感。会议简报要反映会议中的新事物、新动向、新思想、新趋势，要把最为敏感的会议动态报道出来。

“快”是报道的迅速及时。会议召开的时间有限，会议简报写作要快，制作发送要迅速，让与会者第一时间了解到最新的会议动态。

“简”指短小精悍。会议简报的内容集中、篇幅短小、提纲挈领、不枝不蔓。

（二）集束性

会议简报一期可以只有一篇报道，但更多情况下，一期简报要将若干篇报道集结在一起发表，形成集束式结构。这种结构的好处是有点有面、相辅相成，加大信息量，避免内容单薄。

（三）规范性

会议简报要按照简报的规范格式编写，要由报头、目录、编者按、报道正文、报尾等部分组成，不能标新立异。

三、会议简报的结构内容和拟写

简报的版面结构由报头、报体、报尾三部分组成，如图 8－1 所示：

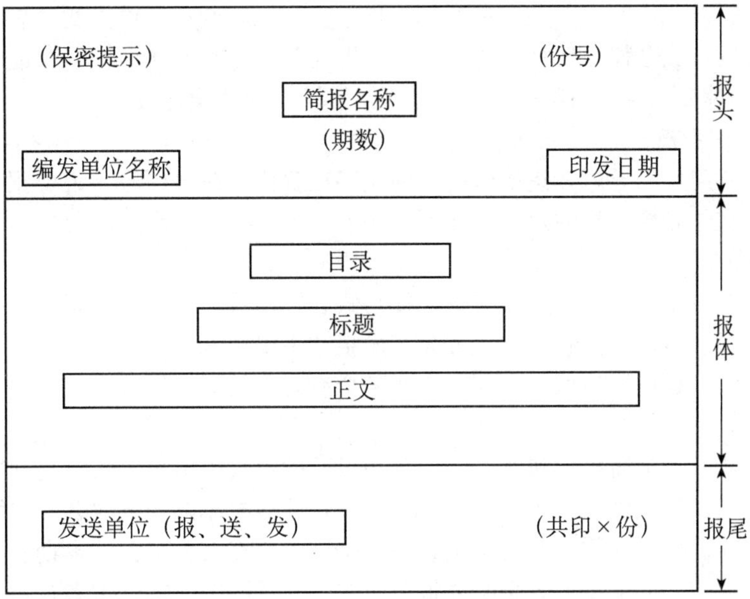

图 8－1　会议简报版面结构

（一）报头

会议简报的报头类似公文的“红头”，一般也是套红印刷，但又有一些不同。

首页间隔横线以上称为报头，由简报名称、期数、编发单位名称、印发日期、保密提示等项目组成。

简报名称用大号红色字体。

期数位于简报名称下方正中，加括号。

编发单位名称一般为“××大会秘书处”或“××会议组委会”，位于期数下面、间隔横线上方左侧。

印发日期位于编发单位名称右侧。

如属保密会议，需要保密，则在首页报头左上角标明密级或“内部资料”字样。确有必要，还可在首页报头右上角印上份号。

间隔横线一般为红色。

（二）报体

报头以下、报尾以上部分都属于报体。报体包括以下项目。

1. 目录

集束式的简报需要编排目录。由于会议简报内容单纯，容易查找，目录一般不需要标序码和页码，只需将编者按、各篇标题排列出来即可，为避免混淆，可在每项前加星号标志。

2. 标题

简报的标题跟新闻的标题类似，可分为单标题和双标题两种类型。

（1）单标题。即将报道的核心事实或主要意义概括为一句话作为标题，如政协××市第××次会议简报的标题是“今年政府应办几件实事”，××集团公司年度工作会议简报的标题是“抓改革深化促征管质量”。

（2）双标题。双标题一般是主标题加副标题。主标题概括会议主题，副标题具体说明什么单位举办的什么会议。比如：“我与祖国共奋进——××省纪念五四运动××周年大会纪要”“同一片蓝天共一份爱——××县关注留守儿童大会纪要”。

3. 导语或编者按

报道式会议简报的导语，是指以简短的文字准确概括简报内容，说明报道的宗旨，引导读者阅读全文。导语写作的总体要求是“开门见山”，一开始就切入基本事实或核心问题，给人明确的印象。

导语可根据主题需要，采用叙述式、描写式、提问式、结论式的写法。

（1）叙述式。是用概括叙述的方法介绍简报的主要内容。

（2）描写式。是把简报里的主要事实或某个有意义的侧面加以形象的描写，以引起读者的阅读兴趣。

（3）提问式。是把简报反映的主要问题用设问的形式提出来，以引起读者的思考。

（4）结论式。是先将结论用一两句话点出来，然后主体部分再做必要的解释和说明。

转发式会议简报的导语一般就是编者按。是介绍简报信息来源、本期重点稿件的意义和价值、征稿通知、征求意见等表明办报单位主张和意图的文字。编者按不可过长，短则三五行，长则半页。一般有三种写法：

（1）说明性按语。介绍稿件的来源、编发原因和发放范围。

（2）提示性按语。提示稿件内容，帮助读者理解稿件的精神。

（3）批示性按语。也叫要求性按语，主要用在具有典型意义或指导意义的稿件前，声明意义，表明态度，并对与会者提出要求等。

4. 主体

主体是简报的主要部分，可以只有一篇报道，也可以有多篇报道。其任务是用典型的、富有说服力的材料把导语的内容具体化，用材料说明观点。写好主体是编好简报的关键。主体的内容，或是反映具体的情况，或是介绍具体的做法，或是叙述取得的成绩和经验，或是指出存在的问题，或是几项兼有，要视具体情况而定，没有固定的模式。

主体的机构有“纵式”和“横式”两种。纵式结构按事件发生、发展的时间顺序来安排材料，横式结构按事理分类的顺序安排材料。如果内容比较丰富，各层可加小标题。

5. 结尾

简报要不要结尾，因内容而定。内容单一，篇幅短小的，可以不单写结尾，主体部分话说完就结束，干净利落。内容复杂的，可以对全文做一个小结，以加深读者印象。有些连续性的简报，为了引起人们关注事态发展，可用交代性话语作为结束，如“对事情的发展我们将继续报告”“处理结果我们将在下期报告”等。

（三）报尾

报尾在简报末页，用间隔横线与报体相隔。报尾内容比较简单，只需写明简报发送单位和印发份数即可。发送单位一般有“报”“送”“发”的区别。“报”是指报上级单位；“送”是指送往同级或不相隶属单位；“发”是指发往下级单位。发送单位写在左侧，印发份数写在右侧。

第六节　会务工作总结

一、会务工作总结的含义与作用

会务工作总结是会议工作总结的一部分。会议结束后，会务工作人员要及时做好会务工作的总结工作。会务工作总结是对会议的会务工作进行系统回顾和认真分析，检查实施情况，归纳经验教训，总结规律性认识，并条理化、系统化的会议文书。

会务工作总结是推动会议管理工作进步的重要环节。任何一项工作，不管是个人或群体都需要多次反复操作、辛勤劳动才能完成。每一次具体实践，都有成功与失误、经验与教训，及时总结就会及时吸取经验教训，提高认识和总结会务工作成败的能力。会务管理工作通过总结才会不断发展和进步。

会务工作总结是寻找会务工作规律的重要手段。任何一种事物、一项工作，都存在内在联系、外部制约，都有它自身的发展、运动规律。遵循这些客观规律办事就能顺利达到预期目的，否则就会因违背规律而导致失败。而发现客观规律就需要总结。

会务工作总结是培养、提高工作能力的重要途径。一个人的工作能力是指承担某项工作、执行某项任务的能力。具体表现在两方面：一是专业知识水平，二是解决、处理实际问题的能力。实践中二者相得益彰。运用会议管理知识处理问题的能力不是天生的，只有通过实践才能培养起来，因此，做好会议总结是提高办会能力的重要手段。

二、会务工作总结拟写

会务工作总结的内容一般包括标题、前言、主体、结尾、落款五部分。

（一）标题

会务工作总结标题的写法主要有两种。一种是由单位名称＋会议名称＋文种组成，如“××有限公司 2013 年表彰大会总结”。另一种是在正标题下附副标题，如“踏实苦干，为校园文明建设做贡献——××大学精神文明建设研讨会总结”，正标题揭示观点、经验，副标题补充说明内容范围和文种。

（二）前言

前言是会务工作总结起始的段落。其作用在于用简练的文字概括交代总结的问题；或者说明所要总结的问题、时间、地点、背景、事情的大致经过；或者对总结的主要经验、成绩与效果等做概括提示；或者对会议的过程、基本情况、突出成绩做简洁的介绍。前言写作的目的在于让读者对工作总结的全貌有一个概括的了解，为阅读、理解全篇打下基础。写作前言力求简洁，开宗明义。

（三）主体

主体应叙述会务工作的过程、做法、体会、经验、教训，并且要做理论概括，总结出规律。一篇会议工作总结依赖于主体部分的写作水平与质量的高低：是否抓住了事情的本质，实事求是地反映出成绩与问题，科学地总结出经验与教训；是否中心突出、重点明确、阐述透彻、逻辑性强、使人信服。主体部分的基本内容就是要写出会务工作的做法和体会、成绩和缺点、经验和教训。

1. 成绩和经验

写出成绩和经验是会务工作总结的中心和重点，是正文的关键内容所在。写法一般有两种：一种是写出做法、成绩之后再写经验。即表述成绩、做法之后从分析成功的原因、主客观条件中得出经验教训。另一种是写做法、成绩的同时写出经验，寓经验于做法之中。也有的写法是在成绩之后用“心得体会”的方式来介绍经验，这实际属于前一种写法。

2. 存在的问题和教训

会务工作总结以肯定成绩、总结正面经验为主，但在看到成绩的同时也要看到存在的问题。在成绩与经验之后要写出存在的问题和教训。这部分的写法有两种：一是概述，即概括地讲，如采取并列句形式或一贯到底的句式概括；二是细述，即分条列项具体列出存在的问题，一一表述。写存在的问题和教训时要中肯、恰当、实事求是。

（四）结尾

会务工作总结最后要针对存在的问题提出改进措施，指出今后努力的方向。这部分要精练、简洁。

（五）落款

会务工作总结的落款要写明总结的单位名称或会议名称，署名下方署上总结完成的时间。如果标题中已经出现总结单位的名称，落款时就只需署上时间。

例文

××公司×年××会务工作总结

会议期间，我们圆满完成了筹备工作领导小组安排的各项任务，展示了公司的接待能力和服务水平。现总结如下。

一、节俭高效，各负其责

本着“节俭高效”的办会原则，为办好论证会的会议服务工作，我公司提前成立了会议筹备工作领导小组，统筹协调有关会务工作。会务筹备工作领导小组成立以后，结合本次会议特点，在筹备小组下设置了综合协调、秘书、会务、宣传报道和安全保卫五个工作组，明确划分了各小组的工作任务，提出了具体的工作要求，确定了工作时限。各工作小组又将分工的各项任务再次细化，使名单汇总、住宿安排、就餐安排、陪同团安排、车辆调度、卫生防疫、宾馆联络、票务服务等任务都落实到人，人人各负其责，相互衔接，相互帮助，在筹备人员的一致努力下，各项工作环环相扣、井然有序，确保了本次会议得以顺利召开。

二、群策群力，大胆创新

本次会务接待工作由×××同志亲自挂帅，精心组织，全面指挥。会务组所有工作人员心往一处想，劲往一处使，团结协作，敢打敢拼。大家分工不分家，在做好各自工作的同时，遇到会务组的重要任务、大型活动时，都能齐心协力、一齐上阵，接待地的每一个场合都留下了筹备人员忙碌的身影。应该说，会务组任务的圆满完成，是所有筹备人员顽强拼搏、共同努力的结果。

本次会议接待期间，会务组针对具体实际大胆创新、拓展思路，积极尝试会务接待工作的新思路、新做法，取得了很好的效果。例如，由于本次会议与会者有市级及外省来的领导和专家，会务组为此组建了五个迎接小组到高速公路迎接，每个小组落实一名接待人员和一部接待车辆。接待人员着装整齐，礼仪到位，给与会者留下了深刻的印象。

三、主要做法

各工作组分别按接待工作方案的要求各自分工，在经过大家的共同协商和反复推敲后再组织实施。

综合协调组自接到会议通知后，立即召集相关人员召开会议，为切实做好会务接待工作，加班加点对各工作组的方案进行修改，确保万无一失。

秘书组根据召开会议的要求，马上进行了会议所需汇报材料的收集工作，经过加班加点和专人跟踪落实，确保了会议上汇报材料的翔实无误；同时，拟定筹备工作方案，编制《会议服务指南》，拟定欢迎词，并负责会场的全过程录音、录像和拍照工作，确保了本次会议的顺利召开。

会务组自成立开始，一是马上进行了来宾名单和行程的汇总收集工作，经过一天的加班加点和专人跟踪落实，确保了40余名重要来宾及团组名单和行程的翔实无误；二是在做好名单汇总的同时，在会前提前对××县×××风景区的房间类型和数量进行了落实，同时随时根据来宾名单的变化不断进行调整；三是来宾的注册签到，落实专人在风景区入口处负责参会代表和工作人员的报到、接待工作，发放房间号牌；四是做好整个会场的布置，如会场会标的制作、张挂，座位牌的制作、摆放，策划和营造宾馆、会场周围的气氛，以及做好会场服务（茶水供应，每十五分钟加一次开水），落实会议室地点及住宿安排，确保会议后勤保障工作到位；五是发送纪念品时考虑周到，方便了来宾，节约了时间；六是会议结束后，指定专人对会议各项消费进行统结。各相关负责人对所使用的设备、剩余物资、可重复使用物资进行了回收入库和登记。会务组为与会者提供了周到的服务，受到了与会者的一致好评。

宣传报道组为切实做好宣传报道工作，一是借调了一名经验丰富的工作人员，指导完成会议讲话使用的PPT；二是负责联系电视台、报社记者，提供新闻稿件的参考资料；三是做好了会场所需仪器设备的安装和调试工作，确保了会议的顺利召开。

安全保卫组主要负责做好会议车辆调度和安全保卫工作。根据每天的活动情况和会务组的需求统筹安排调度车辆，保证会议用车准时和安全。安全保卫工作也比较到位，确保了会场的秩序和与会者的安全。

四、几条经验

（一）精心准备，明确要求

秘书组对会务工作进行了全面的策划和准备，分工明确，责任到人，要求具体，便于督促和检查。筹备组全体成员能够全力以赴、精诚协作，做到思想统一、步调一致，确保了会议圆满成功。

（二）抓住重点，强化执行

会务组把行程安排作为一个重要的环节，在一开始就予以高度重视。会务组指派专人，主动联系与会的领导者和专家，帮助解决一些实际问题，保证了会议的如期召开。

（三）借助酒店优势，及时分发资料

对于会议布置过程中，需要分发给每个房间的水果、香烟，会务组通过酒店服务员及时送到位，既节省了人力，也避免了某些不必要的困难和对专家造成的干扰。

五、存在的问题

（一）要严把会议文件的编制关

本次会务工作，《会议接待指南》中出现了陪同人员的职务错误，以及风景区地图较小不方便领导者和专家查看的问题。今后应以此为戒，以精益求精的态度注重细节，严把会议文件的编制关。

（二）做好应急预案和相关协调工作

本次会务在就餐环节也出现了一些漏洞：一是晚餐时间停电，因经验不足，考虑不周，事先未制定应急供电预案；二是午餐时间过长，虽与餐饮部说明就餐时间是 12 点，但未落实专人进行节点跟踪，因而出现了上菜不及时的情况，使下午的会议不得不延迟进行。

（三）要加强学习，提高专业办会水平

本次会议，在会场布置和就餐安排中，对座位牌和餐位牌的摆放还不够熟练，有些会务工作人员甚至不懂，以致在此项工作上花费了很长时间。这就要求会务工作人员要加强学习，掌握会务相关知识，避免工作中出现失误甚至错误。

总之，本次会议的会务工作紧张有序，充分展示了会务工作人员的专业水平和工作热情。全体会务工作人员能树立大局观念和一盘棋观念，各负其责，分工不分家，加班加点，对交叉性工作加强沟通，相互衔接，相互帮助，确保各项工作高效率运转、高质量完成，圆满完成了领导者交办的各项会务工作任务。

资料来源：金常德．文秘人员“办会”实务：流程与细节．北京：中国纺织出版社，2013：138. 引用时有改动。

【思考与练习】

一、文书工作在会议中的重要作用是什么？怎样才能做好这项工作？

二、除本章介绍的几种，你还了解哪些类型的会议文书？能否做简要介绍？

三、会议记录与会议纪要的区别在哪里？完成一份会议纪要需要掌握哪些方面的信息？

四、分析与思考：

2019年1月，习近平总书记在省部级主要领导干部坚持底线思维着力防范化解重大风险专题研讨班开班式上说道：面对波谲云诡的国际形势、复杂敏感的周边环境、艰巨繁重的改革发展稳定任务，我们必须始终保持高度警惕，既要高度警惕“黑天鹅”事件，也要防范“灰犀牛”事件；既要有防范风险的先手，也要有应对和化解风险挑战的高招；既要打好防范和抵御风险的有准备之战，也要打好化险为夷、转危为机的战略主动战。

这段讲话，运用了三个“既要……也要……”的复句，对各方面的可能性做了概括，展现出了思考问题的系统性和周密性。从多个角度全面定义问题、分析问题和解决问题，思维严谨，视野宽广。

结合日常写作谈谈你的认识。

五、在学校网站和公告栏等地搜集3～5份会议通知，运用所学知识，分析这些通知是否规范，指出通知中值得借鉴的地方和需要修改的地方。

第九章
会议财务管理

【内容提要】

本章主要介绍会议活动中会议财务管理的基本概念与内容，讲授会议财务预测、编制会议预算、会议资金管理、会议成本控制等相关知识，使学生能够运用财务管理的观念、方法对会议财务进行科学有效的管理。

第一节　会议财务管理的概念与内容

一、会议财务管理的基本概念

会议财务管理是指利用价值形式对会议财务活动的管理。中大型会议的财务管理工作尤其重要，它是会议能否顺利召开的根本保障。会议财务管理的本质是对会议资金的管理，其主要内容是研究会议运作时资金活动的过程及其规律。

会议运作时的资金活动主要包括筹集、运用和分配资金。会议要努力开辟资金渠道，合理分配和使用资金，以确保取得成功。为此，在会议筹备初期，必须首先制定出会议财务目标。

会议财务目标分为营利性和非营利性两种。目前，在我国举办的大多数会议都不是纯粹的商业营利性活动，财务目标一般为非营利性。

在会议财务经费管理方面，要实行“一支笔”，即由专人来负责。一般不能轻易改变财务管理的授权人和其权限范围，不能轻易改变授权人的财务决定，以免引起混乱。会议财务的领导者，通常由大会的秘书长或会议组织机构的负责人担任。

二、会议财务管理的内容

（一）会议财务计划管理

会议财务管理是从财务计划管理开始的。在策划会议时，会议组织者必须根据我国举办会议的有关财务管理制度，参照以往举办会议的历史资料，在资金运作规律的基础上编制出会议财务计划。会议的预算是会议财务计划管理的重要依据，它能使会议组织者有计划地筹措资金，包括资金的数额、来源；按预算进行各项支出，包括支出的项目和支出标准。预算是会议财务计划管理中最重要的内容。

（二）会议日常财务管理

会议日常财务管理是指根据国家有关财务管理制度，按照会议组织委员会批准的会议预算，由财会部门进行的会议日常财务管理工作。会议日常财务管理的内容包括会议资金管理、费用管理和会议余款的处理。

（三）会议财务分析

会议财务分析包括对会议财务状况的分析和研究，对流动资金的使用和开支的分析，以及检查会议的财务运作状况，以便发现问题，及时解决。会议财务分析的目的是保证会议实现财务目标。

第二节　会议财务预测

一、会议财务预测的含义

会议财务预测数据是编制会议预算的基础，会议组织者要依据会议活动的客观发展规律，利用已经掌握的财务知识和手段，对会议未来的财务状况做预先推测和判断，以保证会议财务工作井然有序，并切合会议实际，顺利实现会议财务管理的最终目标。

会议财务预测经常使用的方法是：专家调查法、报表调查法、历史类比法、集合意见法。

知识链接 中央和国家机关会议费管理办法

第一章 总 则

第一条 为进一步加强和规范中央和国家机关会议费管理，精简会议，改进会风，提高会议效率和质量，节约会议经费开支，制定本办法。

第二条 中央和国家机关会议的分类、审批和会议费管理等，适用本办法。

本办法所称中央和国家机关，是指党中央各部门，国务院各部委、各直属机构，全国人大常委会办公厅，全国政协办公厅，最高人民法院，最高人民检察院，各人民团体、各民主党派中央和全国工商联（以下简称各单位）。

第三条 各单位召开会议应当坚持厉行节约、反对浪费、规范简朴、务实高效的原则，严格控制会议数量和规模，规范会议费管理。

第四条 各单位召开的会议实行分类管理、分级审批。

第五条 各单位应当严格会议费预算管理，控制会议费预算规模。会议费预算应当细化到具体会议项目，执行中不得突破。会议费应当纳入部门预算，并单独列示。

第二章 会议分类和审批

第六条 中央和国家机关会议分类如下：

一类会议。是以党中央和国务院名义召开的，要求省、自治区、直辖市、计划单列市或中央部门负责同志参加的会议。

二类会议。是党中央和国务院各部委、各直属机构，最高人民法院，最高人民检察院，各人民团体召开的，要求省、自治区、直辖市、计划单列市有关厅（局）或本系统、直属机构负责同志参加的会议。

三类会议。是党中央和国务院各部委、各直属机构，最高人民法院，最高人民检察院，各人民团体及其所属内设机构召开的，要求省、自治区、直辖市、计划单列市有关厅（局）或本系统机构有关人员参加的会议。

四类会议。是指除上述一、二、三类会议以外的其他业务性会议，包括小型研讨会、座谈会、评审会等。

第七条 中央和国家机关会议按以下程序和要求进行审批：

一类会议。应当由主办单位报经党中央和国务院批准。会议总务、经费预算及费用结算等工作分别由中共中央直属机关事务管理局（以下简称中直管理局）和国家机关事务管理局（以下简称国管局）负责。

二类会议。党中央和国务院各部委、各直属机构，各人民团体应当于每年 12 月底前，将下一年度会议计划（包括会议名称、召开的理由、主要内容、时间地点、代表人数、工作人员数、所需经费及列支渠道等）送财政部审核会签，按程序经中央办公厅、国务院办公厅审核后报批。各单位召开二类会议原则上每年不超过 1 次。

三类会议。各单位应当建立会议计划编报和审批制度，年度会议计划（包括会议数量、会议名称、召开的理由、主要内容、时间地点、代表人数、工作人员数、所需经费及列支渠道等）经单位领导办公会或党组（党委）会审批后执行。

四类会议。由单位分管领导审核后列入单位年度会议计划。

年度会议计划一经批准，原则上不得调整。对党中央、国务院交办等确需临时增加的会议，按规定程序报批。

第八条　一类会议会期按照批准文件，根据工作需要从严控制；二、三、四类会议会期均不得超过2天；传达、布置类会议会期不得超过1天。

会议报到和离开时间，一、二、三类会议合计不得超过2天，四类会议合计不得超过1天。

第九条　各单位应当严格控制会议规模。

一类会议参会人员按照批准文件，根据会议性质和主要内容确定，严格限定会议代表和工作人员数量。

二类会议参会人员不得超过300人，其中，工作人员控制在会议代表人数的15%以内；不请省、自治区、直辖市和中央部门主要负责同志、分管负责同志出席。

三类会议参会人员不得超过150人，其中，工作人员控制在会议代表人数的10%以内。

四类会议参会人员视内容而定，一般不得超过50人。

第十条　全国人大常委会办公厅、全国政协办公厅、各民主党派中央和全国工商联的会议分类、审批事项、会期及参会人员等，由上述部门依据法律法规、章程规定，参照第六条至第九条作出规定，并报财政部备案。

第十一条　各单位召开会议应当改进会议形式，充分运用电视电话、网络视频等现代信息技术手段，降低会议成本，提高会议效率。

传达、布置类会议优先采取电视电话、网络视频会议方式召开。电视电话、网络视频会议的主会场和分会场应当控制规模，节约费用支出。

第十二条　不能够采用电视电话、网络视频召开的会议实行定点管理。各单位会议应当到定点会议场所召开，按照协议价格结算费用。未纳入定点范围，价格低于会议综合定额标准的单位内部会议室、礼堂、宾馆、招待所、培训中心，可优先作为本单位或本系统会议场所。

无外地代表且会议规模能够在单位内部会议室安排的会议，原则上在单位内部会议室召开，不安排住宿。

第十三条　参会人员以在京单位为主的会议不得到京外召开。各单位不得到党中央、国务院明令禁止的风景名胜区召开会议。

第三章　会议费开支范围、标准和报销支付

第十四条　会议费开支范围包括会议住宿费、伙食费、会议场地租金、交通费、文件印刷费、医药费等。

前款所称交通费是指用于会议代表接送站，以及会议统一组织的代表考察、调研等发生的交通支出。

会议代表参加会议发生的城市间交通费，按照差旅费管理办法的规定回单位报销。

第十五条　会议费开支实行综合定额控制，各项费用之间可以调剂使用。

会议费综合定额标准如下：

单位：元/人天

会议类别	住宿费	伙食费	其他费用	合计
一类会议	500	150	110	760
二类会议	400	150	100	650
三、四类会议	340	130	80	550

综合定额标准是会议费开支的上限。各单位应在综合定额标准以内结算报销。

第十六条　一类会议费在部门预算专项经费中列支，二、三、四类会议费原则上在部门预算公用经费中列支。

会议费由会议召开单位承担，不得向参会人员收取，不得以任何方式向下属机构、企事业单位、地方转嫁或摊派。

第十七条　各单位在会议结束后应当及时办理报销手续。会议费报销时应当提供会议审批文件、会议通知及实际参会人员签到表、定点会议场所等会议服务单位提供的费用原始明细单据、电子结算单等凭证。财务部门要严格按规定审核会议费开支，对未列入年度会议计划，以及超范围、超标准开支的经费不予报销。

第十八条　各单位会议费支付，应当严格按照国库集中支付制度和公务卡管理制度的有关规定执行，以银行转账或公务卡方式结算，禁止以现金方式结算。

具备条件的，会议费应当由单位财务部门直接结算。

第四章　会议费公示和年度报告制度

第十九条　各单位应当将非涉密会议的名称、主要内容、参会人数、经费开支等情况在单位内部公示或提供查询，具备条件的应当向社会公开。

第二十条　一级预算单位应当于每年3月底前，将本级和下属预算单位上年度会议计划和执行情况（包括会议名称、主要内容、时间地点、代表人数、工作人员数、经费开支及列支渠道等）汇总后报财政部。党中央各部门同时抄送中直管理局，国务院各部门同时抄送国管局。

第二十一条　财政部对各单位报送的会议年度报告进行汇总分析，针对执行中存在的问题，及时完善相关制度。

第五章　管理职责

第二十二条　财政部的主要职责是：

（一）会同国管局、中直管理局等部门制定或修订中央本级会议费管理办法，并对执行情况进行监督检查；

（二）按规定对各单位报送的二类会议计划进行审核会签；

（三）对会议费支付结算实施动态监控；

（四）对各单位报送的会议年度报告进行汇总分析，提出加强管理的措施。

第二十三条　国管局的主要职责是：

（一）配合财政部制定或修订中央和国家机关会议费管理办法；

（二）负责国务院召开的一类会议的总务工作；

（三）配合财政部对国务院各部委、各直属机构会议费执行情况进行监督检查。

第二十四条　中直管理局的主要职责是：

（一）配合财政部制定或修订中央和国家机关会议费管理办法；

（二）负责党中央召开的一类会议的总务工作；

（三）配合财政部对中央各部门会议费执行情况进行监督检查。

第二十五条　各单位的主要职责是：

（一）负责制定本单位会议费管理的实施细则；

（二）负责单位年度会议计划编制和三类、四类会议的审批管理；

（三）负责安排会议预算并按规定管理、使用会议费，做好相应的财务管理和会计核算工作，对内部会议费报销进行审核把关，确保票据来源合法，内容真实、完整、合规；

（四）按规定报送会议年度报告，加强对本单位会议费使用的内控管理。

第六章　监督检查和责任追究

第二十六条　财政部、国管局、中直管理局会同有关部门对各单位会议费管理和使用情况进行监督检查。主要内容包括：

（一）会议计划的编报、审批是否符合规定；

（二）会议费开支范围和开支标准是否符合规定；

（三）会议费报销和支付是否符合规定；

（四）会议会期、规模是否符合规定，会议是否在规定的地点和场所召开；

（五）是否向下属机构、企事业单位或地方转嫁、摊派会议费；

（六）会议费管理和使用的其他情况。

第二十七条　严禁各单位借会议名义组织会餐或安排宴请；严禁套取会议费设立“小金库”；严禁在会议费中列支公务接待费。

各单位应严格执行会议用房标准，不得安排高档套房；会议用餐严格控制菜品种类、数量和份量，安排自助餐，严禁提供高档菜肴，不安排宴请，不上烟酒；会议会场一律不摆花草，不制作背景板，不提供水果。

不得使用会议费购置电脑、复印机、打印机、传真机等固定资产以及开支与本次会议无关的其他费用；不得组织会议代表旅游和与会议无关的参观；严禁组织高消费娱乐、健身活动；严禁以任何名义发放纪念品；不得额外配发洗漱用品。

第二十八条　违反本办法规定，有下列行为之一的，依法依规追究会议举办单位和相关人员的责任：

（一）计划外召开会议的；

（二）以虚报、冒领手段骗取会议费的；

（三）虚报会议人数、天数等进行报销的；

（四）违规扩大会议费开支范围，擅自提高会议费开支标准的；

（五）违规报销与会议无关费用的；

（六）其他违反本办法行为的。

有前款所列行为之一的，由财政部会同有关部门责令改正，追回资金，并经报批后予以通报。对直接负责的主管人员和相关负责人，报请其所在单位按规定给予行政处分。如行为涉嫌违法的，移交司法机关处理。

定点会议场所或单位内部宾馆、招待所、培训中心有关工作人员违反规定的，按照财政部定点会议场所管理的有关规定处理。

第七章　附　则

第二十九条　各单位应当按照本办法规定，结合本单位业务特点和工作需要，制定会议费管理具体规定。

第三十条　党中央、国务院直属事业单位的会议费管理参照本办法执行。中央和国家机关各部门所属事业单位的会议费管理由各部门依据从严从紧原则参照本办法作出具体规定。

第三十一条　本办法由财政部负责解释，自 2016 年 7 月 1 日起施行。《中央和国家机关会议费管理办法》（财行〔2013〕286 号）同时废止。

二、会议财务预测的内容

（一）会议规模的预测

会议预算是以会议规模为最主要数据编制的。会议规模即指有多少人参加会议。在会议筹备初期，会议人数带有很大的不确定性，这给编制会议预算带来了很大的难度。为能够比较准确地估算出会议的与会者人数，一般可采用历史类比法对数据进行判断。如参考前三届会议的与会者人数，可以事先向前三届会议的主办单位索取代表通讯录，对参加会议的人进行分析，再结合本次会议召开的时间背景、国内外政治经济形势等因素，这样就可以粗略推算出本届会议可能的与会者人数。

根据上述方法还能预测出会议其他辅助数据，如会议国内代表数、国外代表数、陪同人员和参加旅游人数等。

（二）会议支出的预测

会议支出分为两类：固定支出和可变支出。

固定支出是不随会议人数的变化而变化的支出，即使将来会议的实际收入少于预期收入，固定支出也不会有很大变动，比如会议筹备期间的文件印刷费、公关宣传费、邮寄费、场地租赁费等。由于会议的许多固定支出发生在会议筹备期间，这就需要有一定的启动资金。因此，预测会议固定支出对筹集会议启动资金具有指导意义。

会议的可变支出是随着会议人数的变化而变化的，如会议期间的餐费、住宿费、分会场租赁费等。

在对会议规模进行预测后，应尽快根据预测的数据对会议固定支出进行预测，以此为基础，预测出会议的保本人数和注册费或会务费收取的水平。这两项数据对于完成会议的财务目标至关重要。

（三）会议收入的预测

在会议各项收入中，通常注册费或会务费收入是相对稳定的，只要人数预测准确，预测收入和实际收入不会有很大差别。一些在我国召开的国际会议，往往会安排一些旅游活动，与会者大多希望能够参加会议举办的旅游活动，这样，这些会议能够在旅游服务方面获取一定的收入。

赞助费也是会议的主要收入，许多会议的盈亏最终取决于赞助费的多少。因此，对赞助费的预测也是至关重要的。

（四）会议保本人数的预测

举办会议最基本的财务目标是保证会议不出现亏损。由于会议收入主要取决于注册费或会务费，以及与会者人数，而当会议注册费或会务费标准基本确定之后，会议的收入就完全取决于与会者人数的多少，因此，开展会议财务预测时，一定要预测会议保本人数。

会议保本人数通常可以用下列简单公式来计算：

保本人数＝会议固定支出/(注册费或会务费－每位与会者的可变支出)

（五）经济环境的预测

筹备大型会议需要几年时间，这期间国内外经济环境的变化等因素最终都会反映到价格上。如果是举办国际会议，汇率的调整变化经常是影响国际会议财务管理的重要因素。因此还要注意预测经济环境。

第三节　编制会议预算

一、编制会议预算的目的

在会议财务预测的基础上编制会议预算，能够提供一个定量的会议财务计划，会议预算既能反映会议固定支出，也可反映会议的可变支出，同时也估算了会议的大致收入。预算能够初步反映会议的盈亏。

预算对于会议财务管理至关重要的另一个原因是，通过预算可以清楚地了解需要多少会议启动资金，避免出现由于启动资金不足而影响会议正常筹备的被动局面，也避免因为预算过剩而造成不必要的浪费。财政部、国家机关事务管理局中共中央直属机关事务管理局 2016 年下发的《中央和国家机关会议费管理办法》第一章第五条规定：“各单位应严格会议费预算管理，控制会议费预算规模。会议费预算应当细化到具体会议项目，执行中不得突破。会议费应纳入部门预算，并单独列示。”

知识链接 关于《中央和国家机关会议费管理办法》的补充通知

党中央有关部门，国务院各部委、各直属机构，全国人大常委会办公厅，全国政协办公厅，最高人民法院，最高人民检察院，各民主党派中央，有关人民团体：

为贯彻落实中央八项规定精神，进一步规范中央和国家机关会议费管理，现就有关事项补充通知如下：

一、本通知适用于中央和国家机关按照《中央和国家机关会议费管理办法》（财行〔2016〕214 号，以下简称《办法》）规定召开的一类、二类、三类、四类会议，包括线下会议和线上会议。

线上会议是指采取电视电话、网络视频等方式召开的会议，含线上与线下相结合的会议。

二、会议会期，二、三、四类会议原则上不超过 1 天半，传达、布置类会议不得超过 1 天。

会议报到和离开时间，一、二、三类会议合计不得超过 1 天半，四类会议合计不得超过 1 天。

三、各单位召开会议，在符合保密和网络信息安全要求的前提下，提倡采用线上会议形式。线上会议的主会场和分会场参会人数合计不得超过《办法》规定的相应会议类别参会人数上限，不请外地同志到主会场参会。

线上会议优先选择单位内部电视电话、电子政务内网视频会商等现有应用系统。单位现有应用系统无法保障的，应当结合工作性质、保密要求等，选择专用系统、运营商服务系统、第三方软件服务系统等。

四、会议费开支范围包括：

（一）线下费用：《办法》规定的住宿费、伙食费、会议场地租金、交通费、文件印刷费、医药费等；

（二）线上费用：能够明确对应具体会议的设备租赁费、线路费、电视电话会议通话费、技术服务费、软件应用费、音视频制作费等。

五、会议费应当按照以下方式进行核算列支：

（一）线下费用按照《办法》有关规定以实际发生的费用项目分项定额标准总额为上限，结合线下实际参会人数、会议时间进行核算。各项费用之间可以调剂使用，未实际发生的费用项目不得参与调剂。

（二）线上费用不纳入《办法》规定的综合定额标准内核算，凭合法票据原则上在单位年度会议费预算内据实列支。

各单位应当按照厉行节约、提高效率的原则，通过市场调研、充分议价，合理选择线上会议应用系统，细化完善本单位线上会议支出标准。

六、各单位在会议结束后应当及时办理会议费报销手续。线下费用按照《办法》有关规定进行报销。线上费用应当提供费用清单和使用相关应用系统所开具的合法票据，签署服务合同的，需一并提供相关合同。

七、各单位应当加强涉密会议安全和保密管理，落实网络安全工作责任制，强化网络安全技术防护措施，选择安全可靠的应用系统，督促系统服务供应商严格落实安全保密责任，加强对运维人员、技术服务人员日常保密教育和监督，定期开展终端设备和涉密场所保密检查，妥善保管会议音视频等材料，切实做好安全保障工作。

八、各单位应当加强对会议内容相近、参会人员范围相同会议的统筹，严格控制各类会议规模，简化办会形式，合理确定参会人员范围，减少参会人员数量，减少陪会。

九、各单位应在《办法》及本通知规定的开支范围和开支标准内从严从紧核定会议费预算，节约会议经费开支。

十、本通知自 2023 年 8 月 1 日起施行。《办法》有关规定与本通知不符的，以本通知为准。

财政部 国管局 中直管理局

2023 年 5 月 30 日

二、会议预算的内容组成

会议预算主要由会议收入和支出两部分组成。支出部分又分为固定支出和可变支出。固定支出和可变支出两者之间一般没有统一的划分标准，只要便于在会议筹备过程中使用即可。

会议财务预测提供了编制预算的许多相关数据，然后可根据会议举办城市的价格标准和会议支出的项目编制出会议预算表。

会议预算表的内容包括：会议的固定支出、可变支出和收入。

（一）会议固定支出

会议的固定支出是召开会议时必不可少的支出，是不随会议人数的变化而变化的支出。因此，编制会议预算时，首先须计算此项内容。

会议的固定支出计算，需要在有一定会议经验和掌握其他会议的历史数据之后，了解现行各种价格标准，考虑到未来通货膨胀因素，在此基础之上进行编制。会议固定支出主要包括申办费、公关宣传费、办公费、人工费、会议组织机构活动费、征文和注册通知书的印刷费和邮寄费、考察活动费、特邀报告人的参会费、会场和设备租金、会务工作人员的参会费等。以下针对一些重点内容做详细介绍。

1. 申办费

申办费主要指在申办和竞标会议时所支出的费用。在我国，申办费大部分来自行政事业费，也有的来自企业赞助。

2. 公关宣传费

公关宣传费是为扩大会议的影响力，吸引更多人参加会议，从而开拓市场而开展的公关宣传活动所需的费用。会议经常使用的公关宣传方式有以下几种：一是选择所举办会议领域内最有权威的杂志刊登广告。二是散发会议预通知，通常会议预通知的发放数量是实际与会者人数的十几倍甚至几十倍，以起到广种薄收的作用。三是散发招贴画。由于招贴画的印刷比较精美，为了加强会议的宣传效果，有些会议会印制招贴画散发。四是制作会议网页。制作一个仅提供信息的网站费用不高，但要建立互动式的网站，让与会者可以在网上提交论文、注册和付费，还可以随时查阅各种信息，费用就比较高了。五是通过微信等社会媒体发送宣传广告，并接收反馈信息。

3. 办公费

办公费是整个会议筹备期间所需的办公费用。主要包括：一是会议秘书处购置电脑、打印机、传真机、复印机、数码相机、投影仪和摄像机等设备的费用。二是日常办公费用，指租用办公室的费用、文具费、交通费、复印费和招待费等。三是通信费，包括电话、传真等费用。四是财务管理费，是指一些大型会议付给为会议提供会计服务工作的机构的费用。

4. 人工费

人工费是指会务工作人员的工资、奖金和其他福利费用。会议组织机构中有本单位专职人员，还有临时聘请的兼职人员。由于一些会议周期较长，且开会期间工作人员的工作时间一般都长达十几个小时，应按规定发给他们加班费和通信补助。

5. 同声传译译员劳务费

对于国际会议，一般要求安排同声传译，会议须支付同声传译译员劳务费。以中文传译，译员的服务价格相对便宜；以其他语言传译，译员的服务价格会很高。仅这笔开支就是不小的数字。

6. PCO 服务费

不少大型会议实行外包，由专业的会议组织 PCO 承担会议的会务工作。PCO（英文 professional conference organizer 的缩写，是指通过为客户组织、经办会议而获取收入的专业的会议组织机构）的服务是一种商业行为，其目的是获取利润。PCO 的收费方式有四种：一是包价。即帮助组织、运作、管理会议后，不管与会者人数多少，一次性收取一笔费用。二是基本费用加依据与会者人数而定的费用。即完成一个会议，除收取基本费用外，再按与会者人数确定一定的费用。三是按与会者人数收费。即完全根据与会者人数确定费用。四是按小时收费。即完全按照工作时间收费。支付 PCO 的服务费采用哪种方式，怎样给，给多少，没有统一定式，完全取决于会议组织者和 PCO 的协商，按事先签订的合同办事。如果是一次性支付，这笔费用可计算在固定支出部分。

7. 会议组织机构活动费

会议组织机构活动费主要是会议筹备期间各委员会和秘书处定期开会和举办活动时的费用。

8. 印刷费和邮寄费

会议组织者为了扩大会议影响，邀请到更多与会者参会，在会议筹办初期，通常会印刷大量会议通知、请柬和邀请函。其印刷数量往往是预测与会者人数的 10 倍甚至 20 倍。并且为显示会议的规格，会议通知、请柬和邀请函从设计到印刷都非常精美。因此，这是会议筹办初期较大的一笔支出。

9. 考察活动费

在异地举办会议，特别是在我国举办国际社团组织的会议时，国际社团组织为确保会议举办地具有办会的条件和能力，通常要派人前来考察，检查举办地对会议各方面工作的准备情况，这部分的费用主要包括交通费、住宿费、餐费、考察活动费。

10. 特邀报告人的参会费

通常会议特邀报告人参加会议不用交纳任何费用，除此之外，会议还要发给特邀报告人报告费。报告费支付的标准可根据以往惯例或参照相应会议的支付标准支付。

11. 会场和设备租金

这两部分支出可以计入固定支出，因为只有特殊原因才有可能调整会场。会场租金包括：

（1）主会场租金。在我国，基本上所有的会议中心和宾馆的会场租金都是按单元计价的，每半天为一个单元，不管租用时间是半个小时还是四个小时，费用相同。为节约成本，组织会议时应尽量将开幕式、大会报告、闭幕式等大型活动集中在几个单元。

（2）分会场租金。根据会议分组情况选定分会场，应尽可能选择与分会场人数相适应的会场，避免不必要的浪费。

（3）大会组织机构办公用房费用。大会秘书处办公用房虽然不多，但从会议筹备到会议结束，时间较长，也是一笔不小的开支。一般在会议筹办初期，大会组织机构办公室会附设在会议承办单位，待会议召开前，再迁往会议中心，这样可以节省不少开支。

（4）设备租金。包括视听设备和同声传译设备。会议组织者一定要做好充分调查，合理安排和使用设备。同声传译设备租金昂贵，因此一般只在会议的开幕式和特邀专家报告时才安排。

（5）网吧。专供代表上网使用。这部分的费用包括租用计算机和租用网络专用电缆两项费用。

（二）会议可变支出

会议可变支出是指随着会议代表人数变化而发生的支出改变。

1. 餐饮

餐饮费是可变支出中比例最大的一笔费用，一般占到会议总支出的 25%。餐饮项目包括：宴会、招待会（多采用自助餐）、茶歇（可提供茶水、咖啡、点心、水果等）、会议午餐（多采用自助餐）。

2. 印刷费

印刷费是仅次于餐饮费的支出。印刷的文件包括：论文集、会议内容摘要、会议资料汇编、程序手册、会议指南等。其中论文集的印刷费用最高。

3. 邮寄费

尽管随着互联网的普及，许多会议文件可以通过互联网传递，但对于一些不方便使用互联网的地区和人群，还是需要通过邮寄方式传递会议通知等会议文件。即使方便使用互联网的地区和人群，大多也以邮寄的文件为正式文件，并以此作为请假和报销会议费用的凭证。邮寄费主要包括：

（1）论文录取通知书。论文录取通知书是由会议程序委员会主席亲笔签名的文件，许多代表参加会议要凭借会议的论文录取通知书向所在单位申请参加会议的经费，因此，这份文件一般必须通过邮局或快递公司邮寄。

（2）注册通知书。对于有些会议代表和一些不方便使用互联网的地区和人群，注册通知书是一定要寄给他们的。

（3）签证邀请信。签证邀请信是会议组织者提供给国外代表办理来华签证手续的信函，由于邀请信上既有单位的公章，也有单位负责人的亲笔签字，是需要寄原件的。

4. 代表用品费

代表用品费是最直观的可变支出，支出的项目包括：名卡制作或购买的费用、请柬和各类票证制作的费用、文件袋、笔和笔记本等购买费用。

5. 会议纪念礼品费

不少会议会准备一些纪念礼品发给与会者，以作留念。纪念礼品因人数的多少而定，因此，也属于可变支出项目。

6. 租车及其他交通费用

会议期间的用车及其他交通费用一般也因与会者人数多少而变化，合理使用车辆可以节约会议成本。

7. 不可预见费

由于会议从筹办到顺利召开，要经历漫长的过程，这中间存在许多不确定因素，因此，计算会议的可变支出时，可根据具体情况设不可预见费一项。通常不可预见费按5%～20%来计算。

（三）会议收入

会议经费的主要来源是与会者缴纳的注册费或会务费，会议经费的次要来源包括赞助、旅游、展览和其他诸如广告、出版物、纪念品等零星收入。

1. 会议注册费或会务费

注册费或会务费是会议最主要的收入，是决定会议能否做到收支平衡的重要因素，对它的定价至关重要。

注册费或会务费的种类包括：代表注册费或会务费、会员注册费或会务费、特邀报告人注册费或会务费、陪同人员注册费或会务费等。

注册费或会务费的计算公式是：

$$R=\frac{Fc+Vc+C}{D}$$

其中 R 表示注册费或会务费；

Fc 表示会议固定支出；

Vc 表示会议可变支出；

C 表示不可预见费；

D 表示与会者人数。

2. 赞助费

当发现会议注册费不能负担会议的全部支出时，要使会议的财务预算做到平衡，首先考虑的是寻求对会议的赞助。目前，在我国举办的各类会议或多或少都能得到一些赞助。企业赞助是会议最主要的赞助来源，除此之外，会议还可以获取政府机构的补助、基金会的赞助、国际组织的赞助以及私人赞助。我国对能够促进国民经济建设和科学技术发展的会议持积极支持态度，一般政府机构都会或多或少提供赞助。一些基金会和国际组织有专项资金支持国际会议的举办，具备条件的会议可直接向这些机构申请赞助。还有一些会议得到社会名流和知名人士的认可后，也能够获得赞助。

3. 宾馆的优惠

宾馆经常会在各方面给会议提供一些优惠条件。如当会议用房超过一定数量，会议可以免费使用宾馆的会场或设备。还有的宾馆提供一些免费房间或低价房间供会议使用。总之不论是哪种方式，都会增加会议的收入或者减少会议的支出。

4. 旅游活动收入

旅游活动收入是会议组织的在举办地周边的旅游活动所获取的费用。除特殊情况外，每次会议总有部分代表报名参加会议组织的旅游活动。会议组织者通常采用竞标方式，将会议的旅游活动承包给旅行社。旅行社会将会议旅游的部分利润返还给会议组织者，作为会议的一部分收入。

5. 会议附设展览所收展位费

会议附设展览一方面是对会议内容的补充，丰富了会议；另一方面也能够增加会议经费。展览会可由会议组织者自己筹备，也可承包给专门的展览公司。不管采用哪种形式，展览会都能给会议增加一些收入。由于会议附设的展览存在很大的不确定性，因此，在初期的会议预算中有些会议组织会先不计算此笔收入。

6. 会议广告收费

在一些专业性会议上利用各种方式为产品做广告，是很多企业主特别看重的机会。会议可通过会议论文集、制发宣传单页、标语或直接在纪念品、文具、矿泉水等物品上标志企业广告等多种形式为企业主发布广告，并收取一定的广告费。会议组织机构如果这方面工作做得好，广告收费也是一笔不小的收入。

第四节　会议资金管理

一、筹集会议启动资金

筹集会议启动资金是会议全部资金活动的第一个阶段，也是最重要的阶段，正所谓“万事开头难”。从会议最初酝酿和策划时就开始有了资金支出。在漫长的会议筹备期间，必须要寻求到筹备会议的启动资金，这是会议面临的第一个财务问题。会议规模的大小不等，需要的启动资金也相差很大。举办中小型会议时，几万元的启动资金比较容易解决。如果会议规模达到几千人，筹备时间长达两三年，能否顺利进行筹备就成了首要问题。筹集会议启动资金的渠道目前在我国主要有以下几种：

（一）行政事业费

会议规模如果不大，筹备期间垫支经费也不多，可向所在单位的主管部门提出申请，经批准后主办单位用行政事业费垫支，待会议结束后偿还即可。目前，大多数会议都是采取这种方法解决会议启动资金的。

（二）专业会议管理机构垫支

筹备千人以上的大型会议，为解决前期启动资金问题，常常会选择一个专业会议管理机构来承办会议。而选择专业会议管理机构的重要考量标准就是其资金垫支能力。专业会议管理机构可以给会议在整个筹备期间提供充足的启动资金，通常不计利息，因而在举办大型会议时，不失为一种首选的集资方式。

（三）企业专门性资金与企业赞助

企业为促进自身发展而举办的一些会议，如客户联谊会、产品介绍会、技术座谈会以及表彰奖励等方面的会议，通常资金主要来自企业的专门性资金，是从企业税后利润中提取的。一些会期比较短，会议议题以及影响力受人关注的会议通常会得到一些企业的资助，以获取会议的启动资金。

二、会议收入管理

（一）注册费或会务费管理

注册费或会务费收入是会议收入的主要来源。注册费或会务费的收取是一件较为复杂的工作，由于收费标准不同，交纳时间和交纳方式也不一样，如有用支票交纳、有通过银行转账或邮局汇款，还有使用信用卡、微信和支付宝付款。因此收取注册费或会务费后，应反复核准以确保准确无误。

（二）赞助费管理

赞助费通常是那些规模较大、综合实力较强的企业提供的。而这些企业往往会因为机构管理层次复杂而在支付赞助费时拖延，因此，要保证会议启动资金能准时到位，不影响会议的正常召开，会务工作机构要常催促，直到赞助款项到位。有些企业在赞助时事先有说明，比如先垫资，待会议结束时一次性支付等。

（三）其他收入管理

旅游、附设展览、广告等收入要在会议结束后才能明确金额的多少，因此，在会议期间仅能粗略估算，实际收入经常会与估算收入有很大差距。

在会议的各种收入中，代收代支的款项占了很大比重，例如，住房费用转给宾馆，旅游费用转给旅行社，这是会议收入中很重要的一个特点。因此在管理中，要经常对会议的各项收入进行确认和时间上的界定。

第五节　会议成本控制

一、会议启动资金的控制

在漫长的会议筹备期间，支持会议筹备的经费只有会议启动资金。因此，对启动资金的支出要严格控制，尽量降低会议成本是会议财务管理的工作重点。筹备期间产生的会议成本有活动费用、人工费用和管理费用，其中活动费用是最主要的。筹备期间的活动主要是印刷和邮寄会议通知，通常这两项费用可以占到全部会议启动资金的70%左右。筹备大型国际会议时，这两项费用经常可以达到几十万元。财务管理人员要与会务工作人员密切配合，拓展思路，尽量控制和减少印刷和邮寄费用，降低会议成本。例如，非正式通知采用电子邮件或微信传递；正式通知尽量提早发出，用平邮或大宗印刷品寄出，这样可以减少快递邮资等。

二、会议支出项目的控制

（一）餐饮费的控制

餐饮费是会议举行期间一项最大的支出，通常占到会议总支出的25%。餐饮费又是会议非固定支出的主要组成部分，会议期间餐饮费的成本控制是最重要的环节。

（1）招待会。通常会将招待会安排在会议的开始阶段，俗称欢迎招待会。欢迎招待会如果安排在会议正式举行的第一天晚上，绝大多数的与会者都会前去参加；若安排在注册日的晚上，由于各种原因会有相当数量的与会者不能参加；特别是在举办国际会议时，要根据以往举办会议的经验估算出参加欢迎招待会的可能人数，按总人数的80%预订。

（2）闭幕宴会。如果宴会票是要求与会者购买的，就不用担心人数的问题。如果宴会是包含在注册费或会务费中的，就一定要格外注意。闭幕宴会通常安排在会议的最后一天，要考虑到一些与会者会因各种原因提前离会，主管部门的领导者和合作机构的负责人通常也不会参加这种宴会，因此一定要做好对人数的判断，避免出现浪费。

（3）茶歇和午餐。统计人数时遵循递减的规律，即与会者人数只会越来越少，参加下午会议的人会比参加上午会议的人少一些，参加分组会的人比参加大报告会的人又要少一些。根据这种规律可适当递减每次茶歇和午餐的预订人数。

（二）交通费用控制

交通费用控制从以下几方面入手：一是会场安排与住宿安排相对集中在同一区域，减少与会者来回奔波和会务车辆接送，节省时间和交通成本。二是引导同城的与会者乘坐地铁等公共交通工具，既避免了开会时车辆拥堵，也节约了交通成本。三是将以往的迎送服务改为报销机场班车、地铁和其他公交发票。四是事先与酒店商定，要求酒店免费接送与会者。

（三）会场和设备费用控制

由于每天与会者人数的递减，有时会议还要将原预订的大会议室改为小会议室，或将预订的分会场的数量减少，这样的做法并不仅仅只是为了减少一些开支，也是考虑到会议交流的效果。在租借同声传译的接收设备时，要统计好人数，并事先了解与会者的需要，会议应将未使用的接收设备尽早返还给设备公司。

（四）会务工作人员劳务支出等费用的控制

为节约会议成本，会务工作人员的规模要适当控制，一般中大型会议的会务工作人员应当控制在与会者的10%～15%。此外，要灵活变通，合理调整会务工作人员岗位。会议召开最初的几天，工作尤为忙碌和繁杂，有多少会务工作人员都觉得不够，但是，随着注册和开幕式等重要活动的完成，工作人员的工作会越来越少。会议要根据实际情况不断减少会务工作人员，这样可以有效地降低人员成本。会议也尽量不安排工作人员的住宿，因为交通费比房费要便宜得多。会议日程要安排紧凑，进驻时间和撤离时间尽可能压缩，这些都是减少会务工作人员和租用办公室费用的经验。

总之，控制成本是一件直接关系会议效率的大事，会议组织者要有责任心、善于总结经验，做好这项工作。如果各个项目的成本都能做到良好的控制，可节省10%左右的会议经费。

【思考与练习】

一、会议财务管理的含义是什么？

二、会议财务预测包含哪些内容？怎样进行会议规模的预测？

三、控制会议成本的意义是什么？应从哪些方面入手控制会议成本？

四、案例分析：

政协开会也吃盒饭

×年×月×日，《广州日报》刊发了一则新闻，题为《广州政协委员开会吃盒饭节约经费》。

报道称，为了节约经费、提高效率，广州市政协一改在白云国际会议中心开培训会议的惯例，把此次为期一天的学习培训班安排在市政协机关大楼，并特意安排这些平时“吃惯大餐”的委员们“屈就”食堂吃盒饭。饭后也只能在会议厅休息。为了把食堂让给委员们，机关工作人员都把盒饭捧回了办公室。

一碗瘦肉汤，两个鸡翅，几块叉烧，若干青菜，这就是广州市政协参加学习培训班的委员们的“盒饭菜谱”。上午的培训结束后，委员们每人手持一张粉色午餐券，陆续来到位于市政协办公楼负二层的食堂。排队、领餐、取筷子……然后就座于四人餐桌进餐，谈笑风生，兴致盎然。

政协委员韩志鹏告诉记者，以往委员培训班都在白云国际会议中心举行，吃的都是“大餐”，中午还能开房睡午觉。平常一些委员会议也会在附近酒店“加餐”。这次能够把午餐速战速决解决实属难得。他说：“以前开会在酒店吃饭，一吃就是一个中午，既费时间又浪费钱。在市政协机关开会、吃饭，既省了钱又节约了时间，实在是一顿节能高效的午餐。”

资料来源：杨锋．秘书工作案例与分析．2版．广州：暨南大学出版社，2016.

思考：

1. 会议的经费预算包括哪些内容，如何降低开会成本？

2. 如何从不浪费时间和不浪费金钱两个方面控制会议数量，提高会议质量？

3. 认真阅读“知识链接”的内容，了解国家关于压缩会议、节约会议开支的有关规定。

第十章
秘书会务工作教学实训

【内容提要】

实训，是将理论应用于实践的环节。通过实践训练，可将前文所学的有关会议的知识应用于会议方案的策划、会前准备、会间服务、会后落实等实践中。通过实训任务的执行，可使学生掌握组织会议的要点、程序、原则、方法和技巧等，进而提高策划和组织会议能力。

网络视频会议拓展了会议的途径与手段，本章对组织网络视频会议设专节实训，以提高学生组织线上会议的能力。

第一节　会议方案策划教学实训

一、概述

会议策划是会议完满进行的前提和保证。只有经过精心策划和充分准备的会议，才有可能取得预期的效果。会议策划方案明确了会议的宗旨和目的，确定了会议的主题、形式、时间、地点、与会者等会议要素，初步拟定了会议流程和经费预算等内容，为召开会议提供了指导性意见。

科学完善的会议方案的形成会经历方案调研、方案编制、方案实施和方案评估四个阶段。

二、项目描述

党的十八大以来，习近平总书记在多个场合谈到中国传统文化，表达了自己对传统文化、传统思想价值体系的认同与尊崇。为扩大东方美学的影响力，将美育理念进一步融入社区千家万户，引导大众自觉担负新的文化使命，某街道办拟举办题为“音乐与美学双向孪生”的主题会议。会议将邀请来自广州、深圳、香港地区的三名音乐文化交流大使作为主讲嘉宾。以“诗经文化基地”为平台，面向街道办所辖十个社区的居民。时长 1.5～2 小时。经费支持：10 000 元。

三、实训目标

（一）技能目标

通过会议策划，训练学生问卷设计、策划方案编制的技能。

（二）能力目标

通过策划会议和编制会议策划方案，提升学生信息处理、创意写作、协调沟通和团队协作的能力。

（三）素质目标

通过策划会议和编制会议策划方案，培养学生团队合作的精神和守正创新的素质。

四、实训要求

（1）学生以小组（5～6 人）为单位进行全过程会议策划和方案编制实训；

（2）实训任务完成后，学生以小组为单位进行实训成果汇报（汇报材料需制作成 PPT 并录制 8～10 分钟视频）；

（3）也可选择同等规模、同样性质的会议作为实训项目。

五、实训成果

实训结束后，学生以小组为单位提交以下材料：

（1）项目方案调研报告（Word/PPT 文件）；

（2）项目活动方案（Word/PDF 文件，同时制作成方案汇报 PPT 和不超过 8 分钟的汇报视频)；

(3) 项目执行方案(项目执行后的方案定稿)；

(4) 项目评估报告。

六、实训评价

根据多元评价体系，将实训成绩分成项目执行效果和项目成果汇报两部分进行考核。项目执行效果基于主办单位、邀请嘉宾和其他与会者的反馈，占实训总成绩的60%；项目成果汇报分为汇报资料质量、汇报内容、汇报表现三个维度，通过同伴评价、教师评价和自我评价的方式，给出项目汇报的分数，此部分占实训总成绩的40%。具体见表10-1。

表10-1 实训评价表示例

评价指标	评价维度	分值比例	评价要点
项目执行效果	主办单位	20%	项目执行质量和效率，项目投入与项目收益之间的比例
	邀请嘉宾	20%	参与项目活动的体验感、满意度
	与会者	10%	参与项目活动的体验感、满意度、收获、未来行动等
项目成果汇报	资料质量	20%	资料完整、系统、规范，充分体现项目活动实际情况
	汇报内容	20%	结构清晰、内容完整；汇报内容源于项目实践并能从理论上进行提炼、提升
	汇报表现	10%	逻辑清晰、语言流利；组员分工合理、配合默契

七、实训任务

任务1：方案调研

(1) 相关知识。

方案调研是为了论证会议召开必要性和可行性而进行的调查研究。调研可以从宏观和微观两个方面展开。宏观调研是指对会议召开的背景、条件和要解决的问题进行分析，并以问题为出发点，确定会议的目的、主题。微观调研是指针对会议举办的具体要素，如时间、地点、与会者、物资设备、人力资源支持、财务制度规范以及应急保障能力等进行全面调查。前者是为了论证会议召开的必要性，后者是为了确定会议召开的可行性。

方案调研工作从确定调研具体事项开始，通过制订调研工作计划、收集整理和分析信息形成调研方案。

收集整理和分析信息是方案调研的核心工作。信息收集包括对与会议有关的政策、法规、规章制度等的收集，可使举办会议有章可循、有法可依，保障会议的规范性、权威性和严谨性；此外，还要收集组织内外部与会议相关的信息和资料，以便在策划时能够利用相关资源，并对有利资源进行优化组合，使会议高质量高效率举行，取得最大的效益。

整理和分析信息主要从以下几个方面展开：分析可利用的资源和有利条件，找出其优势所在；分析欠缺的条件和不足之处，找出其劣势，并进行风险评估；预测可能出现的一些情况，提出对策和解决办法。

（2）任务分析。

本实训项目是会议方案的策划。此次会议作为一种学术或教学活动，是常见的会议形式。它多利用报告会的形式，由主讲人就某一专题做报告，辅以简单的互动交流。

为了提升会议的效果，策划前需进行充分的调研——会议召开的目的、主题、主讲嘉宾、时间、地点、与会者等都需全面把握。对于召开的目的是什么，主题是否符合听众的水平、能力和兴趣，时间安排是否同时考虑嘉宾和听众的情况，地点设备条件和环境秩序是否有助于会议效果的提升等，都需要在策划前进行全面调研。

（3）实训内容。

- 根据“项目描述”内容，讨论方案调研的对象、事项，制定调研工作计划表。
- 调研结束后，以小组为单位交流以下两个问题：

一是调研过程中遇到的问题以及解决的办法；

二是在方案调研过程中，你在哪些方面得到了锻炼？哪些能力和素质有待提升？

- 以小组为单位对方案调研过程及成果进行汇报展示。

任务2：方案编制

（1）相关知识。

调研工作结束即进入方案编制阶段。策划是为实现会议目标，针对会议主题和对象而设计的一套策略、方法和步骤。一份规范的会议策划方案至少应该包括以下内容：制定方案的依据、要达到的目标、实现目标的途径和方法、现有条件、可能出现的问题及应对措施等。

为了形成有效的方案，还需了解会议主办者的意图，确定会议的目的、主题、形式、时间、地点、嘉宾等；为了保证会议目标的实现，还需反复考虑会议的议程、日程或流程；此外，一份科学合理的工作推进表也是促进方案顺利实施的关键。

作为会议方案，文本还需内容全面、逻辑顺畅、格式规范、字体美观，从而提升读者的阅读体验感。

方案确定后最好能在项目组内部交互阅读，确定没有问题后提交领导审阅，并根据领导意见再次修改完善。

（2）任务分析。

本实训项目的目的是邀请相关领域专家对某一主题进行讲解与互动。此方案策划首先要考虑主讲嘉宾与主题的适配性，其次围绕嘉宾和与会者的时间以及主办单位提供场地、人力、财力的能力展开策划。为了提升会议效果，还要从会场布置、会场环境秩序维护、活动流程等方面多些思考与创意。讲座嘉宾临时变动是该会议组织中可能会出现的问题，在策划时应准备备选方案，以防万一。

（3）实训内容。

- 根据“项目描述”内容，编制会议活动方案目录。
- 根据“项目描述”内容，编制会议活动方案（包括可行性分析和备选方案）。
- 实训项目完成后，对比方案初稿和执行后修改的定稿，分析其中变动要素产生的原因以及在以后的方案编制中该如何避免出现问题。

● 表 10－2 到表 10－5 是某校学生本次讲座方案中部分模块的截图，请分析其中的优点与不足之处。

表 10－2　活动目的

1. 提高人民对音乐的欣赏能力和理解深度，提高人们自身的音乐艺术鉴赏水平。 2. 激发听众对音乐的兴趣，从而激发他们想要进一步探索音乐世界的愿望。 3. 展现中国本土原创音乐的魅力，进而让人们更加深刻地体验音乐之美。

表 10－3　活动流程

"传古今文化，播东方神韵"

时间	环节	备注
13：40—14：00	现场签到	与会者签到
14：00—14：10	曲水流裳	汉服走秀开场，感知汉服之美，弘扬民族服饰文化，以活跃气氛
14：10—14：20	贤集雅会	主持人开场，介绍今日活动流程及各位出席嘉宾
14：20—14：30	茶香四溢	在咏颂诗经之美的同时，泡一壶清茶，品味茶道文化
	诗经咏颂	
14：30—15：00	美育润心	邀请中外音乐文化交流大使许晓英老师为我们分享专题讲座"音乐与当代美学的双向孪生"
15：00—15：10	挥毫泼墨	在悠扬的乐声中挥毫泼墨，香气则在空气中弥漫，三者相辅相成，共同展现出中华传统文化的独特魅力
	弦音千秋	
	七弦焚香	
15：10—15：20	轻歌曼舞	诗经合唱团搭配民族舞
15：20—15：30	合影留念	注意配合场地要求

表 10－4　活动推荐表

任务安排			日期（3 月）									
事项	具体内容	主负责人（具体人员分工见附件 2、联系方式见附件 3）	19 日	20 日	21 日	22 日	23 日	24 日	25 日	26 日	27 日	28 日
主题	撰写策划案	全体参加										
人员	确定人员及分工											
宣传	前期推文及后期总结制作											
活动	撰写活动流程	全体参加										
场地	场地布置（附件 4）											
	场地设备测试											
物资	物资采购											
	物资清点及搬运											
	经费报销											

续表

任务安排			日期（3月）									
事项	具体内容	主负责人（具体人员分工见附件2、联系方式见附件3）	19日	20日	21日	22日	23日	24日	25日	26日	27日	28日
物料	海报设计	诗经基地										
	横幅											
	PPT制作											
对接	与受邀嘉宾及主持人对接											
现场	礼仪接待											
	现场拍照											
	现场组织及秩序维护											
彩排	现场彩排及串联细节	全体参与										
后勤	清理场地											
会后反思	总结报告	全体参与										

表10-5　　应急预案

突发情况	事前准备	应急方案
出现断电情况	秩序维持者负责保持会场秩序	1. 通知相关部门（联系中航物业维修） 2. 若无法在短时间内修好，则转移开会地点
活动人员缺勤	活动开始前半小时提醒相关人员准时到场	及时联系缺勤人员，若无法到场应安排其他成员代替其工作
发生失火、电源爆炸等紧急情况	做好现场安全防范工作，检查电源电路问题等，保证应急疏散口通畅	冷静处理，立即疏散人群，离开事发地，保证人身安全后立即报警
活动人员意外受伤	做好后勤保障工作，准备好应急药箱	中止活动，安保人员应立即将其送往医务室，严重则拨打120
设备故障问题	提前安排技术工作人员	技术人员随时待命，快速发现并解决设备故障问题

任务3：方案实施

（1）相关知识。

方案实施是对方案调研和方案编制质量的综合考验。事实上，方案实施伴随着方案编制的全过程。方案开始编制的那一刻实施行为即开始，如会议主题、会议形式、会议时间、会议地点等要素，在方案编制时已经基本确定。会前准备、会中服务和会议善后本身就是方案实施的过程。

总之，方案实施是将计划付诸实践、通过实践检验方案可行性的过程。同时，方案实施还需团队合作、科学管理、有效沟通，才能得以环环推进。

(2) 任务分析。

方案实施前期需要邀约嘉宾、布置会场，必要时还要对活动进行宣传；方案实施中期需要现场接待、环境维护、设备管理等，紧急事件处理也是方案实施中经常面对的问题；方案实施后期工作主要有嘉宾送别、会议现场清场、资料整理、活动总结与评估等。在本方案实施过程中，主讲嘉宾是方案顺利实施的关键要素。

(3) 实训内容。

- 根据“项目描述”中活动主题和规模，设计会议筹备组织工作架构图。
- 根据“项目描述”内容，制定一份主讲嘉宾接待方案。
- 根据“项目描述”内容，为本次会议设计现场布置效果图（假定现场听众为100人）。
- 如果会议当天香港地区嘉宾因为证件问题无法赶到现场，该如何处理？又该如何避免此类事情发生？
- 根据“项目描述”内容，制定一份会议现场应急处理工作方案。

任务4：方案评估

(1) 相关知识。

方案评估是对方案实施后可能产生的效果进行的判断和评估。评估既可以在会议结束后进行，也可在方案实施前进行。前期评估主要针对方案的前瞻性、目的性和可行性展开，是方案得以实施的科学依据；后期评估除对方案本身进行评估外，还需对方案实施的效果、活动组织的质量进行反馈与评价。

前期评估中方案的前瞻性是指会议方案要充分考量会议召开的宏观、微观环境和所具备的主客观条件，要站在全局的高度把握会议召开的背景。方案的目的性是指能够通过会议策划解决当下的现实问题，并能从长远的角度促进可持续性发展。方案的目的要具体、可测量、实际、可行。方案的可行性体现在方方面面，如会议时间、地点和与会者的适应性以及可利用的人力资源、物资资源、财力资源、应急能力等是否能促进方案目标的实现。方案的可行性是方案的根本属性，不具有可行性的方案只是一纸空文。

后期方案评估是在会议结束后对整个会议组织工作的全面回顾与反思，目的是总结经验教训、提高工作水平。总结评估包括会前的策划与筹备、会中的各种服务、会议的实际效果等，都要进行全面总结。

(2) 任务分析。

要站在社区发展环境、发展现状、社区居民需求的角度对方案进行前瞻性评估，活动的目的也要基于问题分析、现状调查，与社区工作性质相结合。方案的可行性要从目的出发、对活动各要素执行的可能性进行分析。方案的后期评估可以通过对主讲嘉宾、社区居民参与活动的体验感和满意度的调查获得。

(3) 实训内容。

- 实训任务结束后，对本小组策划的会议方案进行会前评估（也可以和另一小组进行互评）。
- 请设计一份针对本次会议策划与组织工作水平的调查问卷。
- 根据前两项实训内容，撰写本次会议方案评估报告。

● 表 10－6 是某高校学生制定的本次讲座方案的截图（部分），请对其目的性和可行性进行分析。

表 10－6　　某高校学生讲座方案截图（部分）

"音乐与当代美学的双向孪生"主题讲座策划案

目录

一、活动背景

音乐，作为一种无国界的语言，以其独特的旋律和节奏触动人的情感。而美学，是对美的本质和规律的探索与研究。音乐与美学作为人类文化的重要组成部分，始终在互相影响、互相渗透中共同发展。音乐与美学的相互融合，推动了当代艺术的创新和发展。

为提升社区居民音乐和美学的认知水平，培养社区居民的审美素养，促进美学文化的传承与创新，我街道办特举办"音乐与当代美学的双向孪生"主题讲座。

二、活动目的

1. 增进社区居民对音乐与美学的理解和认识。
2. 学会欣赏和理解不同风格的美学作品，提升社区居民的审美素养。
3. 使社区居民接触到更多风格的艺术形式，拓宽艺术视野和审美趣味。

三、活动主题

携国风雅韵，唤醒东方美学 DNA

四、活动时间

2024 年 3 月 27 日 14：00—16：00

五、活动地点

街道办诗经文化传承基地

六、活动人员

特邀嘉宾：（隐藏）

出席人员：

诗经文化传承基地负责人及相关工作人员

街道办社区居民——100 人左右

七、活动单位

主办单位：××街道办

承办单位：××街道办××社区

协办单位：××社区志愿者协会

八、活动流程

时间	内容	说明
13：40—14：00	现场签到	来宾在门口两旁签到
14：00—14：05	开场	主持人开场
14：05—14：45	感受美	嘉宾主题讲座
14：45—14：55	趣味问答	观众与嘉宾双向提问
14：55—15：10	欣赏美	嘉宾带领大家欣赏舞蹈《又见红楼》、歌曲《上春山》，完毕进行点评
15：10—15：25	创造美	嘉宾教大家制作 DIY 扇子
15：25—15：30	合照留念	前往诗经基地大门海报处拍集体照

九、活动推进

项目	内容	4.6	4.7	4.8	4.9	4.10	4.11
会前物料	撰写策划案						
	场地预约						
	嘉宾邀约						
	物资购置						
	海报设计						
	宣传推文						
	PPT 制作						
	礼仪接待						
	现场签到						
	迎接嘉宾						
	会场布置						
活动中	设备调试						
	场地检查						
	现场拍摄						
	维持秩序						
活动后	拍摄合照						
	人员退场						
	场地卫生						

十、物资清单

序号	区域	物品名称	数量	单位	金额
1	场外	合影墙	1	个	100 元
2		入口指示牌	2	个	50 元
3		座位图	1	张	已有
4		海报	2	张	100 元
5		节目单	95	张	已有
6		工作牌	30	张	已有

续表

序号	区域	物品名称	数量	单位	金额
7	场内	座位牌	6	个	已有
8		麦克风	2	个	已有
9		电脑	2	个	已有
10		灯光			已有
11		桌子	10	张	已有
12	场内	椅子	90	张	已有
13		激光笔	1	支	已有
14		矿泉水	100	瓶	200 元
15		音响			已有
16		扇子	90	把	405 元
17		毛笔	10	支	已有
18		墨水	10	盒	已有
19		墨碟	10	个	已有
20		横幅	1	张	30 元
21		相机	3	台	可借
22		嘉宾伴手礼	5	份	300 元
23		暖场音乐	1	首	已有
合计					1 185 元

十一、应急预案

具体工作措施	
应急物资	应做好充足的物资准备，包括各设施设备的备用件；通讯联络工具等由总负责人统一调配
现场秩序	活动现场出现冷场情况，让主持人适时制造悬念，激发观众的积极性，同时采用暖场互动调动现场氛围
人员受伤	会场应配置医药箱以备不时之需
贵重物品丢失	提前准备贵重物品保管柜，如遗失物品，安排工作人员值守及时向负责人反映，负责人安排人员协助寻找

知识链接　庆典活动策划

进入 21 世纪以来，随着我国会展业的迅速发展，各类会展、节庆、赛事活动层出不穷。现代节事活动策划是对未来要发生的事情做当前的决策，不仅指空间和距离的策划，也包括主题、内容、时间、人员、流程、效益等多个维度。

以庆典活动策划为例，节事活动策划需做到以下几点：

（1）确定活动主题：庆典活动主题要以提高和巩固企业形象地位为目的，彰显企业影响力、扩大企业知名度、让员工了解企业的成长历程、提高员工自信心和企业认同感。

(2) 环节要新颖：庆典活动氛围应该是喜庆、活跃的，因此活动环节要新颖创新。要更多利用现代信息技术和智能化手段创造多样化的活动形式，例如大屏幕互动游戏、穿插情感故事，以情感人、引发共鸣。现场舞美灯光的布置要更好地营造氛围、渲染舞台效果，可以找专业团队或是专门的会议酒店。

(3) 明确流程：一定要先明确庆典的大致流程再展开策划。庆典活动流程一般分为五个方面：活动签到、开场节目、领导致辞、领奖并启动庆典、互动节目。

(4) 庆典宣传：庆典活动是记录展示企业成长历程的一部分。活动现场需安排专业的团队摄影摄像，以便为活动宣传提供充足的素材，同时也为员工留下一份美好的回忆。有条件的公司还会利用直播方式同步庆典现场，也可邀请媒体记者现场宣传报道。

(5) 晚宴交流：庆典活动有时也会安排晚宴。通过晚宴交流工作感想与经验，拉近员工之间的距离。颁奖环节可以选择在晚宴时间进行。公司为员工颁发奖章能够一定程度上增强员工的荣誉感和企业认同感。

第二节　会前准备工作教学实训

一、概述

“良好的开始是成功的一半。”会前准备是保证高质量、高效率会议的关键环节。会议的顺利召开、会议目的的圆满实现、会议取得满意的效果，都需要在会前做好充分的准备。

会议前准备工作内容繁杂，归纳起来主要有：拟定会议议程和日程、撰写和发送会议通知、准备会议资料和会议设备、会议选址和会场布置、会议经费预算。

二、项目描述

为了传播中国优秀传统文化，增进中德、中马文化交流，某高校素质赋能中心特举办雅乐欣赏、汉服美拍及香道体验活动。活动邀请香港中文大学的德国及马来西亚留学生参加（大约 50 人左右），和本校学生一道体验中国优秀传统文化的独特魅力。香港中文大学留学生管理处领导和某高校副校长也应邀出席。活动在素质赋能中心诗经实训基地举行。基地有琵琶、古筝、竖琴等乐器，还有 50 套汉服以及各式茶艺设备。此外，素质赋能中心还向学校申请了 1 万元活动经费。

三、实训目标

（一）技能目标

（1）通过会议文件工作实训，进一步提高学生利用现代媒介手段制作、发布会议文件的技能；

（2）通过会场布置工作实训，进一步提高学生根据会议性质和要求设计和布置会场的技能；

（3）通过会议预算工作实训，进一步提高学生利用现代办公系统编制会议预算的技能。

（二）能力目标

（1）通过会前准备工作实训，提升学生拟定科学合理的会议议程和日程的能力；

（2）通过会前准备工作实训，提升学生撰写和处理会议文件的能力；

（3）通过会前准备工作实训，提升学生利用信息化智能化手段提高工作质量和效率的能力。

（三）素质目标

通过会前准备工作实训，培养学生团队合作的精神和精益求精的职业态度。

四、实训要求

（1）按照“项目描述”内容，完成会前相关文书工作、会场布置和经费预算任务；

（2）实训项目完成后，以小组为单位进行实训成果汇报（汇报材料需制作成 PPT 和 8～10 分钟的视频）；

（3）可以选择同等规模、同样性质的会议代替本实训项目。

五、实训成果

实训结束后，以小组为单位提交以下资料：

（1）活动议程、日程；

（2）活动通知、邀请函；

（3）活动宣传文案、海报、视频、链接等；

（4）会场选址考察表、会场布置效果图以及会议现场各角度照片；

（5）活动经费预算方案；

（6）实训成果总结汇报（PPT 及不超过 8 分钟的汇报视频）。

六、实训评价

根据多元评价体系，将实训成绩分成项目执行效果和项目成果汇报两部分进行考核。

项目执行效果基于上级领导、邀请嘉宾和其他与会者的反馈，占实训总成绩的 60%；项目成果汇报分为汇报资料质量、汇报内容、汇报表现三个维度，通过同伴评价、教师评价和自我评价的方式，给出项目汇报的分数，此部分占实训总成绩的 40%。具体见表 10 - 7。

表 10 - 7　　实训评价表示例

评价指标	评价维度	分值比例	评价要点
项目执行效果	上级领导	20%	项目执行质量和效率，项目投入与项目收益之间的比例
	邀请嘉宾	20%	参与项目活动的体验感
	与会者	10%	参与项目活动的体验感、满意度、收获、未来行动等
项目成果汇报	资料质量	20%	资料完整、系统、规范，充分体现项目活动实际情况
	汇报内容	20%	结构清晰、内容完整；汇报内容源于项目实践并能从理论上进行提炼、提升
	汇报表现	10%	逻辑清晰、语言流利；组员分工合理、配合默契

七、实训任务

任务 1：会议文件

（1）相关知识。

会议文件是贯穿会议始终、体现会议预想、传达进展状况的文字材料。几乎所有与会议相关的安排都要形诸文字，分发到有关人员手中，以便查阅、指导、监督或了解会议相关信息。从会前准备的角度出发，会议文件包括会议方案、会议议程日程、会议通知、领导讲话稿、宣传文案等。

对于某些大型、重要的会议，会议文件的种类更多，文件的拟写、印发要求也更严格，要遵循一定的文书规范和工作程序。有些时间短、与会者少的小型会议，效率优先，会议文件只保留最核心的部分。作为秘书，会议文件准备好后，一般都要交由主管领导者审核同意方可发出。

（2）任务分析。

本实训项目虽然属于交流体验式活动，但文件种类和其他会议无太大差别，也包括活动方案、活动议程、活动流程、活动通知、邀请函、领导致辞、宣传稿等。活动议程要紧扣活动目的和主题，同时兼顾受邀留学生的兴趣、体验，也要注意文化、语言之间的差异。活动通知的撰写和发布要考虑接收对象的不同选择不同的风格和媒介。

（3）实训内容。

- 分析会议主题、议题、议程、日程、流程之间的区别和联系，并制作一份活动议程。
- 简要陈述“通知”的种类、发布时间和媒介，并为活动撰写通知（通知对象：本校领导、师生、香港中文大学留学生）。

- 为素质赋能中心主任写一份此次活动的致辞。

任务 2：会场布置

（1）相关知识。

会场布置是会议筹备中一项重要的工作，它是会议正式开始的前奏。会场布置前要对会议地点进行选择。会址选择需要考虑的因素很多，如会议目的、会议形式、会议规模、会议经费等。会场布置包括场地环境布置、主席台布置、座次安排、物资摆放等。会场布置的目的在于创设与会议性质、类型、主题相适应的会场氛围，为会议顺利召开提供环境、秩序和气氛上的保障，从而促进会议目标的实现和会议效果的提升。会场布置前首先要弄清楚会议主题、会议内容、会议时间、与会领导者与嘉宾、与会者总数，也要了解会场环境、会场布局和可利用的物资设备；其次，要掌握会场布置和座次安排的原则与方法；最后，作为职业秘书，选择会场一定要经过领导者审批，布置好会场后要进行会前检查。

（2）任务分析。

本实训项目是交流体验式活动，活动目的是传播中国优秀的传统文化，增进德国、马来西亚留学生对中国文化的了解。会场布置要结合“中德、中马文化交流”主题，有助于“交流和体验”目的的实现，也要考虑经费和基地原有设备。此外，还要注意文化差异和文化禁忌。

（3）实训内容。

- 根据“项目描述”内容，制作一份会场布置考察表。
- 简述常见会场布置的格局并设计一份活动现场布置效果图。
- 假定活动现场嘉宾有香港中文大学留学生部主任 2 名以及活动主办方副校长 1 名、校长办公室主任 1 名、素质赋能中心主任和副主任各 1 名、二级学院院长 3 名（和素质赋能中心主任同一级别）。现场座签该如何安排？
- 实训项目结束后，提交一份会场布置分析报告（内容包括但不限于：会场布置理念、会场考察情况、实际现场效果、总结反思等）。

任务 3：会议预算

（1）相关知识。

会议预算是会议管理与策划的重要内容之一，也是会议前期的一项重要工作。会务工作人员应本着勤俭办会的原则，对会议经费及各项支出做出预估。预估时要考虑会议目的、会议形式、会议规模等因素，同时为了最大化利用资源，还要对原有物资、设备进行调研。预估经费时还要充分了解公司或单位的财务制度。

（2）任务分析。

本实训项目是交流体验式活动，经费预算要按照活动议程逐项列出物资清单。同时，要对活动规模进行预估，以便按需准备物资，既不能铺张浪费，也不能因为物资不充分影响活动效果。物资购买时既要货比三家，又要考虑派送时长、退换货机制等。

（3）实训内容。

- 制定一份本次活动经费预算方案。
- 为本次活动撰写一份经费请示。

● 如果本项目描述中还邀请了一位来自中央美术学院的专家做关于“音乐与美学”的专题讲座，请设计一份专家的经费预算表。

知识链接 工作现场会

工作现场会是指在典型单位或典型现场召开的借鉴性会议，是常见的会议类型之一。现场会一般选择在有典型意义的生产、工作、事业、经营、教育等场所进行，其目的是起到良好的典型示范作用。工作现场会的最大特点是直观，既是会议又是观看的场所，因而会议效果很好。

工作现场会地点的选择非常重要。要选择能达到会议目的、具有典型意义的现场。比如召开安全生产工作现场会可以选择事故现场，场面触目惊心、令人印象深刻；生产技术推广现场会可以选择成功采用先进技术的企业，能让人亲身体验生产过程和技术水平。

工作现场会一定有参观现场的内容，因此会务工作人员必须在会前确定参观路线和参观点。选择参观路线和参观点时要考虑和会议目标的适配性。参观点初步确定后要编制参观路线图，然后最好按照路线图提前走一下，对途中路段及行车等问题做到心中有数，必要时可以调整路线，确保参观安全、畅通、有序。

会议资料也是工作现场会顺利进行的关键。制定会议议程、发布会议通知、起草参观讲解词等都要提前准备。

为了提高工作现场会的质量和效果，组织时需注意以下几点事项：(1) 会场的交通、基础设施、食宿、服务等是否适合；(2) 掌握会议期间的天气状况，尽量避开雨雪雷暴等恶劣天气；(3) 提供好住宿、就餐、医疗、机票车票等服务；(4) 计算好参观时间、参观点。每个点停留多长时间、点与点之间需要多长时间等，都要提前设定、测算好。

第三节 会间服务工作教学实训

一、概述

会间服务是秘书会务工作的重要职责，它既是对会前准备工作的检验，也是对现场服务与管理能力的考验。会间服务质量影响与会者对会议的满意度，决定着会议的成功与失败。在这一阶段，秘书主要负责做好嘉宾接待、签到与报到、与会者确认、会议物资与设备管理、会议记录、会议环境与秩序维护、会议后勤服务以及会议突发事件的处理。

二、项目描述

为庆祝第 72 个秘书节，某高校现代文秘专业策划了“秘书周”系列活动，并定于秘书周第一天举行本校秘书节开幕式。开幕式邀请学校领导 1 人、学院领导 2 人、合作企业总经理 3 人（分别来自深圳、广州、珠海）、文秘专业校友 5 人（分别来自厦门、广州、深圳）参加。活动现场观众预估为 150 人左右。开幕式流程有领导者致辞、企业总经理和校友发言、历届秘书节活动回顾、秘书节启动仪式和融合舞台五个环节。开幕式时间：4 月 22 日下午 2：00—4：30。开幕式地点：会议中心 109。活动经费：15 000 元。

三、实训目标

（一）技能目标

（1）通过会间服务接待工作实训，进一步训练学生掌握接待礼仪规范；

（2）通过会间服务会场管理工作实训，进一步训练学生运用会议软硬件的技能；

（3）通过会间服务会场记录工作实训，进一步提高学生的会议摄影摄像技能。

（二）能力目标

（1）通过会间服务工作实训，提升学生根据会议嘉宾情况制定接待方案的能力；

（2）通过会间服务工作实训，提升学生维护与管理会议现场环境、秩序的能力；

（3）通过会间服务工作实训，提升学生沟通协调与解决问题的能力；

（4）通过会间服务工作实训，提升学生会议主持与应变的能力。

（三）素质目标

通过会间服务工作实训，培养学生的服务意识和灵活应变的素质。

四、实训要求

（1）根据任务类型以小组（3～6 人不等）为单位组成现场服务与管理团队；

（2）实训项目完成后，学生须以任务小组为单位进行实训总结汇报。汇报材料需制作成 PPT 和 8～10 分钟的视频；

（3）可以选择同等规模、同样性质的会议代替本实训项目。

五、实训成果

实训项目结束后，学生需以小组为单位提交以下资料：

（1）嘉宾接待方案及方案汇报演示文稿；

（2）秘书节启动仪式环节设计；

(3) 开幕式具体流程设计；

(4) 会议现场图片及典型场景小视频；

(5) 开幕式新闻快讯文案。

六、实训评价

根据多元评价体系，将实训成绩分成项目执行效果和项目成果汇报两部分进行考核。项目执行效果基于上级领导、邀请嘉宾和其他与会者的反馈，占实训总成绩的60%；项目成果汇报分为汇报资料质量、汇报内容、汇报表现三个维度，通过同伴评价、教师评价和自我评价的方式，给出项目汇报的分数，此部分占实训总成绩的40%。具体见表10-8。

表10-8　实训评价表示例

评价指标	评价维度	分值比例	评价要点
项目执行效果	上级领导	20%	项目执行质量和效率，项目投入与项目收益之间的比例
	邀请嘉宾	20%	参与项目活动的体验感
	与会者	10%	参与项目活动的体验感、满意度、收获、未来行动等
项目成果汇报	资料质量	20%	资料完整、系统、规范，充分体现项目活动实际情况
	汇报内容	20%	结构清晰、内容完整；汇报内容源于项目实践并能从理论上进行提炼、提升
	汇报表现	10%	逻辑清晰、语言流利；组员分工合理、配合默契

七、实训任务

任务1：会议接待

(1) 相关知识。

会议接待是指围绕与会者的迎送和吃、住、行、游等方面所做的安排，是会务工作的重要组成部分。会议接待通过妥善、周到、细心的安排保障会议顺利进行，在提高会议质量的同时也可提高主办单位在与会者心目中的地位，树立主办单位良好的形象。

规模较大、会期较长或是需要住宿的会议活动更是离不开接待。对于重要会议，会务工作人员最好事先制定接待方案，根据接待指导思想、接待对象和接待经费，对接待规格、接待内容、接待流程、接待分工等进行统筹规划。为了提高工作效率和接待质量，对接待人员进行岗前业务培训也是做好会议接待工作的重要保证。

(2) 任务分析。

本实训项目是开幕式的会间服务。会议接待是开幕式会间服务工作的第一环。接待工作不但包括前期的嘉宾对接，还包括现场的报到、签到和指引，时时处处都要体现出专业、细心、周到的服务品质。开幕式经常邀请有关领导者参加，要注意邀请嘉宾类型和级别不同，接待规格也会不同。

（3）实训内容。

● 根据“项目描述”内容，制定一份开幕式活动嘉宾接待方案，并将方案做成 PPT 汇报演示文稿。

● 假定“项目描述”中会议中心 109 场地面积为 500 平方米、座位为 300 个左右，没有主席台，会场后侧左右有两个入口，请设计一份现场指引、嘉宾座次与观众座位安排图。

● 根据“项目描述”内容，利用信息化、智能化手段，设计本次活动的报到与签到环节。

● 假定根据活动安排，开幕式结束后学院准备了简单的晚宴，感谢为学院发展做出贡献的企业领导和优秀校友，请策划晚宴活动流程。

任务 2：现场管理

（1）相关知识。

会议现场是活动对外展示的窗口。现场管理是指用科学的管理手段和方法，对活动现场的各个要素进行合理有效的计划、组织、协调和控制，使其达到良好有序状态的管理过程。活动现场管理人员对现场的整个环节、各个要素和所使用的设施设备物资要全盘了解，对所有工作安排和细节问题要熟稔在心，并要清楚信息流动的方式和任务之间的关联性。此外，无论前期准备如何充分，现场仍然有发生一些意想不到事情的可能，这就需要现场工作人员具备风险管理的意识和灵活应变的能力。

（2）任务分析。

本实训项目是开幕式的会间服务。开幕式是整个活动的序幕，一般比较正式、隆重。开幕式活动现场工作主要有嘉宾接待、报到签到、流程推进、物资与设备管理、摄影摄像、会场环境与秩序维护、氛围创建等。

（3）实训内容。

● 根据“项目描述”内容，制定一份开幕式现场工作人员任务分工表。

● 根据“项目描述”内容，制定一份开幕式现场工作人员培训方案。

● 根据“项目描述”内容，分析本次活动突发事件的类型，制定一份风险预防及应对预案。

● 案例分析：

假定按照开幕式活动流程，在启动仪式后要全场合唱歌曲《隐形的翅膀》，但由于任务临时调整，当时操作设备的工作人员没有提前找到这首歌曲，导致现场流程短暂中断。

请思考以下问题。

如果你是现场工作人员之一，该如何应对这一事件？如果你是活动现场管理人员，该如何避免此类事件的发生？

任务 3：会议记录

（1）相关知识。

严格意义上讲，所有的会议都须有会议记录。会议记录是对会议主要内容和客观进程的原始记载，是当次会议的永久档案。在会议过程中，应由记录人把会议的组织情况和具体内容记录下来，形成会议记录。会议记录依会议性质、类型、规模不同有文字、图片、音频、视频等多种形式，为会后传达、落实、总结、查考、报道等提供素材与参考依据。

随着信息技术的发展，除原始的书写工具外，录音笔、速录机等也成为各大中小型会议记录的必备设备。此外，录像或照片也成为会议记录的补充，常作为会议历史资料保存。

会议开始前就必须指定专门的会议记录人员。担任会议记录的人员首先应具有速记技能，还需具备倾听能力、理解能力和语言组织能力。每一次会议结束后，记录人员要尽快整理会议记录发送给相关领导者或与会者。为了提高会议效率，在下一次会议召开前，最好重新发送一下会议记录，以便唤起与会者对上次会议内容的回忆。

（2）任务分析。

本实训项目是开幕式的会间服务。开幕式的目的不仅是以仪式的形式宣布一个或一系列活动的开始，同时也是扩大活动影响力、塑造企业或部门形象的行为。一般情况下，开幕式的流程包含领导者致开幕词、上级领导讲话、嘉宾发言、启动仪式等常规环节。有时为了活跃气氛，展示公司面貌或实力，还会设计一些游戏类或展示表演类节目。

开幕式会议记录主要围绕活动流程和领导者讲话要义，为会后领导者汇报工作、部门总结或活动报道等提供材料与素材。

（3）实训内容。

- 结合本次开幕式活动，简述会议记录前需做好哪些准备工作以及在会议记录过程需注意的事项。
- 根据“项目描述”内容，在本次开幕式结束后，该如何整理会议记录？
- 如果你们团队负责本次开幕式的摄影摄像工作，在开幕式前你们该做哪些工作？现场拍摄和录像时你们又是如何相互配合完成工作的？在整个工作中有哪些注意事项？

知识链接 如何打造高效会议

会议是一群人聚集在一起，在计划的时间内从公司利益出发进行的交流、分享与合作。开会是团队沟通的主要方式，但若控制不好，极容易产生负面影响，既达不到开会的目的，又浪费了精力、物力和财力。

高效会议是实际会议或者虚拟会议开始之前、期间和之后的良好的会议体验。在一次高效会议上，每个与会者都将获得预期的学习、分享和创新成果。高效会议还能减少产品或服务投入市场的时间，提升员工、消费者和客户的体验。

所有好的菜谱都需要恰当地采购和准备食材，但只有具备必要知识和技能的厨师的妙手才能将这些食材混合，烹调出美味佳肴。跟烹饪一样，举办高效会议时，必须将“参与”“准备”和“管理”这三种元素以适当的量进行巧妙的搭配、组合。

高效会议的三种元素包括：充分的准备工作；举办会议的原因、参加者、时间、地点、内容；精心拟定的议事日程；会议基本原则，也即所有人都应遵守的一套通用原则；准时开始会议；专注于必需的结果；进行有效的发言和参与；开展旨在促进和获得会议结果的演讲；准时结束；对后续行动进行分派，使接受任务者充分理解任务内容并完成任务。

以上三种元素的每一项具体内容都需全员参与、精心准备和科学管理，只有这样，高效会议才能够通过更短的时间获得同样的成果，或者通过同样时长的会议获得更好的效果。

资料来源：皮博迪，哈摩斯雷．打造高效会议．李柰，译．北京：清华大学出版社，2014.

第四节　会后落实工作教学实训

一、概述

会议结束并不意味着会务工作的完成。秘书要及时做好会议善后工作，让会议善始善终、圆满完成。会议善后工作包括与会者离场与会场清场、会议文件资料的收集和整理、会议经费结算、会议总结与落实等。嘉宾送别与会场清场是“善始善终”原则的体现，接来的嘉宾要按相应规格和礼仪送走，会场要恢复原样，设备物资要回收整理归还。会议文件资料收集整理后要进行立卷归档；要按照财务要求及财务报销流程，对会前经费预算进行结算；通过反思、复盘与跟踪，发现问题、吸取经验、找出规律并对会议决定、决策等进行跟进落实。会后落实是秘书作为辅助人员重要的工作内容之一。

二、项目描述

为提升员工的企业归属感与认同感、调动员工工作的主动性与积极性，某公司决定在2023年12月27日召开以“继往开来、迈向更辉煌的明天”为主题的公司年会暨员工表彰大会。年会邀请公司董事长、总经理、各部门经理、受表彰员工及部分员工家属代表参加，参与人数总计200人左右。

年会分为年终大会、户外活动和晚宴三部分。年终大会包括各部门分管经理做年终工作总结汇报、员工代表对公司未来发展的展望及期许、优秀员工表彰、总经理和副董事长发言；户外活动有拔河比赛、两人三足、歌曲串唱等游戏环节；晚宴有娱乐节目和抽奖环节等。

三、实训目标

（1）技能目标：通过会后落实工作实训，进一步提高学生利用现代信息技术进行文件整理与归档的技能。

（2）能力目标：通过会后落实工作实训，进一步提升学生撰写总结报告的能力。

（3）素质目标：通过会后落实工作实训，培养学生善始善终的服务意识。

四、实训要求

（1）根据任务类型以小组（3～6 人不等）为单位组成会后落实工作管理团队。

（2）实训项目完成后，学生须以任务小组为单位进行实训总结汇报。汇报材料需制作成 PPT 和 8～10 分钟的视频。

（3）可以选择同等规模、同样性质的会议代替本实训项目。

五、实训成果

实训项目结束后，学生需以小组为单位提交以下资料：

（1）会后文件回收清单及归档资料目录；

（2）会后领导者送别任务分工表；

（3）会场清场内容清单；

（4）年会暨表彰大会活动总结报告；

（5）会后落实工作计划表。

六、实训评价

根据多元评价体系，将实训成绩分成项目执行效果和项目成果汇报两部分进行考核。项目执行效果基于上级领导、邀请嘉宾和其他与会者的反馈，占实训总成绩的 60%；项目成果汇报分为汇报资料质量、汇报内容、汇报表现三个维度，通过同伴评价、教师评价和自我评价的方式，给出项目汇报的分数，此部分占实训总成绩的 40%。具体见表 10-9。

表 10-9　　实训评价表示例

评价指标	评价维度	分值比例	评价要点
项目执行效果	上级领导	20%	项目执行质量和效率，项目投入与项目收益之间的比例
	邀请嘉宾	20%	参与项目活动的体验感
	与会者	10%	参与项目活动的体验感、满意度等
项目成果汇报	资料质量	20%	资料完整、系统、规范，充分体现项目活动实际情况
	汇报内容	20%	结构清晰、内容完整；汇报内容源于项目实践并能从理论上进行提炼、提升
	汇报表现	10%	逻辑清晰、语言流利；组员分工合理、配合默契

七、实训任务

任务 1：文件回收与归档

（1）相关知识。

会议结束后秘书的第一项工作就是回收、整理相关会议文件。秘书应首先确定会议文件收集、整理的范围，根据文件收集的要求做好相关工作，最后按照文书立卷的原则和工作步骤完成立卷归档工作。

对于需要收退的文件资料最好在发放的时候就做出提示。会前收到需要清退的文件但没有参会的人员，秘书也要及时跟踪清退，防止文件流失，造成信息泄露。要仔细检查回收的文件是否出现缺失、破损。会议文件资料整理完成后要尽快立卷归档。归档时要注意分门别类或按照时间顺序装订成册，便于日后查找、利用。

会议记录的整理也是会后文件工作的内容。会议记录通常要在会议结束后 24 小时内完成，整理好的会议记录经过领导者、主持人与记录人员签字后即可归入档案。有的会议记录还需形成会议纪要作为公文使用。

（2）任务分析。

本实训项目是公司年会暨表彰大会的会后落实工作。通常，企业年会会伴随着企业员工表彰、企业历史回顾、企业未来展望等重要内容。回收与归档的文件包括但不限于年会方案、年会议程、年会通知、邀请函、主持稿、领导者发言稿、各部门总结汇报、新年工作计划、与会者信息等。文件制作和分发要根据现场与会者类别和数量。涉及企业计划和嘉宾信息的文件要做好保密工作。

（3）实训内容。

- 简述文件归档的重要性并列举“项目描述”中年会文件回收的方式和立卷归档文件的范围。
- 简述会议记录的作用与种类并思考如何做好会议记录。

任务 2：送别与清场

（1）相关知识。

会议所有议程结束后，秘书首先要负责安排送别现场的领导者、嘉宾。俗话说：“出迎三步，身送七步。”离开时的送别比开始时的接待更重要。重要嘉宾有时需要赠送小礼品或是送站，秘书要根据接待规格做好每一步安排。

秘书还要负责清理活动现场。首先，要把会场物品归位、设备关闭，然后根据会议筹备期间所准备的会议物品清单一一清点所有物品，准确登记收回物品的数量。对于缺少的物品要注明原因。对于租借的物资设备等，需如数归还。

（2）任务分析。

本实训项目是公司年会暨表彰大会的会后落实工作。年会是某些社会团体一年举行一次的集会，代表一个公司的实力和风貌。举办年会的主要目的是深化内部沟通、促进战略分享、增进目标认同。一些优秀企业和组织还会邀请有分量的上下游合作伙伴共同参与这一全司同庆的节日，增加企业之间的沟通，促进企业之间的共同进步。因而年会内容丰富、流程复杂、涉及与会者较多。要在会议结束后送别受邀前来的领导者，活动后会场要尽快清理复原。

（3）实训内容。

- 根据“项目描述”内容，你认为该如何做好年会送别工作？写出送别工作流程安排与注意事项。
- 根据“项目描述”内容，简叙会议清场工作的思路与技巧。

任务3：总结与落实

（1）相关知识。

对很多与会者而言，会议结束就意味着开会这件事了结了。但是想要保证充分发挥会议的积极作用，会后总结与落实是非常必要的。会议总结是对会议的基本情况、会议过程、会议成果进行的回顾与评析。通过会议总结，可对会议各要素的实施情况进行梳理，发现问题、分析问题，为日后会议工作提供经验和借鉴。

要做好会后总结，首先要对会议进行评估。会议评估是指根据一定的目的和标准，遵循一定的原则，运用科学的方法，对会议活动各要素及其社会经济效益等方面进行质和量的综合评价的活动。会议结束后应抓住机会向领导者、嘉宾、客户等与会者寻求对会议组织质量和效果的反馈，以便为会议总结提供客观的数据或事实评价。

会议的关键并不是会议本身，而是会后的行动。在会后对会议决定、决策、决议进行督办落实，及时了解各执行部门和配合部门各项工作的开展和落实情况，并将进度、问题、影响等信息反馈给领导者，是会后秘书重要的工作职责。

（2）任务分析。

本实训项目是公司年会暨表彰大会的会后落实工作。通过年会，各部门对过去一年的工作进行总结，领导者公布新一年的工作计划。作为秘书，需了解公司未来的工作重点和发展方向，在会后帮助领导者跟踪、督促各执行部门落实。

（3）实训内容。

- 简要陈述会议评估的意义。列举公司年会暨表彰大会评估的对象和因素，设计评估表格，分析评估数据，形成分析报告。
- 撰写公司年会暨表彰大会会议总结。要求：不少于800字，以电子邮件形式提交。
- 公司年会暨表彰大会结束后，秘书应该跟进或落实的事项有哪些？

知识链接 六顶思考帽

这是英国思维学家爱德华·德·波诺先生首创的一套思维方法，即在个人思考或团队沟通中，通过六种不同的角色扮演，激发人的想象力，提醒人们从不同的角度思考问题，形成全面看问题的思考框架。

白色思考帽：中立而客观的白色，提醒人们在讨论问题之前检查数字和事实。我们掌握了哪些信息？我们需要得到哪些信息？

红色思考帽：热烈的红色，提醒人们在讨论中考虑人的感情因素，抒发情绪，表达感觉，利用直觉和预感。

黄色思考帽：阳光、乐观的黄色，提醒人们从正面思考问题，发现问题的价值点、利益和希望。

黑色思考帽：严肃、深沉的黑色，提醒人们以谨慎的方式思考问题，发现潜在的危险、缺点，进行评估和判断。

绿色思考帽：生机勃勃的绿色，提醒人们努力产生创意和新的想法，提出创造性的建议和思路。

蓝色思考帽：冷静的蓝色，提醒人们控制讨论的过程，使用不同的思考帽达成讨论的目标。

六顶思考帽将人的思维分成六种最典型的类型，用不同的颜色提醒人们按照不同的方式进行思考，它的好处显而易见。

(1) 完备的分解。六顶思考帽恰如从六个面看一个物体一样，人可以通过这六个角度比较全面、完整地观察事物、认识问题。

(2) 将自我与角色分离。在会议中，当事人常常将自己的观点和自我相结合，对自己和别人的观点怀有喜爱或批评的感情因素。最典型的就是维护自己的观点，批评别人的观点。而发言人的日常身份和地位也会影响与会者对其观点的评价。六顶思考帽通过引入角色扮演的概念，将个人的自我身份和观点相分离。当一个人说出一种观点后，大家同时带上相同的帽子对观点进行评价，既可以深入地讨论，也可以避免冲突。

(3) 将讨论游戏化，使会议更趣味化、轻松化。六顶思考帽可减轻与会者的压力，使他们在轻松的氛围中放松大脑，思想更敏锐、更深入。

(4) 引导注意力，轻松进行思维方式的转换。六顶思考帽使人们能够清醒地控制和引导思维，清醒地认识到自己在用什么方式思考。在会议中，与会者要以不同的思维方式对问题进行思考，六顶思考帽通过颜色提醒人们转换思维方式，通过帽子的戴上和摘下提醒人进行角色的转换，这样可以轻松地引导大家的注意力。

(5) 正面反馈、无对抗平行思维。六顶思考帽要求大家在同一时刻戴上同样的帽子往同样的方向进行思考，这样就会形成一种“合力”。与会者之间互相激励，产生更多更好的想法，促使思维走向深入。

(6) 使个人的思考无拘束、更专注、更深入。六顶思考帽让每个人专心扮演不同的思考者角色，在同一时刻不用考虑问题的多个方面，而是专注于一个方面进行思考，这样会更有效率。

六顶思考帽给我们提供了一个通用的全面认识和分析问题的框架，让人“戴上帽子、放下面子、留下脑子、贡献点子”，有效提高了思维和讨论的质量。摩根大通国际投资银行负责人说：“六顶思考帽使我们的会议时间减少了80%，同时改变了整个欧洲的企业文化。”

作为一种沟通工具，六顶思考帽的用途并不限于会议沟通，对于个人而言，六顶思考帽也是一种非常有效的思维工具。广而言之，无论对团队还是个人来说，六顶思考帽都是一种不亚于甚至某些优势远胜于头脑风暴的创新思维工具。

第五节　视频会议组织教学实训

一、概述

随着现代信息技术的发展，会议手段日新月异，通过视频系统和网络技术等渠道和手段进行视频会议，是目前很多用户选择的一种比较有效的会议保障方式。视频会议利用会议软件、在线工具（App）、小程序，结合电脑、iPad、智能手机等终端设备，把分散在各地的与会者组织起来，跨越时间、空间的限制，促进快速决策和沟通，提高工作效率的同时，赋予了会议更多的活力。

和传统线下会议相比，视频会议扩大了会议受众范围、克服了时间和空间的障碍，使会议随时随地可以举办，在某种程度上节约了会议成本、提高了会议质量。然而，视频会议系统对设备、技术和网络的依赖，导致每一次视频会议的组织工作都面临着巨大的挑战。

视频会议线上、远程的特点，使会前筹备、会中组织和会议善后都表现出和线下会议不同的工作内容。对于秘书而言，除需具备传统会议组织的技能与能力外，还需了解现代视频会议系统每一单元的运作规则及其在会议中的作用。

二、项目描述

为了提高高职院校大学生心理素养，宣传和普及心理健康知识，某高校将开展主题为“没有谁是一座孤岛——读懂人际，走向幸福”的系列论坛活动。论坛邀请北京师范大学心理学专家赵教授、本校心理咨询中心主任国家二级心理咨询师程老师作为主讲嘉宾。论坛主持人由校团委邀请知名主持人 Lisa 担任。论坛时间是周五下午 2：00—4：30。赵教授因为工作繁忙只能线上参会。为了扩大受众范围，本次论坛面向全市高校学生以及对主题感兴趣的社会人士开放，采用线上视频会议的方式进行。

三、实训目标

（一）技能目标

通过视频会议组织实训，训练学生操作视频会议软硬件的技能。

（二）能力目标

（1）通过视频会议组织实训，进一步提高学生沟通协调的能力；

（2）通过视频会议组织实训，提升学生主持视频会议的能力。

（三）素质目标

通过视频会议组织实训，培养学生的创新意识和团队合作的精神。

四、实训要求

（1）以小组（5～6 人）为单位进行方案策划全过程实训；

（2）实训项目完成后，学生需以小组为单位进行实训成果汇报。汇报材料需制作成 PPT 和 8～10 分钟的视频；

（3）可以选择同等规模、同样性质的视频会议代替本实训项目。

五、实训成果

实训项目结束后，以小组为单位提交以下资料：

（1）项目活动方案（方案汇报 PPT 和不超过 8 分钟的汇报视频）；

（2）视频会议保障措施文稿；

（3）视频会议活动应急方案；

（4）嘉宾邀请沟通的方法与策略；

（5）视频会议主持稿；

（6）会议宣传方案及宣传文案；

（7）善后工作安排。

六、实训评价

根据多元评价体系，将实训成绩分成项目执行效果和项目成果汇报两部分进行考核。项目执行效果基于上级领导、邀请嘉宾和其他与会者的反馈，占实训总成绩的 60%；项目成果汇报分为汇报资料质量、汇报内容、汇报表现三个维度，通过同伴评价、教师评价和自我评价的方式，给出项目汇报的分数，此部分占实训总成绩的 40%。具体见表 10－10。

表 10－10　　实训评价表示例

评价指标	评价维度	分值比例	评价要点
项目执行效果	上级领导	20%	项目执行质量和效率，项目投入与项目收益之间的比例
	邀请嘉宾	20%	参与项目活动的体验感
	与会者	10%	参与项目活动的体验感、满意度等
项目成果汇报	资料质量	20%	资料完整、系统、规范，充分体现项目活动实际情况
	汇报内容	20%	结构清晰、内容完整；汇报内容源于项目实践并能从理论上进行提炼、提升
	汇报表现	10%	逻辑清晰、语言流利；组员分工合理、配合默契

七、实训任务

任务 1：视频会议前期筹备

（1）相关知识。

会前准备工作包括：拟定会议议程和日程、撰写和发送会议通知、准备会议资料和会议设备、会议选址和会场布置、会议经费预算和申请。

视频会议会前筹备工作基本也包括这些内容，只不过会议资料由纸质变成电子，会议选址变成会议软件的选择。线上文件容易被拷贝、下载或转发，这会给文件的保密工作带来很大的困难。会务组需在会前对重要文件、内部文件、涉密文件做加密处理。关于会议软件的选择，腾讯会议、钉钉的应用目前比较广泛。有些公司也会自主研发会议系统，如字节跳动的飞书、华为云会议等。视频会议虽然无须进行会场布置，但要根据会议性质和内容设计相应的视频会议背景，为会议增添氛围感、仪式感，使与会者更容易集中精力开会。

（2）任务分析。

本实训项目是以线上视频会议形式进行的论坛活动。嘉宾在线上通过讨论区、弹幕等与现场听众互动交流与讨论。会务工作人员要提前下载注册会议软件，对通信设备和网络做好测试。此外，论坛流程策划、嘉宾邀约、主持人的选择，都要考虑视频会议的特性。

（3）实训内容。

- 根据“项目描述”内容，以小组为单位，拟写本论坛方案（要求：包括可行性分析和应急方案）。
- 列出本次论坛会前工作要点及注意事项并思考其与线下会议组织的不同。
- 对于视频会议网络与设备，需在会前做好哪些准备工作？

任务 2：视频会议会中管理

（1）相关知识。

秘书在会中需要承担的工作有：嘉宾接待、与会者确认、会议物资与设备管理、会议记录、会议环境与秩序维护、会议后勤服务以及会议突发事件处理。

对于视频会议而言，会中服务与管理的对象由实体空间转为虚拟平台，这就对沟通技巧提出了很高的要求。在与嘉宾进行沟通时，要选择时间、讲究话术、突出重点，迅速准确传达关键信息。与会者确认可以利用在线编辑软件进行，便于不同部门间共享信息。会议设备、会议系统和网络状态直接影响着会议效果。视频会议环境与秩序维护同样重要：与会者的话筒要提前设置“全员静音”，需要发言时应能够迅速解除；讨论区留言也要有专人监控与管理。

（2）任务分析。

本实训项目是以线上视频会议形式进行的论坛活动。视频会议线上、远程的特点，使会中服务与管理变得困难。除了在前期做好设备、网络的准备外，现场主持人的控场和调动能力也非常重要。

（3）实训内容。

● 根据“项目描述”内容，撰写本次论坛的主持稿。

● 讨论：以本论坛为例，说明一个优秀的会议主持人需具备哪些素质。主持人在会前需要做好哪些工作？对于线上主持，主持人在活动期间尤其需要做到什么才能保证活动的效果？

任务3：视频会议善后

（1）相关知识。

秘书在会议结束后需做好与会者离场与会场清场、会议文件资料的收集和整理、会议经费结算、会议总结与落实等工作。

视频会议虽然没有传统意义上的送别与清场，但也要通过网络媒介向嘉宾致谢道别。视频会议结束时要及时关闭共享的会议文件，并告知与会者拷贝、下载、转发或使用会议文件的要求。对于聊天区的留言，有价值的可以截图保存，其他的应尽快清除。

（2）任务分析。

本实训项目是以线上视频会议形式进行的论坛活动。嘉宾送别、会议空间清理、会议文件整理与归档以及会议精神的贯彻执行等都是会后工作内容。

（3）实训内容。

● 根据“项目描述”内容，整理本次视频论坛活动文件的范围及归档方式。

● 根据“项目描述”内容，撰写一份本次视频论坛活动的新闻稿。

知识链接　在线会议热与冷的思考

进入九十月份，随着天气转凉，开春以来的在线会议热也随之降低了温度。在线会议最热的那段时间，人们脑子里充满了在线会议的信息，似乎觉得未来或许会成为在线会议的天下。从三月到五月，国际国内会议、奖励旅游与展览业界，天天都在举行各种类型的在线研讨会、在线培训活动。刚接触在线会议，人们的精神头还比较足，演讲人精心准备，听者也都很用心。可没过多长时间，人们的兴趣就明显开始下降。到了七八月份，组织、参加在线会议的人明显减少。很多人抱怨说，在线会议太枯燥，抱着手机听人说上两个小时，坚持到底很难。到了九十月份，随着国内疫情逐步得到控制，各个地区纷纷放开会展旅游市场，线下活动开始恢复活力。一旦忙起了线下活动，在线会议很快就被很多人丢到了脑后。满打满算，在线会议从冷到热，再到凉，先后也就半年左右的时间。

回过头来看，这也算正常。疫情突然爆发，长期以来在外奔波的会奖人一下子被困在了家里，不仅会奖活动没有了，甚至连出门吃饭聚餐也都成了奢望。这个时候，在线会议来了，人们很兴奋，久违了的老朋友终于可以“见面”了——虽然只是在网上。我至今还能感觉到第一次参加在线研讨会与会奖业界老朋友见面时的激动心情。可是，一次、两次，甚至三次、五次，还可以，再往后，网络见面的吸引力就明显下降了。不比不知道，参加线下活动可比看手机或者对着电脑、手机说话有趣多了。

有人说，疫情让我们更加强烈地认识到了面对面会议的价值。这话肯定没错，要不是身处互联网高速发展的时代，以营造线下面对面体验为核心工作内容的会议与奖励旅游行业，如何能够取得不断增长的业绩呢？

在线会议的冷热变化，可以引发我们很多的思考：

第一，线上会议与线下会议是两种不同的交流互动方式，各有价值，并行不悖。社会经济发展、科技进步，使得人们之间的交流与互动更加频繁，这种交流与互动，既包括在线的，也包括线下的。线上交流成本低、效率高，使用场景广泛。不管疫情何时结束，在线会议的使用量一定会越来越大。线下面对面会议之所以在互联网时代依然能够快速发展，是因为很多事情只有通过面对面沟通才能获得更好的效果。面对面会议的价值，不是简单的信息传递，而是会议过程中的思想碰撞、商业合作、商务社交、群体激励等。除此之外，会议营造的视听体验、场景体验，以及由于参加面对面会议而产生的文化与旅游体验——吃住行游购娱等，都是在线会议所不能替代的。

第二，在线会议是对面对面会奖活动的一种补充。在线会议与面对面会议两者很难相互替代，但可以相互交叉。对于会奖旅游从业者而言，两者交叉的方式，不仅包括会务组在组织会议的时候使用在线工具，更是在会议期间采用在线方式引入更多嘉宾和与会者，扩大会议的参与范围，提升会议效果。如果说疫情还能给会奖业带来什么好处的话，那逼迫很多人学会使用在线会议工具就是其一。

第三，在线会议还有很大的改进空间。就在线研讨会的技术而言，改进方向主要有两个，一个是操作方面的，另一个是场景营造方面的。有些在线系统操作起来很麻烦，包括演讲人的操作、与会者的参与及互动等。场景问题可能更为突出——演讲人及与会者都很难找到现场交流与互动的感觉。

长期从事线下活动的会奖人，一直以来对于技术工具有一种敬而远之的感觉——能少用就少用，能不用就不用。这可能就是新技术在会奖业界发展速度不是很快的原因之一。无奈我们越来越生活工作在一个被技术包围的世界里，会议的组织者、与会者、参展商、合作伙伴等，都在积极引进各种新技术、新手段，任何一个人想置之度外，恐怕都很难做到。

资料来源：hweelink. com.

【思考与练习】

一、假定某单位领导者交代秘书组织一场会议，会议内容包括：上级主管部门领导者到单位检查年度工作情况，并对下年度工作提出要求；同级相关部门领导者准备到单位进行交流活动，并希望实地考察本单位的情况。

1. 你认为秘书应该组织召开的会议属于哪种会议类型？简要陈述此种会议类型的特点。

2. 秘书该提前准备的文件材料有哪些？

二、假定公司年终庆典活动邀请来自外省的VIP客户张经理参加。活动前一天，秘书小黄陪同总经理带车前往机场接机。

1. 请列举秘书小黄去机场前的工作内容。

2. 简要说明秘书小黄应具备的接待礼仪与接待规范。

三、假定有一个新员工入职座谈会，公司副总（1人）、人力资源总监（2人）、各职能部门主管或副主管（5人）受邀参加，入职员工为15人。座谈会在公司小型会议室召开，时长为2小时。

1. 请列出座谈会的前期调研事项。

2. 请利用信息化手段制作一份座谈会邀请函。

3. 请列出座谈会会前需准备的文件。

4. 请设计座谈会的座位安排效果图。

5. 请设计一份座谈会会议效果评估调查问卷。

四、假定有一场200人的学术会议在广州某大学举行。来自北京、上海、南京、武汉等高校的校长、全国高等教育协会会长以及各研究与培训机构领导者受邀参加会议。其中来自北京的高校校长5人、上海3人、南京3人、武汉2人，会议由广州某大学副校长主持。

1. 请制定本次会议的嘉宾接待方案。

2. 本次学术会议的现场管理工作内容有哪些？请列出工作清单及工作重点。

3. 如何做好本次学术会议的会议记录？

4. 请列出本次学术会议的文件回收范围。

五、假定你负责组织公司总经理例会，但例会当天，会议室突然被公司临时占用，例会被迫改到另外一间大会议室举行。

1. 你认为如何做好会前协调工作才能避免会场冲突？

2. 请简要说明例会议题设置的原则。

3. 请简要说明如何高效组织例会。

4. 对于例会主持，如何让例会有序推进？

5. 对于例会组织，作为秘书该如何做好现场环境管理和秩序维护？

附录
“秘书会议策划与组织”课程优秀教案选录

本书收录了来自多所院校的“秘书会议策划与组织”课程优秀教案，供任课教师参考，可扫描二维码阅读。

- “秘书与活动组织”教案　首都师范大学　郑丽芬
- “会务实训”教案　广东外语艺术职业学院　阎伟
- “会议服务和活动策划”教案　韩山师范学院　谢静

参考书目

1. 张同钦．秘书学概论．4 版．北京：中国人民大学出版社，2023.

2. 杨冰．办会有招法：四步就能办好会．北京：中共中央党校出版社，2015.

3. 杨锋．秘书实务．3 版．北京：中国人民大学出版社，2020.

4. 马克思恩格斯全集：第 20 卷．北京：人民出版社，1971.

5. 哈维兰．文化人类学：第 10 版．瞿铁鹏，张钰，译．上海：上海社会科学院出版社，2006.

6. 甘启宏，崔亚强，顾震苏，等．视频会议系统及视频会议室研究与实践．成都：四川大学出版社，2023.

7. 罗伯特．议事规则．王宏昌，译．北京：商务印书馆，1995.

8. 阮可．会议管理．北京：中国传媒大学出版社，2012.

9. 杨锋．秘书工作案例与分析．2 版．广州：暨南大学出版社，2016

10. 常云．大型会议组织与管理．北京：中国商务出版社，2011.

11. 杨宗华．向会议要效益：高效会议的艺术．北京：石油工业出版社，2011.

12. 管伟平．办公室主任工作手册．北京：中国纺织出版社，2011.

13. 葛红岩，施剑南．会议组织与服务：知识・技能・案例・实训．上海：上海财经大学出版社，2007.

14. 皮博迪，哈摩斯雷．打造高效会议．李奈，译．北京：清华大学出版社，2014.

15. 姜磊．会议管理实务．北京：中国物资出版社，2011.

16. 李艳婷．现代会议组织与服务．北京：中国人民大学出版社，2012.

17. 梁春燕，李琳．会议组织与服务．北京：北京大学出版社，2010.

18. 刘嘉龙．现代节事活动策划理论研究与实践思考．杭州：浙江大学出版社，2013.

19. 卢晓．节事活动策划与管理．上海：上海人民出版社，2006.
20. 滕宝红．会务主管日常管理工作技能与范本．北京：人民邮电出版社，2008.
21. 王春雷，陈小连．活动管理原理、方法与案例．北京：清华大学出版社，2013.
22. 张芹玲，宋菲．会议策划组织与会议文书．北京：科学出版社，2012.
23. 王瑞成，成海涛．会议组织与活动策划．2 版．武汉：华中科技大学出版社，2017.
24. 吴良勤，陈建国．会议组织与管理．北京：中国劳动社会保障出版社，2010.
25. 向国敏．会议学与会议管理．北京：首都经济贸易大学出版社，2011.
26. 向阳，强月霞．会议策划与组织．3 版．重庆：重庆大学出版社，2019.
27. 杨锋．会议管理．北京：中国人民大学出版社，2015.
28. 赵志强．会议管理实务．北京：中国人民大学出版社，2011.
29. 钟文，刘松萍．会议策划实务．重庆：重庆大学出版社，2017.

后　记

2015年，《会议管理》出版，这十年来，我国高等教育秘书学专业与现代文秘专业正值质量化发展的高潮。随着互联网的普及和智能化办公水平的不断提升，办公室会议工作悄然发生了变化。鉴于此，我们在进行大量调研的基础上，依据国家课程标准，将《会议管理》改为《会议策划与组织》，重新定位、编写本教材和建构新体例。具体做法是：

（1）注重理论与实践结合，理论指导实践。本教材前两章比较完整地阐述了会议以及会议的发展历史，力图构建较为系统的秘书会议策划与组织知识体系，为会议工作实践奠定理论基础。

（2）突出开放性、前瞻性和充足的信息量。正文中设置的“案例”“知识链接”模块能帮助读者打开思路，拓宽视野，从不同层面、不同角度掌握知识，认识会议，参与会议工作实践。

（3）知识传授与思政教育相结合，将思政内容纳入教材系统。党的十八大以来，特别是党的二十大之后，围绕办公室会议工作，国家出台了一系列规章制度，对秘书办会的理念以及组织会议的方法进行了规范。本教材结合教学内容收录了这些规章制度，以对会议组织工作进行指导。

（4）注重对会议策划和会议组织能力的培养和训练。本教材各章均设有“思考与练习”，将对问题的思考与会议工作实操训练相结合。专设一章“秘书会务工作教学实训”，为教师指导学生开展会议工作实操训练提供指导。另在教材最后附上秘书学与现代文秘专业优秀教师的教案，以期抛砖引玉，给授课教师以启发。

（5）适应办公网络化、智能化的需要，本教材在会议的发展历史、会议的类别、会务工作教学实训等部分，均不同程度地对视频会议等现代会议形式做了介绍。

本书由杨锋、万一方负责统稿，具体分工如下：

杨锋（广州大学）：第一章、第六章、第七章；

张同钦（河南财经政法大学）：第二章第一节、第二节、第四节；

郝晓辑（内蒙古财经大学）：第三章、第四章、第五章；

万一方（暨南大学）：第二章第三节、第八章、第九章；

吕国丽（深圳信息职业学院）：第十章。

本教材最后的附录部分收录了首都师范大学郑丽芬老师的“秘书与活动组织”教案、广东外语艺术职业学院阎伟老师的“会务实训”教案、韩山师范学院谢静老师的“会议服务和活动策划”教案，在此对他们支持本书的编写表示感谢！

本教材在编写过程中也参考了秘书学以及相关专业学者、同行的成果，为行文方便，未能在书中一一注明，大都列入参考书目，在此向有关作者表示感谢，并祈见谅！中国高等教育学会秘书学专业委员会理事长、中国人民大学胡鸿杰教授对本书进行了审读，丛书编委会成员和金常德等专家为本书的编写提出了宝贵的意见，策划编辑刘静、杜俊红为本书的出版奔走操劳，在此一并致谢。

由于会议策划与组织方面的研究目前还处于探索阶段，有些认识还不够成熟，加之我们水平有限，教材中难免存在疏漏与欠妥之处，诚恳期待更多专家和读者批评赐教。

杨锋　万一方

2024 年 9 月 1 日于广州

关联课程教材推荐

ISBN	书名	作者	单价（元）
978-7-300-27995-4	秘书礼仪（第二版）	方尤瑜	38.00
978-7-300-27996-1	秘书实务（第三版）	杨锋	48.00
978-7-300-33452-3	会议策划与组织	杨锋　万一方	49.80
978-7-300-25793-8	新编中国秘书史	杨树森	38.00
978-7-300-28185-8	秘书学概论（第三版）	张同钦	38.00
978-7-300-26315-1	秘书实用写作（第二版）	王凤敏	45.00
978-7-300-27496-6	写作学教程（第五版）	段轩如	49.00
978-7-300-28090-5	大学写作训练（第四版）	任遂虎	45.00
978-7-300-29741-5	应用写作教程（第五版·数字教材版）	孙秀秋　吴锡山	49.90
978-7-300-30714-5	应用文写作教程（第四版）	段轩如　高玲	49.90

配套教学资源支持

尊敬的老师：

衷心感谢您选择人大版教材！相关的配套教学资源，请到中国人民大学出版社官网（www. crup. com. cn）下载。部分教学资源需要验证您的教师身份后，才可以下载。请您登录出版社官网后，点右上角“注册”，填写“会员中心”的“我的教师认证”项目，等待后台审核。我们将尽快为您开通下载权限。

如您急需教学资源或教材样书，也可以直接与我们的编辑联系。

联系人：龚洪训　　　　电话：010－62515637　　　　电子邮箱：6130616@qq. com

欢迎任课教师加入全国秘书学教师群（QQ 群号：256535597），分享教学资源，交流教学心得。

全国秘书学教师群

扫一扫二维码，加入群聊。

俯仰天地　心系人文

www. crup. com. cn

中国人民大学出版社网站

欢迎登录浏览，了解图书信息，下载教学资源